新时代文化素质教育系列教材

口语交际与人际沟通

KOUYU JIAOJI YU RENJI GOUTONG

（第3版）

主　编　　陈丛耘

副主编　　薛　南

重庆大学出版社

内容提要

　　本书秉承"服务教育、服务社会"的编写理念,强调精简实用,好教好学,理论与实践紧密结合。本教材主要内容包括概述、口语交际训练、演讲、辩论 谈判、批评 劝说、面试 推销、听—说策略等,注重训练、沟通的策略指导,并从社会文化心理的层面作了分析。

　　本书信息量大,理论体系新颖独特;案例丰富,实训模式简便易行。每章后附有思考与练习题。

图书在版编目(CIP)数据

口语交际与人际沟通 / 陈丛耘主编. -- 3 版. -- 重庆：重庆大学出版社，2020.9（2024.6重印）
新时代文化素质教育系列教材
ISBN 978-7-5624-8615-2

Ⅰ.①口… Ⅱ.①陈… Ⅲ. ①人际关系—言语交往—高等学校—教材 Ⅳ.①C912.13

中国版本图书馆 CIP 数据核字(2019)第 269168 号

新时代文化素质教育系列教材
口语交际与人际沟通
(第3版)

主　编　陈丛耘
副主编　薛　南
策划编辑：唐启秀

责任编辑：文　鹏　罗　杉　　版式设计：唐启秀
责任校对：邹　忌　　　　　责任印制：张　策

*

重庆大学出版社出版发行
出版人：陈晓阳
社址：重庆市沙坪坝区大学城西路 21 号
邮编：401331
电话：(023) 88617190　88617185(中小学)
传真：(023) 88617186　88617166
网址：http://www.cqup.com.cn
邮箱：fxk@ cqup.com.cn (营销中心)
全国新华书店经销
重庆巍承印务有限公司印刷

*

开本：787mm×1092mm　1/16　印张：15.5　字数：333千
2020 年 9 月第 3 版　　2024 年 6 月第 13 次印刷
ISBN 978-7-5624-8615-2　定价：42.00 元

编委会

BIANWEIHUI

总主编　孙汝建

编委会成员

王　茜　朱利萍　向　阳　孙汝建

李强华　杨群欢　时志明　吴良勤

余红平　陈丛耘　周爱荣　施　新

贾　铎　彭明福　焦名海　楼淑君

总 序

ZONGXU

用"十年磨一剑"来形容本系列教材是很恰当的,十年中本系列教材经历了以下三个阶段的历练。

2009 年,重庆大学出版社邱慧和贾曼同志来南通大学与我商谈,出版社准备出版一套文秘专业教材。我们所见略同,一拍即合。重庆大学出版社决定由我牵头在全国范围内遴选组建两百多人的编写团队,编写出版了 34 种文秘专业教材,在全国百余所院校使用后反响良好。其中 5 种教材于 2013 年被教育部作为"十二五"国家级规划教材立项。

2014 年,重庆大学出版社贾曼同志来华侨大学与我商谈,根据文秘专业教学需要,出版社准备从上述 34 种教材中遴选 27 种修订出版,我们所见略同,一拍即合。教材出版后,有 5 种教材于 2014 年被教育部正式评为"十二五"国家级规划教材。

具体书目如下:

一、教育部职业院校文秘类专业教学指导委员会规划教材(国家"十二五"规划教材 3 种)

档案管理实务(第 2 版)(国家"十二五"规划教材)

商务秘书实务(第 2 版)(国家"十二五"规划教材)

商务写作与实训(第 2 版)

秘书理论与实务(第 2 版)

秘书职业概论(第 2 版)

秘书心理与行为(第 2 版)

秘书写作实务(第 2 版)(国家"十二五"规划教材)

企业管理基础(第 2 版)

秘书岗位综合实训(第 2 版)

秘书语文基础(第 2 版)

秘书信息工作实务(第 2 版)

会议策划与组织(第 2 版)

办公室事务管理实务(第 2 版)

市场营销理论与实务(第 2 版)

人力资源管理理论与实务(第 2 版)

社会调查实务

新闻写作(第 2 版)

办公自动化教程(第 2 版)

二、高等院校文化素质教育系列教材(国家"十二五"规划教材2种)

职业礼仪(国家"十二五"规划教材)

毕业设计(论文)写作指导(第2版)(国家"十二五"规划教材)

公共关系实务(第2版)

口语交际与人际沟通(第2版)

形体塑造与艺术修养(第2版)

规范汉字与书法艺术(第2版)

实用美学与审美鉴赏(第2版)

文学艺术鉴赏(第2版)

文化产业管理概论

2019年,重庆大学出版社贾曼同志来郑州大学与我商谈,出版社准备在以上27种教材中遴选16种教材进行修订出版,我们所见略同,一拍即合。

这次修订出版的教材分为两个系列,具体书目如下:

一、新时代文秘类专业系列教材(国家"十二五"规划教材3种)

档案管理实务(第3版)(国家"十二五"规划教材)

商务秘书实务(第3版)(国家"十二五"规划教材)

商务写作与实训(第3版)

秘书理论与实务(第3版)

秘书写作实务(第3版)(国家"十二五"规划教材)

秘书信息工作实务(第3版)

会议策划与组织(第3版)

办公室事务管理实务(第3版)

人力资源管理理论与实务(第3版)

办公自动化教程(第3版)

二、新时代文化素质教育系列教材(国家"十二五"规划教材2种)

职业礼仪(第2版)(国家"十二五"规划教材)

毕业设计(论文)写作指导(第3版)(国家"十二五"规划教材)

口语交际与人际沟通(第3版)

规范汉字与书法艺术(第2版)

实用美学与审美鉴赏(第3版)

社会调查实务(第2版)

十年来,我先后担任教育部高职高专文秘类专业教学指导委员会主任委员、教育部职业院校文秘类专业教学指导委员会主任委员。目前担任中国教育学会秘书学专业委员会副理事长。作为重庆大学出版社文秘系列教材的总主编,十年中我与编写团队、出版社以及全国秘书专业教师,都非常关注教材使用的效果。为此,我还牵头主持完成了教育部课题《文秘类专业职业教育教材质量抽查》(2014JCCC033)》,不断跟踪研究如何提高文秘教材质量。

本系列教材以习近平新时代中国特色社会主义思想为指导,根据文秘专业最新国家标准和用人单位对文秘专业人才的需求,按照"工学结合、理论够用、突出实训"的原则调整大纲、遴选内容、更新案例、设置单元,突出核心知识点,实训举一反三;凡涉及国家标准的内容,如公文、标点符号、数字用法、计量单位、秘书职业标准等都采用最新国标;教材名称与教育部公布的文秘专业课程名称尽量一致,确保教材选用的精准性和契合度;为保持教材的延续性和生命力,根据老中青相结合的原则适度调整了修订人员;根据"互联网+"的时代特征,部分教材增加了视频、课件、图片、音频等数字资源,不断增强教材的时代感;教材开本及体例原则上不变,但封面及装帧也做了重新设计。

文秘专业系列教材的发展方向是:"传统纸质教材+配套数字资源+在线教学服务平台",这种新形态教材的开发与教学服务平台的建设,会进一步适应新时代文秘专业人才培养的需要,这也要依靠全体编写人员和各校文秘专业骨干教师的不懈努力。

孙汝建

2020 年 7 月

(作者现为广东海洋大学寸金学院文传学院教授、中国教育学会秘书学专业委员会副理事长、上海师范大学汉语言文字学专业文学博士)

修订前言

XIUDINGQIANYAN

　　《口语交际与人际沟通(第3版)》,确立了修订工作的指导思想和具体思路:以习近平新时代中国特色社会主义思想为指导,针对文秘专业人才培养目标和文秘人才岗位需求,沿用《口语交际与人际沟通(第2版)的体例,共八个部分:概述、口语交际训练、演讲、辩论 谈判、批评 劝说、面试 推销、听—说策略、口语交际与社会文化心理,凡19个单元。教材信息量大,理论体系新颖独特;案例丰富,实训模式简便易行。每个部分前有学习目标,每个单元后有思考与练习题。注重实用性和适用性,适合于高职学生使用。

　　教材编写人员大多具有丰富的教学经验,有的由企业转行为教师。他们将自己在教学中的所学、所思、所得、所感都融汇在教材中,以期对学生的成长和就业起到指导作用。

　　本教材由陈丛耘担任主编,薛南担任副主编。具体分工如下:

　　陈丛耘(四川工商学院教育学院教授)撰写第八部分"口语交际与社会文化心理"。

　　孙汝杰(江苏交通技师学院讲师)、陈丛耘撰写第一部分"概述"。

　　王丽娜(南通科技学院讲师)撰写第五部分"批评 劝说"。

　　薛南(扬州职业大学副教授)撰写第二部分"口语交际训练"。

　　田慧霞(濮阳职业技术学院讲师)撰写第三部分"演讲"。

　　胡艳娜(黄河水利职业技术学院讲师)撰写第四部分"辩论 谈判"。

　　陈云(南通科技学院讲师)撰写第六部分"面试 推销"。

　　李盖虎(湖南大众传媒职业技术学院副教授)撰写第七部分"听—说策略"。

　　陈丛耘负责本教材第3版的修订工作。

　　在教材编写和修订过程中,参考了不少相关研究成果,在此向有关专家、同仁表示衷心感谢。

陈丛耘

2020 年 6 月

目　录

第一部分　概述

第一单元　口语交际 …………………………………………… 2
一、口语交际的特点 …………………………………………… 2
二、口语交际与社会生活 ……………………………………… 3
三、口语交际的基本要求 ……………………………………… 5
四、口语交际的训练 …………………………………………… 6
五、口语交际心理障碍的分析 ………………………………… 9
思考与练习 …………………………………………………… 11

第二单元　人际沟通 …………………………………………… 12
一、人际沟通的内涵和一般原理 ……………………………… 12
二、人际沟通的过程模式及类型 ……………………………… 14
三、影响人际沟通的因素 ……………………………………… 17
四、工作的沟通技巧 …………………………………………… 19
思考与练习 …………………………………………………… 22

第二部分　口语交际训练

第一单元　口语交际素养 ……………………………………… 25
一、道德品质的修养 …………………………………………… 25
二、文化知识的修养 …………………………………………… 25
三、心理素质的修养 …………………………………………… 26
思考与练习 …………………………………………………… 26

第二单元　有声语言的训练 …………………………………… 26
一、有声语言诸要素 …………………………………………… 26
二、有声语言的规范化训练（发声技能训练）………………… 27
思考与练习 …………………………………………………… 35

第三单元　无声语言训练 ……………………………………… 38
一、无声语言诸要素及其作用…………………………………… 38
二、仪容仪表 …………………………………………………… 40

三、表情 ································· 48

四、仪态 ································· 52

五、空间距离 ····························· 58

思考与练习 ····························· 60

第三部分 演讲

第一单元 演讲的基本原则 ················· 62

一、演讲的概念和特点 ······················ 62

二、演讲的分类 ························· 63

三、演讲成功的要素 ······················ 64

四、演讲的实用技巧 ······················ 66

思考与练习 ····························· 70

第二单元 命题演讲的训练 ················· 70

一、命题演讲的含义和类型 ··················· 70

二、命题演讲的基本特点 ···················· 71

三、命题演讲的程序 ······················ 71

思考与练习 ····························· 73

第三单元 即兴演讲训练 ··················· 74

一、即兴演讲的特点 ······················ 74

二、即兴演讲的要求 ······················ 74

三、即兴演讲的技巧 ······················ 75

思考与练习 ····························· 77

第四部分 辩论 谈判

第一单元 辩论 ······················· 83

一、辩论的概念和特征 ······················ 83

二、辩论的种类和作用 ······················ 83

三、辩论的技巧及训练 ······················ 84

思考与练习 ····························· 90

第二单元　谈判 ·· 91

一、谈判的概念和特征 ·· 91

二、谈判的类型 ··· 92

三、谈判的技巧及训练 ·· 94

思考与练习 ·· 99

第五部分　批评　劝说

第一单元　批评 ·· 101

一、批评的原则 ··· 101

二、批评的基本技巧 ··· 103

思考与练习 ·· 111

第二单元　劝说 ·· 111

一、劝说效果 ·· 111

二、影响劝说效果的因素 ······································· 112

三、劝说的方法和技巧 ·· 113

思考与练习 ·· 117

第六部分　面试　推销

第一单元　面试 ·· 119

一、面试概述 ·· 119

二、面试沟通的特点 ··· 120

三、面试沟通的基本技巧 ······································· 123

思考与练习 ·· 127

第二单元　推销 ·· 128

一、推销概述 ·· 128

二、推销口才的原则和策略 ···································· 129

三、推销口才的技巧 ··· 133

思考与练习 ·· 138

第七部分　听—说策略

第一单元　倾听策略 ……………………………………… 141
一、倾听的重要性及其意义 ……………………… 141
二、倾听的过程、方式和要求 …………………… 142
三、倾听的基本技巧 ……………………………… 144
思考与练习 ………………………………………… 148

第二单元　沟通策略 ……………………………………… 149
一、电话沟通的技巧 ……………………………… 149
二、与上司沟通的技巧 …………………………… 152
三、与下属沟通的技巧 …………………………… 154
四、与客户沟通的技巧 …………………………… 157
五、与同事沟通的技巧 …………………………… 162
六、见面寒暄的技巧 ……………………………… 164
七、拒绝别人的技巧 ……………………………… 169
八、赞美他人的技巧 ……………………………… 172
九、安慰他人的技巧 ……………………………… 175
十、为他人作介绍的技巧 ………………………… 178
思考与练习 ………………………………………… 180

第八部分　口语交际与社会文化心理

第一单元　口语交际与社会 ……………………………… 184
一、汉语与社会化 ………………………………… 184
二、汉语习得与社会化 …………………………… 185
二、影响社会化的因素 …………………………… 188
思考与练习 ………………………………………… 189

第二单元　口语交际与文化 ……………………………… 190
一、汉语与民俗文化 ……………………………… 190
二、汉文化的外借与吸收 ………………………… 192

三、汉语方言与地域文化 …………………………………………… 194

思考与练习 ………………………………………………………… 197

第三单元　口语交际与心理 …………………………………… 198

一、社会心理效应 ………………………………………………… 198

二、禁忌心理 ……………………………………………………… 201

三、模仿心理与暗示心理 ………………………………………… 213

四、谎言心理 ……………………………………………………… 220

五、性差心理 ……………………………………………………… 221

思考与练习 ………………………………………………………… 226

参考文献

第一部分
概　述

学习目标

1. 帮助学生明确口语交际与人际沟通的关系，了解口语交际的重要性。
2. 纠正语言表达的问题，克服在公众场合语言表达时的心理障碍。
3. 树立自信心，培养学生的自控力以及面对挫折与失败的耐受力。

口语是人类最早、最重要的交际工具，无论过去、现在，还是将来，都离不开口语交际，而且，随着现代文明的发展，口语交际在社会生活中的作用越来越大。《新课程标准》把"听话、说话"改为"口语交际"，这不仅仅是提法上的变化，更重要的是体现了观念上的改变，体现了时代的要求。《新课程标准》对口语交际总的要求是："具有日常口语交际的基本能力，在各种交际活动中，学会倾听、表达与交流，初步学会文明地进行人际沟通和社会交往，发展合作精神。"这个目标体现了现代社会对学生语文能力的新要求。

口语交际与人际沟通是一种技能、一种艺术。它是一个人在社会交往活动中口语表达能力的表现。大凡具有社交口才的人，说话时定能闪烁出真知灼见，并由此给人以精明、睿智、风趣的感觉。社交中受人欢迎、具有魅力的人，一定是口语交际与人际沟通能力较强的人。生活中每时每刻都在与领导、同事、客户、朋友、家人进行着沟通，对外沟通的品质影响着一个人的成败。

口语交际像春天一样鲜活，人际沟通像原野一样丰富，倘若你试着走进"春天"的原野，智慧的阳光就会普照你的心灵，不再让你"话在心里口难开!"。

第一单元 口语交际

一、 口语交际的特点

什么是"交际"?《现代汉语词典》解释为:"人与人之间的往来接触。""口语交际"即指人与人之间口头语言上的接触交流,也就是交际双方为了一定的目的,运用恰当、准确、规范的口头语言,采用一定的方法进行思想交流的言语活动。而口语交际能力则是人与人之间在交往的过程中表现出来的灵活机智的听说能力和待人处事能力,是融听说能力、交往能力为一体的综合能力。《语文新课程标准》认为,口语交际能力是现代公民应该具有的必备能力。倾听能力、表达能力、应对能力都是口语交际的主要内容。

≫（一）倾听能力

良好的倾听能力是交流双方能否在同一平台上顺利进行语言交际的前提,谦虚宽容、态度诚恳、专心致志地听取别人表述,是最基本的交际道德和要求。倾听能力就是要有听话的能力,对他人所说的话能否听懂话中意、话外音,更重要的是要在倾听中学会尊重别人意见,尽量不存偏见,学会不强迫别人接纳自己的观点,更不能因对方的意见与自己有别而恶意挖苦、讽刺,或随意打断别人说话,甚至与对方产生激烈争辩,那样只会破坏双方感情,导致言语交际失败。

≫（二）表达能力

流畅的表达能力是言语交流过程中阐述自己观点和见解的重要手段。进行"口语交际"的互动,要通过不断训练,反复磨炼,努力克服自身言语上的毛病,鼓起说话的勇气,学会把听众当成自己的朋友,逐渐消除与听话人进行口语交际的心理障碍。从有问必答,用自己熟悉的生活内容与听话人交流开始,锻炼自己敢说、会说、说好,甚至参与辩论,达到说准、多说、自然大方、表述流畅的境地。

≫（三）应对能力

机智的应对能力是交流活动中培养和练就自己思维活跃、反应敏捷的最佳方式。"口语交际"离不开人的思维活动,在个体与个体、个体与群体的言语交流互动中,需要对稍纵即逝的言语内容作出快速反应,明白对方说话意图,捕捉说话人的立场观点,加工分析所听内容的主次,准确把握关键性词语,然后再经过自己的大脑编辑整理,形成自己的观点,表达自己的看法,对来自不同角度的提问作出快速准确的反馈。

总之,口语交际能力除了具备听话、说话的能力外,还要有交往能力、待人处事能力等。实际上,口语交际能力是言语表达能力、处事能力、生存能力等多种能力的有机组合,它与听话说话相比有较大的差异,主要表现在:

(1)听话说话常常是单方面的,口语交际则是双向互动的。听说训练多是一人说,众人听,语言信息呈单向传递状态,思想交流、思维碰撞较少。而口语交际则强调信息的往来交互,因此,参与交际的人,不仅要认真倾听,还要适时接话,谈自己的意见和想法,这样,在双向互动中才能实现信息的沟通和交流。

(2)口语交际需要更全面的表达技巧。既然是面对面的接触、交流,就不能像自言自语那样,爱说什么就说什么,爱怎样说就怎样说,而应该考虑语言、情感、举止等综合因素,所以,口语交际不仅需要听说技巧,还需要待人处事、举止谈吐、临场应变、表情达意方面的能力和素养。

二、口语交际与社会生活

汉语是我们的母语,我们每天都要运用汉语进行口语交际。据研究,每人每天平均要用 10～11 分钟的时间来讲话,平均每句话占 2.5 秒左右。正常的语速是每分钟230 个音节。以前的新闻播音速度,一般为每分钟 180 个音节左右。现在的新闻播音速度大大加快,一般为每分钟 230～250 个音节,这是现代生活节奏加快的缘故。正常语速与年龄、性别有关,青年女性的语速往往较快。正常语速也与个人说话的习惯有关,教师讲课,有的每分钟 150 个音节左右,有的每分钟 240 个音节左右。正常人讲话,有 95%～99% 的话语是规范的,只有 1%～5% 的话语是不规范的。

≫（一）口语交际的基本类型

就人和人的交际来看,口语交际有四种基本类型:一是说话人的内向交流,即内心的"主我"与"客我"的交流;二是人际交流,即个体与个体之间的交流;三是群体交流,即群体内部成员之间及群体与群体之间的交流;四是大众传播,借助广播电视进行的口语交流。

这就反映了口语交际的四个特点:一是人数越来越多;二是信息的个性越来越不明显;三是表达者和接受者在距离和感情上越来越疏远;四是组织系统和传播技术越来越复杂。

≫（二）口语交际的应用（以称呼为例）

口语交际是一种能力,也是重要的交际手段,更是语言的表达艺术,比如称呼,称呼是否得当直接影响到交际双方的心理能否相容。

称呼可以分为尊称和泛称。"您好""贵姓""尊姓大名""您老""郭老"是尊称;"张厂长""李伯伯""先生""同志""小姐""师傅"是泛称。

称呼还有褒称、贬称和中性称之分。褒称的："老人家""老同志""老先生""老师傅""老大爷"等;贬称的："老家伙""老不死""老东西"等;中性称的："老头""老汉""老头子"等。

随着交际双方身份、关系、场合的变化,称呼也会发生变化。称呼的变化主要受制于下列因素:

权势关系。权势关系是指在年龄、社会地位、社会分工、财富、权力等方面,一方居于优势,如上下级关系、师生关系、长辈和晚辈的关系、主仆关系等。交谈双方处于权势关系时,权势较低的一方常用尊称和褒称称呼对方,权势较高的一方常用泛称和中性称。

一致关系。一致关系是指某一点上双方具有共同性,双方是一种平等关系,如兄妹、同事、同乡、同学等。处于一致关系的交谈双方用泛称或中性称表示亲近,有时用贬称表示亲昵。

亲疏关系。亲疏关系是指交际双方亲疏的程度,是一种容易变化的关系,可以由亲到疏,也可以由疏到亲,相互之间的称呼要根据亲疏程度而定。

角色关系。曹禺的《雷雨》在选择称呼语的时候,就充分体现了各自角色的关系。先就第二人称代词的运用来看。鲁大海在人际关系的权势面前,除了对自己的亲生母亲用"您"以示尊称而外,对他所厌恶的父亲鲁贵只用"你",对他所仇恨的矿主周朴园也只用"你",更不用说对周家大少爷和二少爷,统统以"你"称呼。这表现了他鲜明的爱憎感情。鲁贵在周家大小主子面前,一律以"您"敬称。真是一个鲜明对比。再看看社会地位称谓语的使用。鲁大海面对矿主直称"董事长",后来怒斥为"你们这些不要脸的董事长""姓周的""强盗"。鲁贵对周朴园连"您"也不敢用,只要一见面,便连呼"老爷",对繁漪也只用了一次"您",全以"太太"相称;对小主子是"大少爷""二少爷"不离口。一个不向权势低头,另一个甘做奴仆的角色关系昭然若揭。

双方的心态。交际双方的心态会影响称呼的使用。曲啸去某市给犯人讲话,一开始就碰到称呼问题。叫"同志"吧,不合适;叫"罪犯"吧,有伤自尊心。后来他采用了"触犯了国家法律的朋友们",全体罪犯听后热烈地鼓掌,有些听众感动得流下了眼泪。20世纪30年代,"左联"党组织称"鲁迅同志",鲁迅感到是对他的信任和尊敬。他在文章中写道:"那些足迹在地上,为了全民族而努力的人们,我得引为同志,是颇感自豪的。"

时代色彩。时代色彩会影响称呼的使用。下列称谓具有一定的时代色彩:令亲(对方的亲戚)、令尊(对方的父亲)、令堂(对方的母亲)、冰翁(对方的岳父)、嫂夫人(对方的妻子)、令郎(对方的儿子)、令媛(对方的女儿)。这些称谓词常见于书卷语体,日常谈话很少使用。现在常用的"师傅""先生""女士""小姐""同志"等也反映了时代色彩。"同志"原指志同道合者,新中国成立初期比较普及,"文革"中达到顶峰,"文革"中能否称"同志"意味着政治上可靠与否。目前"同志"的使用范围在缩小,使用频率在降低。"师傅"一词原指"工商戏剧等行业传授技艺的人","文革"中由于当时"工人阶级领导一切"，就使得"师傅"一词在大力提倡"又红又专"的年代普遍流行，工商戏剧界人士固然称"师傅"，就连知识分子也被称为"师傅"。"先生"一词是学生对老师的尊称，又用作对他人的尊称。在革命战争年代以及新中国成立至"文革"结束，"先生"在我国多用来称统战对象。目前，"先生""女士""小姐"一类的旧词新用，体现了现代社会的文明和开放。"小姐"这一称呼，随着时代的变化，感情色彩也在变化，解放前"小姐"是尊称，文革中"小姐"是贬称，改革开放前期、中期"小姐"是尊称，而近几年来，"小姐"又出现了贬称的倾向。称呼一般按行业而定，学校的教职员工，不论是教师还是行政管理人员均可称为"老师"；医院里不论"医生"和"护士"，凡是穿白大褂的都称"医生"。当然，对本单位熟悉的人在称谓时一般按内部"行当"区别称呼。这是因情境而引起的称呼类化。

三、　口语交际的基本要求

≫（一）努力学习和掌握相关的知识

仅凭"能说会道"论口才是远远不够的，那些伶牙利齿的"巧舌媳妇"，尽管巧舌如簧，却登不了"大雅之堂"。出色的口头表达能力，其实是由多种内在素质综合决定的，它需要冷静的头脑、敏捷的思维、超人的智慧、渊博的知识及一定的文化修养。因此，一定要努力学习有关理论及知识，如学好演讲学、逻辑学、论辩学、哲学、社会学、心理学等，并且不断积累经验，提高自己的综合素质。

≫（二）努力学习和掌握相应的技能、技巧

如在讲话、讲演时，就要做到：准备充分，写出讲稿，又不照本宣科；以情感人，充满信心和激情；以理服人，条理清楚，观点鲜明，内容充实，论据充分；注意概括，力求用言简意赅的语言传达最大的信息量；协调自然，恰到好处地以手势、动作、目光、表情帮助说话；表达准确，吐字清楚，音量适中，声调有高有低，节奏分明，抑扬顿挫；恰当地运用设问、比喻、排比等修辞方法及谚语、歇后语、典故等，使语言幽默、生动、有趣；尊重他人，了解听者的需要，尊重听者的人格，设身处地为听者着想，以礼待人，不带教训人的口吻，注意听众反应，及时调整讲话内容。

≫（三）多讲多练

积极参加各种能够提高口头表达能力的活动，如演讲会、辩论会、班会、讨论会、文艺晚会、街头宣传、信息咨询等活动。凡课堂上老师讲的或自己在书本学到的知识都尽可能地用自己的话说出来，这样也有助于提高自己的口头表达能力。锻炼口头表达能力要有刻苦精神，要持之以恒。只要我们勤于学习，大胆实践，善于总结，及时改进，我们的口语交际能力一定能不断提高。

四、口语交际的训练

》（一）思维训练

（1）积累知识。丰富的知识能开发智力，启迪思维。最佳口才是用知识的甘露滋润听众的心田，用知识的钥匙开启听众的心扉。要获取知识，全靠平时积累。制作知识卡片是积累知识的有效方法，它可以把大千宇宙的奥妙、微观世界的秘密、古往今来的精华兼收并蓄，拿来为我所用。只要坚持日积月累，便可达到"胸藏万汇，口有千钧"的境界。

（2）深入思考。心理学家认为，口语交际是受复杂的生理和心理活动制约的。口才的发挥，是藏之于内心的无声语言和表之于外的有声语言的转化过程，嘴巴的讲和大脑的想存在着相辅相成、互为作用的依存关系，人们思考的是什么问题，在一般情况下，往往心里怎样想，嘴巴就怎么说。嘴上说的，就是心里想的；心里想的，就是嘴上要说的。口头表达这种区别于书面表达的随想随说的特点，就特别要求思维的敏捷和灵活。

》（二）记忆训练

要具备好的口才，除了思维敏捷灵活之外，更重要的是必须有充分的准备，而充分准备主要是指对说话内容的熟悉，这就不可避免地涉及记忆。不仅要记忆讲话的素材，记忆讲话的语言，甚至还要记忆你精心设计的讲话结构。只有从内容到形式上都记熟了，才能有条不紊、脉络分明地表达出来。德摩斯梯尼[①]也是在多听、多读、多记中不断成长起来的，只要有演讲大师柏拉图的演讲，德摩斯梯尼必去聆听，并用心琢磨其演讲技巧；为了安心躲起来练习，演说，他把自己剃成阴阳头，还研究古希腊的诗歌、神话，背诵优秀的剧本，模仿著名历史学家的文体和风格……十年磨一剑，经过不懈努力，他终于获得成功。

怎么记忆？以演讲为例。要口才好，效果佳，其上策就是记讲稿，脱稿表达。照本宣科必然失去讲话的魅力，而宣读式的演讲，由于注意力集中在稿纸上，常常缺乏表情与动作的配合，不能充分表达出感情色彩和发言者自己的实际感受，因而使讲话失去生动性，成为枯燥、生硬和呆板的叙述；又由于注意力集中在稿纸上，必然缺乏与听众的"目光交流"。要脱稿讲话，使口语表达收到最佳效果，最重要的办法，就是将主讲的内容练得滚瓜烂熟。但是，在日常工作和生活中，有讲稿的讲话毕竟是不多的，无讲稿的讲话，倒是常有的，比如，座谈、讨论、论辩、出席邀请会议等，常常"突然袭击"，要你讲几句话，发表发表高见。面对这种情况，怎么办？将大脑中储存的有关知识，即兴拿

---

① 古雅典雄辩家、民主派政治家。

来,稍加组织,为己所用。只要平时记住了大量的领袖语录、哲理名言、作家作品、科学术语、成语典故、寓言故事、史地常识、奇闻轶事等素材知识,表达的时候,定会口若悬河,侃侃而谈。

由此看来,无论是有稿讲话,还是无稿发言,无疑都将借助于记忆。通过记忆,可以储存信息,把有准备的讲话材料和无准备的素材知识铭刻在脑子里,没有稿子或抛开稿子上讲坛,说话都能如行云流水,滔滔不绝。

记忆的方法很多,关于介绍记忆的文章、专著也不少。有人还总结了这样的经验:"理解是记忆的基础,争论是记忆的益友,背诵是记忆的根本,重复是记忆的良方,趣味是记忆的媒介,联想是记忆的动力,应用是记忆的要诀,精简是记忆的助手,卡片是记忆的仓库。"

≫（三）口才训练

1. 想象训练

想象训练就是用大脑的想象来进行口才表演的过程。比如,你可以想象自己正处在某个场合,正在跟某个人交谈或发表演说,那么,你该说些什么？用什么样的语气？用什么样的神情姿态？还有,对方会说什么样的话？针对对方的话,你该有什么样的反应,等等。所有这些,你都不妨在脑子里好好设计一下,并把它作为一个设计方案存在脑子里,日后,当你遇到相同或类似的场合时,你就可以把自己的"设计方案"拿出来运用。你脑子里的设计方案越多,越是能在各种不同的场合应付自如,尤其在你即将进行一场讲演或作一次交谈之前,进行这种想象训练效果更佳。所谓"临阵磨枪,不快也光",虽然事情的发展不可能完全合乎自己的想象,但有备而来肯定比完全依赖随机应变好。

2. 模拟训练

模拟训练也可称作模仿法,其实模仿的过程就是一个学习的过程。我们从小就会模仿,小的时候学说话就是对爸爸、妈妈及周围人的模仿。我们练口才也可以利用模仿法,向有这方面专长的人学习,天长日久,我们的口语表达能力一定能得到提高。其方法是:

（1）模仿名人。找来你敬仰的演说家的录像,或把你喜欢的、又适合你模仿的播音员、演员的声音录下来,然后进行模仿。

（2）专题模仿。几个好友在一起,请一个人先讲一段小故事、小幽默,然后大家轮流模仿,看谁模仿得最像。这个方法简单易行,且有娱乐性,只要有三四个人就能进行。所要注意的是,每个人讲的小故事、小幽默,一定要新鲜有趣,大家爱听爱学,而且在讲以前要进行一些准备,尽量讲准确、生动、形象的内容,不要把一些错误的东西带去,否则害人害己。

（3）随时模仿。我们每天都听广播,看电视、电影,那么你就可以随时对播音员、节目主持人、演员等进行模仿,注意他们的声音、语调、神态、动作,边听边模仿,边看边模仿,日积月累,你的口语能力就能得到提高,而且会增加你的词汇,增长你的文学知识。

在模拟训练时,一言一笑,一举一动,都要像面对真的听众一样,力求完美。有不完善的地方,就进行调整,并反复练习,直到能让自己满意为止。只有这样,在真正面对听众时,才不会出现难以补救的错误。这是一种极能锻炼口语交际才干的好方法。

3. 自我暗示训练

这是一种具有理想性的、目标性的锻炼模式。每天清晨默念 10 遍:"我一定要最大胆地发言,我一定要最大声地说话,我一定要最流畅地演讲。我一定行!""我要做一个演说家!""我要克服生理上的障碍,练、练、练……"这种积极的自我暗示能调动人的巨大潜能,使人变得自信、乐观。只要坚持对自己进行长期的积极暗示,那么积极的观念就会进入我们的潜意识,必将为自己增添战胜困难的勇气和信心,即使演讲失败,遭人嘲笑,也不气馁,而会更加坚定地向目标进击。

4. 复述训练

简单地说,这种训练就是重复叙述别人的话,目的在于锻炼人的记忆力、反应力和语言的连贯性。其方法是:选一段长短合适、有一定情节的文章,然后请朗诵较好的同学进行朗读,最好能用录音机把它录下来,听一遍复述一遍,反复多次地进行,直到能完全把这个作品复述出来。如果能面对众人复述就更好了,它既可以锻炼语言的连贯性,还可以锻炼你的胆量,克服紧张心理。开始练习时,最好选择句子较短、内容活泼的材料进行,这样便于你把握、记忆、复述。随着训练的深入,你可以逐渐选一些句子长、情节少的材料进行练习。这样由易到难,循序渐进,效果会更好。这种练习一定要有耐心与毅力。

5. 群体训练

群体训练是在多人聚会的场合进行的,这种场合的交谈对那些口才不怎么好的人是很有好处的:其一,可以在倾听别人的谈话时进行学习和模仿,将别人好的东西变为自己的珍藏;其二,在自己发言之前,有充分的时间进行构思,想好了才说,可以避免面对单独一个人时冷场的尴尬;其三,讲得不好时,别人的谈话能遮掩自己的过失,也就是说,其他人的注意力很快会被另一个人的谈话所吸引,而不会集中在你的过失上,你的"蠢话"也不会给自己带来过多的心理负担。总之,多参加群体活动对自己是很有好处的,不但能锻炼口语交际能力,还能增长人际沟通的才干,何乐而不为?

6. 个体训练

个体训练,就是单独一个人练习,特别对那些害怕在众人面前练习讲演的初学者,这是一种值得采用的好模式。它是一种避免怕"出丑"、怕出"洋相"、怕"难为情"的好方法。它不受时间和空间的限制,一分钟、一秒钟、一句话、一个动作,都可以在自己认为适当的场合随时随地训练,既可以在野外练,也可以在家里练。当练习到一定程度后,自己认为有点"像样"时,再转到公众中去锻炼,直到可以"放飞"。

7. 辅具训练

辅具训练是借助于技术性的器具进行锻炼的一种模式。如对着镜子或使用录像机纠正各种不正确的姿态：眼睛应如何扫视、直视、点视，如何逼视、怒视；如何转身，两手如何安放，挥舞手臂时的角度、力度和速度如何恰到好处；站立讲演时身体的站法、角度怎样才适当；口型及脸部表情怎样自然，喜怒哀乐的感情运用，形象是否逼真；等等。

训练语音、声调，可借助于录音，将自己的朗读、演讲录下来，再播放出来自己听听，口齿是否清楚，咬字是否准确，音质是否好，声调是否动听，高低快慢、抑扬顿挫运用是否恰如其分，与演说的感情要求是否合拍，等等。用辅具进行锻炼，是讲演家们常用的手段。如古希腊著名演说家德穆斯芬借助于大自然中的有声条件进行发声训练，借助于镜子纠正口形；我国的孙中山、萧楚女等对镜训练；美国前总统里根借助于录像机、录音机进行态势和语音训练。

以上七种训练方法和训练形式，每个人都可以根据自身的具体情况，有选择地使用，或将其中的几种综合起来运用。相信每位立志成为口语交际高手的朋友，经过刻苦不懈的努力，一定能够将自己的水平提升到新的高度。

五、　口语交际心理障碍的分析

在日常的口语交际中，我们常常会看到这种现象，在口语交际的过程中会出现迟疑、胆怯、自卑、恐惧等状况，哪怕是事先已准备好的讲稿，也仍难免出现停顿、重复等情况。这一现象说明，每个人心理素质的优劣，将直接影响口语交际的效果。那么，在口语交际中，人们会受到哪些心理障碍的影响呢？

》（一）害羞、畏惧心理

有些人羞于在别人面前说话，觉得和别人说话很别扭，怕招致别人的笑话；有些人怕说话，怕词不达意；和陌生人讲话，不敢正视对方，声音很低，未语脸先红。当然这些与个人性格不无关系，开朗外向性格的人口语能力相对较高，因为他们在更多的与人交流的过程中，消除了畏惧心理，也获得了更多口语锻炼的机会。从心理学角度看，畏惧心理是很正常的生理现象，经过有意的训练，这种畏惧心理是可以克服的。调查表明，90%的人都害怕在大庭广众之下说话、发表自己的见解，讲话时经常出现心跳加速、呼吸急促等现象。如不及时疏导，会产生做噩梦等睡眠障碍。

》（二）自卑心理

自卑心理就是自己看不起自己，感到自己处处不如别人的一种心理状态。实际上有自卑心理的人并不是真的事事、处处、时时都不如人，而是自己主观盲目产生的一种与实际情况不相符合的感觉。产生这种心理的原因有如下几点：

首先是自身性格特点的原因。性格内向的人由于表现不活泼、不爱动,对外界刺激反应不强烈、反应速度慢、情绪兴奋低。这种气质类型的人如果生活在压抑的环境中,往往容易产生自卑心理。

其次是从小受生活环境的影响。或家居独院,与外界很少往来;或父母因工作原因将其锁在家里,不许外出玩耍。由于自小失去了与其他孩子交往的机会,长久以往,就会离群独处,不愿与他人接触,即使有时想与他人接触,但又害怕别人不理睬自己。因他们不善与人交往,缺乏交往的自信,久而久之便形成自卑心理。另外如果家人不懂得有益的教育方法,孩子做错一点事,不问青红皂白,责备一通,就会致使孩子诚惶诚恐,畏人如虎,孩子的自尊心和自信心大受打击,也容易产生自卑心理。

≫（三）焦虑心理

这一类型的人焦躁不安,不能静下心来学习或做事。有的容易被情绪左右,情绪差时,不愿说话;平时与人谈天说地,但一到正式场合便焦躁不安,不知所措。具有这种心理的人主要表现为为一点小事都会过度着急、坐立不安,有时还会有心慌、头痛、气促、出汗、呕吐等症状。

≫（四）自闭心理

此类心理表现为从不轻易向人表露自己的内心世界,独来独往,不愿意向亲人、朋友说出心里话,即使努力改善其情境,仍然情绪低落、闷闷不乐,对周围的人和事物不感兴趣,行为孤僻,沉默寡言,人际关系一般较差。自闭心理表现为对外界评价过于敏感,回避失败的意识较强,封闭内心世界,压抑情绪体验,孤独感强,行为表现为胆怯、退缩。

≫（五）依赖心理

有些人会有这样的想法:我听着好了,让别人讲吧。产生这样想法的人主要是因为缺乏信心,总认为个人难以独立,时常祈求他人的帮助,处事优柔寡断,遇事希望父母或师长、朋友为自己作决定;没有亲人和朋友在身边,就像断线的风筝,没有着落,茫然不知所措。具有依赖性格的人,如果得不到及时纠正,发展下去有可能形成依赖型人格障碍,时时处处被动、依赖、消极、等待,很难以一个独立的人立足于社会;需要独立时,对正常的生活、工作都感到很吃力,内心缺乏安全感,时常感到恐惧、焦虑、担心,时间一长或稍遇挫折,易出现焦虑症、恐怖症等情绪障碍或身心疾患。

那么通过什么途径才能克服这些心理障碍呢？一般说来,越怕当众说话越要锻炼当众说话,只有在反复的锻炼中才能克服紧张,达到良好的心理状态,永远开不了口就永远怕开口,只有多讲多练才能从"不敢讲"到"不怕讲"。

首先,要培养良好的性格,良好的性格可以唤起口语交际的情感。一般来说,性格特征可分为外向型和内向型。外向型性格的人,开朗活泼,感情外露,善于与人交流,且交流时无拘无束,敢于把自己对问题的认识和见解表达出来。而内向型性格的人沉郁孤僻,处事拘谨,不善于交际,对人冷漠,不愿合作交流,这就阻碍了交际能力的形成。要针对自己的个性,主动找话说,逐渐养成想说、敢说、爱说的习惯。

再次,增强口语交际的自信心。自信是人的意志和力量的体现,是交际能力最重要的素质之一,自信力是说话者重要的心理支柱,自信力强,就有说话的勇气,能坚定意志,保持热情,鼓励自己大胆地开展说话活动。由于自信力强,说话时很少心理负担,精力和情绪处于旺盛状态,思维灵活,智力呈现开放状态,说话潜力可以得到充分发挥,有利于内部语言转化为外部语言,促使说话者言语顺畅、清晰、生动而有条理。

思考与练习

1. 在口语交际中,称呼受到哪些因素的制约?

2. 开展一次自我介绍。介绍自己,介绍自己的性格、爱好,自己喜欢的人或事,介绍家庭情况,家乡风光,家乡特产。

3. 口述见闻。从自己身边所发生的事情或电视、广播、电影、报刊和广告中的信息选取一件,抓住中心,按一定顺序讲给大家听。

4. 接待客人。介绍自己如何迎客、待客、送客。

迎客:问清楚找谁,请进问好;待客:让坐、端茶,回答问话;送客:送客出门,话别。要求在说话时,态度和蔼,热情大方,语言亲切,运用礼貌用语。

5. 交易商谈。学生准备"商品",教室作小商品市场,要求"顾客"要讲清所买的商品名称、数量等,"售货员"要热情地一一介绍商品的价格、性能特点和各种用途以及附加的优惠条件。

6. 合作交流。要培养学生的口语交际能力,必须创造条件使学生由单向个体转为不同的双向组合,并在双向互动中进行动态的口语交际训练,使学生在不断的言语信息传递中增强语言表达能力,提高思维的敏捷性、条理性、深刻性和独创性。教师可设计一些具有一定难度的问题让学生通过小组讨论交流得出答案,交流中人人有发表意见的机会,达到口语交际的目的。

例如:小明准备去应聘一家公司,在浏览该公司应聘要求中,他发现了一条针对"说话能力"的标准,其中规定了6种不予录用的人:声音轻如蚊子者、语调没有抑扬顿挫者、表达时不能抓住内容要点者、说话没有逻辑语无伦次者、不能干脆利落地回答问题者、说起话来有气无力者。

问题:怎样说话才符合"说话能力"的标准?(提示:可从声音、内容、逻辑、仪态、时间等方面考虑。)

第二单元　人际沟通

一、　人际沟通的内涵和一般原理

美国著名学府普林斯顿大学对一万份人事档案进行分析,结果发现,"智慧""专业技术"和"经验"只占成功因素的 25%,其余 75% 决定于良好的人际沟通。

沟通是人与人之间、人与群体之间思想与感情的传递和反馈的过程,以求思想达成一致和感情的通畅。沟通包括语言沟通和非语言沟通,语言沟通是包括口头和书面语言沟通,非语言沟通包括声音语气(比如音乐)、肢体动作(比如手势、舞蹈、武术、体育运动等),最有效的沟通是语言沟通和非语言沟通的结合。

沟通的要素包括沟通的内容、沟通的方法、沟通的动作。就其影响力来说,沟通的内容占 7%,影响最小;沟通的动作占 55%,影响最大;沟通的方法占 38%,居于两者之间。

有效的人际沟通是指沟通者为了获取沟通对象的反应和反馈而向对方传递信息的全部过程。一个有效的沟通过程必须满足五个基本要素:信息、沟通者、沟通对象、过程、反应和反馈。

首先,我们应明确什么是对方需要的和能帮助有效达成目标的信息。在当今信息爆炸的社会,信息是多样和混乱的,如果我们提供的是无效或错误的信息,那我们后面的一切工作都是徒劳,甚至起反面作用。所以,沟通形式可能是一些符号,但其内容必须是有意义的。假如一个秘书在向老板汇报工作时,无中心无内容,虽很细致,也很敬业,但还不是合格的秘书;销售人员在推销产品时,不能将产品的主要功能、优点和向客户提供的利益表达清楚,那将肯定是一次失败的推销。

其次,沟通的方法也是多种多样的,可以是语言、文字,也可以是行为、表情,可利用各种媒体工具,也可以利用会议、讲座等方法,关键看传播的受众效果。如新产品上市,可以开展媒体(广播、电视、户外广告)宣传,也可通过上门推销、售点展示、新闻发布会、路演、公益赞助等方式,选择哪一种方式要根据具体产品、企业资源、执行能力等而定。

再次,沟通的双方应作好角色定位。沟通对象不同,沟通的目标和方法也是不同的,不同的目标和方法必然带来不同的结果。向不穿鞋子的地区推销鞋子和向和尚推销梳子,都是徒劳的。将沟通对象准确定位,会产生迥然不同的结果。

最后是反馈,没有反馈的沟通是无效的沟通。通过反馈可以检讨沟通的效果,并改进沟通的方法,再通过多次的反复过程使沟通达到最佳效果。可口可乐业务拜访的八步骤是一种有效的客户和消费者沟通的方式。工作人员通过拜访了解到产品销售状况、客户异议、竞争态势等有效信息，为公司发展提供有效帮助。而倾听反馈是最重要的，销售人员通过倾听、确认、探索、回应的过程，对沟通的反馈进行有效回应，从而使拜访成为一次有效的沟通过程。

一个有效的人际沟通过程的一般原理是：

≫（一）人际沟通的目的性

人与人沟通时，有其目的性存在。比如你在一个城镇中迷路了，想开口问路，其目的就是希望能够获得帮助，不论你问的是什么对象，一名警察或是小孩，不论你的语气是和缓或着急，均有一个你所要设法求得的目的性存在，就是你想知道你身处何方，如何找到你要走的路。又比如向人借东西，有许多话也许是多余的，因为不好意思开口而拐弯抹角地说，但其目的仍是为了要跟人借东西而做的沟通。

≫（二）人际沟通的象征性

沟通可能是语言性的也可能是非语言性的，如面部表情能够表现出你的非语言沟通，书信、文章或文摘等能够传达出其表现的含义，均有一种象征性的作用。又比如吵架，破口大骂是一种非理性的沟通方式，但冷战不说话，双方也能够明白对方所表达的意思。对一个人而言，亲切的笑容、优雅的姿态本身就是一种沟通，因为，良好的环境、和蔼可亲的态度、一丝不苟的工作本身就传达着一种积极的信息。

≫（三）人际沟通的关系性

人际沟通的关系性是指在任何的沟通中，人们不只是分享内容意义，也显示彼此间的关系。在互动的行为中涉及关系中的两个层面，一种是呈现于关系中的情感，另一种是界定关系中的主控者。关系的控制层面有互补的也有对称的。在互补关系中，一人让另一人决定谁的权力较大，所以一人的沟通信息可能是支配性的，而另一人的信息则是在接受这个支配性。在对称关系中，人们不同意有谁能居于控制的地位，当一人表示要控制时，另一人将挑战他的控制权以确保自己的权力；或者是一人放弃权力而另一人也不肯承担责任。互补关系比对称关系较少发生公然的冲突。

≫（四）人际沟通的后天性

因为人际沟通好像是自然的、与生俱来的能力，所以很少有人注意沟通形态与技巧，有时把一些沟通上或态度上的错误都想成"这是天生的，无法改变的"，就不试着去改变自己的错误沟通态度。其实沟通需要学习，我们要试着去观察周围环境的人，谁的沟通技巧好，谁的态度顽固不化，都值得我们学习或借鉴。我们必须学好人际沟通，而且要不断地从学习和练习中获益。

二、 人际沟通的过程模式及类型

春秋战国时期,有一位著名的医生,他的名字叫扁鹊。有一次,扁鹊拜见蔡桓公,站了一会儿,他看看蔡桓公的脸色说:"国君,你的皮肤有病,不治怕要加重了。"蔡桓公笑着说:"我没有病。"扁鹊告辞。走了以后,蔡桓公对他的臣下说:"医生就喜欢给没病的人治病,以便夸耀自己有本事。"过了十几天,扁鹊又前往拜见蔡桓公,他仔细看看蔡桓公的脸色说:"国君,你的病已到了皮肉之间,不治会加重的。"桓公见他尽说些不着边际的话,气得没有理他。扁鹊走后,桓公还闷闷不乐。再过十几天,蔡桓公出巡,扁鹊远远地望见桓公,转身就走。桓公特意派人去问扁鹊为什么不肯再来相见,扁鹊说:"皮肤上的病,用药物敷贴可以治好;在皮肉之间的病,用针灸可以治好;在肠胃之间,服用汤药可以治好;如果病入骨髓,那生命就掌握在司命之神的手里了,医生是无法可医了。如今国君的病已深入骨髓,所以我不能再去相见了。"蔡桓公还是不相信。五天之后,桓公遍身疼痛,连忙派人去找扁鹊,扁鹊已经逃往秦国躲起来了。不久,蔡桓公便病死了。

蔡桓公贵为国君,又有名医扁鹊在侧,却因为小病送掉了性命,原因是什么呢?是由于沟通过程不完善。这个过程就是指一个信息的传送者(扁鹊)通过选定的渠道(合适的表达方式)把信息(蔡桓公有病)传递给接收者(蔡桓公)的过程。扁鹊不善于营造良好的沟通氛围,不善于选择恰当的沟通用语,所提供的信息内容不够清晰,而蔡桓公原来就有怕生病的心理障碍,对医生存有偏见,所以蔡桓公根本不能接受扁鹊传递的信息,以致造成悲剧。这是一个失败的沟通。

古代也有善于沟通的故事。《邹忌讽齐王纳谏》就是大臣与君王沟通成功的典型例证。邹忌为了让齐威王勇于纳谏,前去上奏。邹忌见齐威王后,并没有单刀直入地向威王进谏,而是先讲自己的切身体会,用类比推理的方式讲出"王之蔽甚矣"。他先叙述了妻、妾、客蒙蔽自己的原因,然后从自己的生活小事推至治国大事,说明齐王处于最有权势的地位,因而所受的蒙蔽也最深。没有对威王的直接批评,而是以事设喻,启发诱导齐威王看到自己受蒙蔽的严重性,从而使他懂得纳谏的重要。邹忌以自己的亲身经历为依据,推己及人,进行了一次成功的沟通。假如扁鹊也能在沟通上多动脑筋,也许结果就不是这样。

根据信息载体的异同,沟通可以分为言语沟通和非言语沟通。言语沟通建立在语言文字基础上,又可分为口头信息沟通和书面信息沟通两种形式。

》(一)言语沟通

1. 口头信息沟通

绝大部分的信息是通过口头传递的。口头信息沟通方式十分灵活多样,它既可以是两人间的娓娓深谈,也可以是群体中的雄辩舌战;既可以是正式的磋商,也可以是非正式的聊天;既可以是有备而来,也可以是即兴发挥。

(1)口头信息沟通的优点。信息可以在最短的时间内被传送,并在最短的时间内得到对方回复。如果接收者对信息有疑问,迅速的反馈可使发送者及时检查其中不够明确的地方并进行改正。良好的口头信息沟通有助于对问题的及时了解。

(2)口头信息沟通的缺点。信息从发送者一段段接力式传送过程中,存在着巨大的信息失真的可能。每个人都以自己的偏好增删信息,以自己的方式诠释信息,当信息经过长途跋涉到达终点时,其内容往往与最初的含义存在着较大的偏差,而且这种方式不是总能省,有时甚至浪费时间。

2. 书面信息沟通

适合于口头沟通的原则同样适合于书面沟通。书面沟通的技巧就是要设法使读者有欲望读下去,这意味着:你要先确定想要表达的主要意思,然后用合适的方式将它表达出来。不管是使用何种书面沟通方式,重要的是保证表达能够被理解。

(1)书面信息沟通的优点。书面记录具有有形展示、长期保存、有法律保护依据等优点。一般情况下,发送者和接收者都拥有沟通记录,沟通的信息可以长期保存下去,如果对信息的内容有疑问,过后的查询是完全有可能的,对于复杂或长期的沟通来说,这尤为重要;同时,由于要把表达的内容写出来,可以促使人们对信息更加认真地思考,因此,书面沟通显得更加周密,条理清楚。

(2)书面信息沟通的缺点。耗费时间较长,同等时间的交流,口头比书面所表达的信息要多得多。事实上,花费 1 小时写出来的东西可能只要 15 分钟左右就可以表达完。书面沟通的另一个缺点是:不能及时提供信息反馈。口头沟通能够使接收者对其所听到的东西及时提出自己的看法,而书面沟通缺乏这种内在的反馈机制,其结果是无法确保所发出的信息能够被接收到。

≫（二）非言语沟通

1. 非言语沟通的内涵与范畴

非言语沟通是指通过某些媒介而不是讲话或文字来传递信息。闪烁的红绿灯、慷慨激昂的语调都属于此类。教师上课时,当看到学生们无精打采的眼神及百无聊赖的表情时,就知道学生已经通过无声的方式明确地表达了他们的厌倦之情。一个人的衣着打扮、谈话时的举止也无不向别人传递了某种信息。

非言语沟通的内涵十分丰富,包括副语言沟通、身体语言沟通和物体的操纵等多种形式。

(1)副语言沟通。最新的心理学研究成果表明,副语言在沟通过程中起着非常重要的作用。一句话的含义往往不仅取决于其字面的意义,而且取决于它的弦外之音。

副语言分为口语中的副语言和书面语中的副语言。口语中的副语言是通过非语言的声音,如重音,声调的变化、哭、笑、停顿来实现的。语音表达方式的变化,尤其是语调的变化,可以使字面相同的一句话具有完全不同的含义。书面语中的副语言是通过字体变换、标点符号的特殊运用以及印刷艺术的运用来实现的,例如某几个字加着重号或用黑体强调。

（2）身体语言沟通。在沟通过程中,人们无不处于特定的情绪状态中。这种情绪状态,除了可以用直接的表达或副语言告知对方外,还可以委婉地以身体语言表达。身体语言沟通用目光、表情、势态、衣着打扮等形式来传递或表达沟通信息。

人们可以通过面部表情、手部动作等身体姿态来传达诸如攻击、恐惧、愤怒、愉快、傲慢等情绪或意图。例如,在你很忙碌的时候,有邻居来借件东西,你给了他东西后,他却仍然待在你家与你聊天。你内心肯定希望邻居赶快走,可是在表面上你只能很礼貌、专注地听着,于是通过东挪挪室内的花瓶,西移移室内的摆设来暗示这位邻居"该是你离开的时候了"。除非这位邻居没有感觉或者太专注于自己的话题,否则谈话很可能因此而结束。

沟通者的服饰往往也扮演着信息发送源的角色。人们习惯认为,穿黑色衣服常被视为是严肃、庄重的。如果一位领导穿着运动服在训斥下属,那么他说话的权威性将大大降低,下属容易产生不认同感,或者偏向认为领导只是很随意地说说。在正式的谈判中,如果有一方举止随便的话,很容易被对方视为轻视,不尊重自己,也就容易导致谈判失败。

（3）物体的操纵进行非语言沟通。除了运用身体语言之外,人们也能通过物体的运用、环境布置等手段进行非语言的沟通。

2. 非言语沟通的意义

有效运用非言语沟通在人际沟通中十分重要。在面对面的沟通过程中,那些来自语言文字的社交意义不会超过35%,而65%是以非言语方式传达的,因此,正确运用非言语沟通,有助于你获得良好的人际关系。

（1）丰富的表情。表情是仅次于语言、最常用的一种非语言符号,因此,交际活动中面部表情备受人们的注意。而在千变万化的表情中,眼神和微笑是最常见的交际符号。

（2）合理的空间距离。常见的沟通距离有:①亲密区。与对方只有一臂之遥,适合进行较敏感的沟通。只有较亲密的人,才允许进入该区,如果陌生人进入,人们通常会感到不舒服,并设法拉开距离。②私人区。朋友之间交谈的距离,保持在一臂之遥到距离身体 0.76~1.2 m。③社交区。延伸到距身体 2.1~3.6 m 远,适合于一般商务及社交的来往。例如,多数办公桌的设计,都是要人们坐在社交区的范围内。④公共区。更远,至距身体 3.6 m 外,是人们管不到,也是可以不理会的地方。

（3）恰当的副语言。一般来说,人在高兴、激动时,语调往往清朗、欢畅,如滔滔海浪；而悲伤、抑郁时则黯淡、低沉，如幽咽泉流；平静时畅缓、柔和，如清清小溪；愤怒时则重浊、快速，如出膛的炮弹。从一句话的字面看，往往难以判定其真实的含义，而它的弦外之音则可传递出不同的信息。恰当的语调、音调和语速可以完整正确地传递人与人之间的信息和情感，加深沟通的程度。

（4）优雅的态势。态势是说话者传情达意的又一重要手段，一种沟通"语言"，它包括说话者的姿态、手势、身体动作等，既可以帮助说话，又可以诉诸对方视觉的因素。态势作为一种沟通语言，我们在说话中应怎样正确地运用它呢？①态势要美观。站着说话时，身体要伸直，挺胸、收腹，重心放在两腿之间，两臂自然下垂，形成一种优美挺拔的体态，使对方感觉到你的有力和潇洒，留下良好的印象。坐着说话时，上身要保持垂直，可轻靠在椅背上，以自然、舒适、端正为原则；双手可以放在腿上，或抱臂。无论是坐姿还是站姿，在非正式场合可随便一点，但在正式场合就要有明确的目的。我们在说话时，一举手一投足，都要使其有内在的根据和清楚的用意，这样才能更好地发挥态势语的表达和交流作用，就能更有助于获取说话的最佳效果。②态势要确切精练。说话时，我们运用态势语的主要目的是要沟通感情、补充或加强话语语气、帮助对方理解，因此，态势要精练，不要太"花"，要以少胜多、恰到好处。例如手势动作，如果不间断地随便使用，或者多次重复使用同一种手势，就有可能丧失它的功效。③态势要得体。说话时要根据环境和对象运用各种态势语。在长辈和上司面前不要用手指指点点，更不要勾肩搭背，否则就会被看作一种失礼行为；在同辈和亲朋好友面前可以随便一点，但也要掌握分寸，切忌用手指点他人的鼻子和眼睛。要时刻注意你的各种态势应与你的说话内容默契配合，自然灵活，恰到好处。

三、 影响人际沟通的因素

人际沟通不可能在真空中进行，它会受到客观环境中许多因素的干扰。同时，沟通者个人的生理、心理等因素也会对沟通产生影响。

≫（一）客观环境因素对沟通的影响

（1）嘈杂声的干扰。如门窗开关的碰击声、邻街的汽车声和叫卖声、邻室的音响声、各种机械噪声以及与沟通无关的谈笑声，等等。

（2）环境氛围的影响。如房间光线昏暗，沟通者看不清对方的表情；室温过高或过低，难闻的气味等，会使沟通者精神涣散，注意力不集中；单调、庄重的环境布置和氛围，有利于集中精神、进行正式而严肃的会谈，但也会使沟通者感到紧张、压抑而词不达意；色彩鲜丽活泼的环境布置和氛围，可使沟通者放松、愉快，有利于促膝谈心。

（3）隐私条件的影响。凡沟通内容涉及个人隐私时，若有其他无关人员在场，缺乏隐私条件，便会干扰沟通。回避无关人员的安静场所则有利于消除顾虑、畅所欲言。

≫（二）个人因素对沟通的影响

个人因素范围较广，既有生理性的因素，也有心理、社会性的因素，其中与沟通有较密切关系的因素包括：

1. 生理因素的影响

例如暂时性的生理不适，像疼痛、气急、饥饿、疲劳等，会使沟通者难以集中精力而影响沟通，但当这些生理不适消失后，沟通就能正常进行。永久性的生理缺陷，则会长期影响沟通，如感官功能不健全(听力不足、视力障碍，甚至是聋哑、盲人等)，智力发育不健全(弱智、痴呆等)。与这些特殊对象进行沟通便要采取特殊方式，如加大声音强度和光线强度，借助哑语、盲文等。

2. 情绪状态的影响

沟通者处于特定情绪状态时，常常会对信息的理解"失真"。例如，当沟通者处于愤怒、激动状态时，对某些信息的反应常会过分(超过应有程度)，这也会影响沟通。

3. 个人特征的影响

现实中每个人都会因其生活环境和社会经历的不同而形成不相同的心理、社会特征，许多特征都会不同程度地对人际沟通产生影响。人格对人际沟通的影响包括如下一些方面：

(1)性格特征的影响。例如两位性格都很独立、主观性又很强的人相互沟通，往往不容易建立和谐的沟通关系，甚至会发生矛盾冲突。而独立型性格的人与顺从型性格的人相互沟通，则常常因为"性格互补"而建立良好的沟通关系，有利于沟通的顺利展开。一般来说，与性格开朗、大方、爽快的人沟通比较容易，而与性格内向、孤僻、拘谨、狭隘的人沟通往往会遇到许多困难。

(2)认识差异的影响。由于个人经历、教育程度和生活环境等不同，每个人的认识范围、深度、广度，以及认知涉及的领域、专业等都有差异。一般来说，知识水平越接近，知识面重叠程度越大(例如专业相同或相近等)，沟通时越容易相互理解。知识面广、认知水平高的人，比较能适合与不同认知范围和水平的人进行沟通。

(3)文化传统影响。文化发展具有历史的延续性，不同地域、不同民族的文化在长期的发展过程中会形成许多具有鲜明地域性和民族性的特征，从而形成特定的文化传统。这种文化传统的影响定势总是在左右着每个人的行为，形成它们既有共性又有个性的"文化"特征。一般来说，文化传统相同或相近的人在一起会感到亲切、自然，容易建立相互信任的沟通关系。当沟通双方文化传统有差异时，理解并尊重对方文化传统将有利于沟通；反之，将对沟通产生不利影响。

4. 沟通技能的影响

有的人口才很好而写作不行，口头交流时讲得头头是道，但书面交流则困难重重；

有的人正好相反。另外,像口齿不清、地方口音重、不会说普通话、书面记录速度慢等,也属沟通技能方面的问题,也会影响沟通。人际沟通的情境千差万别、千变万化,其影响因素也颇为复杂多样。了解一些常见的影响因素,有利于沟通者在设计沟通时"兴利除弊",在沟通时随机应变。

　　一个人应有较好的心理素质和较强的调适能力,才能进行成功沟通。沟通既是人际的交流,也涉及组织之间的交流。进行人际沟通是工作中最为常见的内容,许多具体工作都是从有效的沟通开始的,因此,正确理解沟通的含义,正确使用沟通的技能也就成为一个人的基本素质要求之一。

四、　工作的沟通技巧

　　在工作中要想做好沟通,不仅要有良好的方法,而且要学会相应的技巧。

≫(一)与领导沟通的技巧

　　作为领导的参谋和助手,必须时时与领导保持良好的沟通状态,但是如何才能有效地与领导沟通,并且让领导接纳自己的意见和建议呢?

　　1. 在恰当的时机说恰当的话

　　沟通时机的选择对沟通的效果有直接重要的影响。当领导情绪烦闷、焦躁的时候,你即使动机再好、理由再充足,也往往难以使领导认真倾听。因为从心理学角度讲,人处于情绪低落焦躁时,非理智情绪往往较强,理智分析和自控能力会有所减弱或受到抑制。此时如果你想与领导沟通,不仅不能起到应有的作用,反而会适得其反。另外,注意不要在领导吃饭、开会、看文件、听别人汇报情况时进行沟通。因为此时领导往往不能集中注意力,影响沟通质量。如果有了较好的交谈时机,也要掌握好交谈的时间限度,话题紧凑,不要滔滔不绝地占用过多的时间,使领导生厌。

　　2. 在恰当的地方说恰当的话

　　沟通空间的选择,同样关系到沟通的实施效果。适当的交谈场合,需要根据交谈内容而定。比较正式、严肃的交谈地点可选择在办公室内进行,使双方以角色身份进行沟通。秘书人员可更多地利用非角色身份在非正式场合下与领导谈心,以缩短彼此的心理距离,使沟通气氛比较轻松,效果会更好。

　　3. 对恰当的领导采用恰当的沟通方法

　　对不同领导风格和不同性格的领导应注意采取不同的沟通方法。

　　(1)懦弱型的领导。从表面上看,与懦弱的领导相处似乎很容易,可事实未必如此。因为,懦弱的人一般不会当领导,大权也大有不在其手的可能,其身后自有能者在轻摇羽扇。因此,作为下属的你一定要经过认真的观察和研究,准确分析这"代指挥官"是一个什么样的人,然后才好决定采用什么样的应对方法。

（2）豪爽型的领导。一般说来,豪爽型的领导喜欢有才能的人。因此,在这种领导手下工作,你要善于表现才能,运用才能,多向领导提建议,要显得成熟稳重,与这样的领导沟通要像钟摆一样,控制在一定的幅度内,恰当的时候加一点力,这样才会使钟表无限地走下去,才会达到沟通的目的。

（3）冷静型的领导。头脑冷静的领导在各种情况下都能保持常态。与这样的领导相处,千万不要自作主张、擅自行事,要等到计划决定后,交由领导批准同意,你才能够负责执行。在执行的过程中,你还必须作详细记录,记录下你的执行步骤,行事过程,所遇的问题,拟订要实行的解决方法,甚至还包括一些极细微的地方。采用一丝不苟的态度和行事方式,会与冷静的领导相处得很好。

（4）自私自利型的领导。自私自利型的领导通常都很会说话,说起话来也很动听,可谓"甜言蜜语"。可是一旦到了瓜分胜利果实的时候,他就会兼收并蓄,"把一切功劳归于自己"。如果他所做的决定引起了错误,他决不会积极地承担责任,而是"把一切错误归于别人"。这种领导就是我们经常说的那种口蜜腹剑、狡诈多变的人。遇到这样的领导,最好的方法就是尽快离开。

4.运用恰当的语言方式建议

作为领导者的决定,因为角色规定的权威性而使领导的尊严显得更为突出;放弃某种决定,改变某些观点,往往意味着领导者学识和尊严的降低。因此,在处理与领导的关系时,应特别注意维护领导的尊严和自尊。在向领导提建议之时,应特别注意场合、地点、时机及语言的选择。要做到态度诚恳、表情自然、口气婉转、语调平衡,切忌理直气壮、态度傲慢、口气粗大。因为一旦领导感到自尊受到伤害,就很难平心静气地听意见。正在气头上的领导,依靠正式规劝起不到效果,甚至会惹祸上身。假装与领导站在同一阵地,历数种种激起领导恼怒的小问题,再逐步向领导晓以利害,说明事情造成的后果,会促使领导醒悟,达到规劝的效果。《战国策》中的《触龙说赵太后》让我们深入领略了触龙那高超的游说艺术。赵太后刚刚执政,秦国加紧攻赵。赵国向齐国求救。齐国说:"一定要把长安君作为人质,才派兵。"赵太后不肯答应,大臣们极力劝说,太后坚决地对左右说:"有哪个再来说要长安君为人质的,我就要把唾沫吐在他的脸上。"而触龙他能够抓住老年妇女溺爱幼子的心理特点,设身处地地替赵太后考虑,将长安君的利益和赵国的利益紧密地联系在一起,把利害关系说得具体生动,曲折委婉,层层深入,巧妙地达到了劝说的目的。

≫（二）与同事沟通的技巧

同事是除了家人以外最常见面和接触的人,做好与同事的沟通工作也十分重要。一般说来,和同事沟通没有太多的繁文缛节,但也不能随心所欲。

1. 以诚为本

无论做什么事情,首要前提是真诚。在和别人合作的时候,一定要讲究诚信。如果你连起码的诚信都没有,别人怎么敢和你合作? 当今社会,恐怕没有人愿意和一个不讲信用的人共事。与同事相处以诚相待,这也是沟通工作的基本要求。

2. 多寒暄

和同事在一起工作,不要小看寒暄招呼。早晨上班的时候,见到了同事,一句简单的"早上好"代表了你对他一天的祝福。小小的一句问候让人如沐春风。下班的时候,说句"再见"代表了你亲切友好的态度。如果你和同事发生了什么不愉快的事情,简单的一句寒暄或许可以让你们之间的恩怨化为乌有。一般说来,同事之间在一起,工作上要配合默契,生活上要互相帮助。和同事相处,一定要注意从多方面培养感情,制造和谐融洽的气氛。而寒暄、招呼有利于改变你们之间的气氛,它是良好沟通的关键,是和谐气氛的调和剂。

3. 不自吹卖弄

如果你的优点显而易见,别人都可以清楚地看到,你没有必要再为自己申明什么。如果你根本没有那种优点,你偏说自己有或者说自己是高手,这就是吹牛,一旦真的需要你展示自己的才能,大家就会看清你的本来面目。那时你会非常的尴尬。如果你的确是一个才华出众、能力强、办事效率高的人,在同事面前也不要自高自大、盛气凌人。即使在工作中取得好的成绩,也不要在同事面前炫耀卖弄。如果在同事面前过多地谈论自己的成绩和功劳,会让同事觉得你是在有意地抬高和显示自己。甚至,会觉得你是在轻视或贬低别人。因此在沟通工作中既不要自吹也不要卖弄,否则会造成沟通障碍。

4. 及时消除误解

要想和同事很好地沟通,就要想办法消除误解。一般说来,及时的说明和解释是最佳的办法,如果你自己说或解释不方便或解释不清,最好请同事帮忙。如果自己的确有错,一定要赔礼道歉,请求同事的谅解,不要把口头道歉当作无所谓的事情。如果对方有错要尽量地谅解。在沟通的过程中要避免排挤,避免排挤的方法是培养聊天的能力,因为同事们最大的爱好之一就是聊天,通过聊天可以改变同事对你的态度,这样会让自己保持良好的工作心态。

≫（三）与客户沟通的技巧

在与客户沟通时要尊重客户,关心客户,不和客户发生冲突。

1. 巧用智慧,着眼细节,展现完美沟通

细节决定成败。在与客户沟通的任何情况下,都不能放弃细节的作用。在日常接待或电话沟通时,都需要讲究技巧,从细节中获得力量。比如,当你无法满足客户的需求时,你不得不说"不"。但这时你要做的是将生硬的拒绝转变为服务性、礼貌性的拒绝。要懂得语言沟通的艺术,不要在观点不一时将自己的意见强加于人。在对待无聊

的玩笑时,既不要板起面孔制造尴尬,亦不要不声不响照单全收,要以委婉的方式暗示对方"此种话题不受欢迎"。

2. 沉默是金,雄辩是银,倾听客户需求

法国有句谚语:雄辩是银,沉默是金,在秘书冗杂的工作环境中有些时候沉默胜于雄辩。与得体的语言沟通一样,恰到好处的沉默与倾听也是一种沟通艺术。运用得当常会收到"此时无声胜有声"的效果。世界上最伟大的推销员乔·吉拉德曾说过:"世界上有两种力量非常伟大,其一是倾听,其二是微笑。你倾听对方越久,对方越愿意接近你,据我观察,喋喋不休的工作者,他们的业绩总是平平,上帝为什么给了我们两个耳朵一张嘴呢? 我想,就是要让我们多听少说吧!"

3. 尽职尽责,换位思考,赢得客户满意

秘书在与客户沟通时,要充分了解客户的想法,满足客户的需求。沟通时要注意客户说什么,理解含义,及时给予客户信息反馈。还可以通过发放调查问卷、客户资料查询等方式了解客户的需要。满足客户需求不是某一部门自己的事,只有整个公司内部各个部门相互配合才能实现。尽职尽责、责任心是促使我们进步的动力。

4. 建立感情,提升信任,促使合作成功

商务会面的初始阶段,其实就是与人沟通感情的交际阶段,在交际中寻找共同点的说话艺术,俗称"套交情",也叫"名片效应"或"认同术",认同是交际中与客户沟通情感的有效方式。在商务活动中,认同是要在交际双方的经历、志趣、追求、爱好等方面寻找共同点,诱发共同语言,为交际创造一个良好的氛围,进而赢得对方的支持与合作。

沟通是工作中的润滑剂。在与领导、同事和客户之间沟通时,要根据不同主体的不同特点而采用不同的方法。在与领导沟通中最为重要的是不擅权越位。与同事沟通时最重要的是以诚待人,与客户沟通时最重要的是对客户显示出积极的态度。做好这些工作,会使工作变得轻松而有成效。

思考与练习

1. 为什么要重视沟通技能?

2. 简述实现有效沟通的基本要素。

3. 请你参加下面的综合性活动。

安徒生诞辰200周年时,世界各国的读者以各种各样的方式纪念这位给一代又一代儿童带来感动和快乐的童话巨人。你们班要举办一次纪念活动,同学们都以极高的热情筹备。

(1)请你为这次活动确定一个主题。

(2)围绕你所确定的主题,设计一个简要的活动方案。

(3)请就安徒生童话对你成长的影响和意义,发表一段富有激情的演讲。

4. 长江职业技术学院学生会准备开展以"魅力语文"为主题的活动,假如你是该校的一名学生,一定会积极地参与到活动中去,相信你能完成以下任务。

(1)如果你来策划,你准备设计哪些活动项目?请列举三项。

(2)请你从自己设计的三个项目中选一项,写出开展这项活动的主要环节,并陈述设计该环节的理由。

第二部分
口语交际训练

学习目标

1. 帮助学生了解口语交际素养诸因素。
2. 掌握有声语言的科学训练方法，提高自己的语言技巧。
3. 重视无声语言的作用，通过训练，全面提升自己的形象。

　　语言的出现，标志着人和动物有了清晰的分野，人类从此迎来了文明的曙光。人类史的研究表明，口语是最早出现的语言。作为语言初始形态的口语，也是语言最重要的表现形态，始终在人类交际活动中承担重要职责。纵观中华民族的历史，有关口语交际的佳话俯拾皆是：晏子使楚不辱使命，张仪巧说六国合纵，孔明东吴舌战群儒。更有"一言定邦""一言安邦""一言九鼎""语惊四座""一语道破天机""三寸之舌，强于百万之师"等成语、谚语。口语交际的神奇功能，口语交际的直面性、交互性、灵活性、情感性以及各种非语言因素的辅助作用等，都是书面语所无法比拟的。因此，尽管经过长时间的发展，书面语言日臻完善，但作为初始形态的口语却依然是人类最直接、最活跃、最频繁的交际形式，其功能依然受到青睐。西方甚至有人把"舌头"同金钱、原子弹并列为当代威力最大的武器，其重要性可见一斑。当今社会已经进入信息化时代，人们每时每刻都生活在纷繁复杂的信息交流之中。随着传播媒介的高科技化，电话、网络使得口语也能像书面语一样"传于异地，达于异地"，视频聊天、电话交流几乎把往日人们充满遐想的鸿雁传书之类的交际手段淘汰出局，口语交际的比重呈几何级数地增加。可以说，口语已经成为每个人交际交流的最基本也是最重要的方式和手段。不仅仅是人们交流信息的形式，甚至成为一种与人们的一切利益息息相关的言语艺术。

第一单元　口语交际素养

一、　道德品质的修养

　　道德品质也称品德或德性,它是社会道德现象在个人身上的具体表现,是指一定的社会道德原则和规范在个人思想和行动中所表现出来的某种比较稳定的特征和倾向。道德品质的修养和良好行为的养成有着密切的关系,良好行为从广义上说就是一种道德行为,只有时刻注意道德品质修养的人才会使交际礼仪活动成为一种自觉的和具有道德意义的活动。可见,道德品质修养和良好行为的养成是一个相辅相成的统一过程,交际礼仪处处渗透和体现着一定的道德精神,一个人要想在交际礼仪方面达到较高的造诣,离开了道德品质方面的修养是不可能实现的。

　　语言是人类特有的用来表达思想、交流情感以及进行人际交往的工具,是沟通信息的媒介或符号,是展现人们心灵的窗口。一个人的语言可以表现出他/她的道德水准和教养水平。在正常的人际交往中,交谈是必不可少的,而且是十分重要的。世界充满了健谈者,但善于说话的人却不多。恭敬有礼的话语让人感觉温暖,有利于人与人之间的交流;粗俗的语言则会使人与人之间的关系紧张,不利于人际交往。

二、　文化知识的修养

　　文化知识是人类认识、改造自然和社会的经验结晶,是人类文明开化的结果。苏格拉底曾说:"知识即美德。"在他看来,一个工匠要做出精美的工艺品,必须有生产这种产品的知识;同样,一个人要做出有道德的行为,也必须知道什么是道德。交际礼仪也是一门学问,它和许多学科都有着密切的联系,一个人要具有广博的知识,才能深刻地理解交际礼仪的原则和规范。例如,学点民俗学,可以使我们更好地了解一个民族的文化传统、风土人情;学点美学可以使我们更好地懂得什么是美,什么是丑,怎样才能做到内在美与外在美和谐统一;学点心理学可以使我们更好地理解和尊重别人的人格和情感,提高自我控制能力;学点文学,可以使我们的谈吐更加文雅、风趣、幽默。

　　口语交际主要是运用有声语言及无声语言与他人交际,其中,有声语言占有很大的比重。学点口语发声的技能、技巧,可以使我们灵活自如地控制自己的嗓音,科学发声,让自己的声音优美动听。无声语言包括态势语及其他视觉材料如服饰、仪表、个人用品等行为语言。人的行为语言也可以通过学习、教导而富有魅力。掌握有关行为语言的知识,让我们更好地设计自己的形象及肢体语言,在任何情况下都显得大方得体、潇洒自如。因此,注重文化知识的学习,对于提高我们的口语交际能力,增强我们的语言魅力是必不可少的。

三、　心理素质的修养

　　心理素质的修养是指一个人从自身的心理特点出发,通过采取一定的方法,学会调节控制自己的心理活动状态,使自己在心理上具有适应外界环境、完成某项任务的能力。一个人的心理素质如何,直接影响到交际活动的质量。一个具有良好心理素质的人在口语交际活动中遇到各种情况和困难时,都能始终保持着沉稳的心态,根据所掌握的信息,迅速采取最合理的行为方式,化险为夷,争取主动。反之,一些心理素质不好的人,在参加口语交际活动之前,常会出现惊慌恐惧、心神不宁、坐卧不安的状况,有的在活动开始后,甚至会出现心跳加快、面红耳赤、四肢颤抖、手脚冰凉、语不成调等现象。这充分说明,具备良好的心理素质是顺利参加口语交际活动的重要因素。

思考与练习

　　1.训练口语交际能力为何首先要提高自己的道德品质修养?
　　2.联系实际,谈谈心理素质修养与口语交际的关系。

第二单元　有声语言的训练

一、　有声语言诸要素

　　口语交际主要是通过有声语言,即语音来表情达意,进行人际交往的。语音包括音量、音色、语速、声调等,在口语交际中,可以通过声音的高低、音色、语速、声调等来暗示不同的意义。首先声音表达要让人感到真实、朴实、自然;其次音量要控制得当,需要轻柔时勿高昂,反之亦然;最后,音调要注意变化,抑扬顿挫,和谐有致。要想让自己的音色优美动听,必须了解发声器官及发音原理。

　　人的声音是体内的气息经过肺、气管、声带、喉头、口腔、鼻腔、胸肌和横膈膜等一连串主动或被动的运动产生的,其中,横膈膜为这一系列运动提供有力的保证。横膈膜是位于胸腔和腹腔之间的一块膜状肌肉,打嗝就是由于横膈膜产生痉挛性的收缩而造成的。当人吸进空气时,横膈膜下降,引起胸肌运动,两肋间向左右自然扩张,使用胸腹式呼吸时腹部有下压感,腰部有向外扩的感觉。发声时气流通过横膈膜以及胸肌的共同作用把它压入气管并送到喉头。

　　声带是语音的发音体,严格地说,人体专门用来发音的器官只有声带,喉头是声带的活动室。声带长在喉头的几块软骨中间,是两片富有弹性的肌肉薄膜。声带中间的空隙叫声门,发音时,气流冲出声门,声带就颤动发音。声带振动越快,声调就越高。

口腔和鼻腔是发音的共鸣器,不同的声音都是气流在口腔和鼻腔受到压制形成不同共鸣的结果。口腔部位很多,其中最灵活的部位是舌头。鼻腔与口腔之间有上腭相隔。软腭上升贴住咽壁,让气流冲出口腔,可发口腔音;软腭下降,堵住口腔通道,让气流从鼻腔冲出,可发鼻音;若软腭不动,让气流同时从口腔冲出,可发口鼻音,也叫鼻化音。

和其他所有的声音一样,语音是由物体振动而发出的一系列连续的声波所构成的。每一个声音都有一定的音高、音强、音长和音质。

音高就是声音的高低,语音的高低和人类声带的长短、厚薄、松紧有关。一般而言,女性和儿童的声带比较短而薄,所以说话时声音高一些;男性的声带比较长而厚,所以说话的声音就低一些。同一个人说话的声音有时高有时低,是因为人自身有控制声带松紧的能力。总之,声带振动决定声音的高低。

音强就是声音的强弱,语音的强弱与呼出的气流量的大小和发音时用力的程度有关。说话时如果呼出的气流量较大,发音也比较用力,发出的声音就比较强,反之则较弱。

音长就是声音的长短,它主要取决于发音持续的时间。发音持续的时间长,声音就长,反之则短。

音质就是声音的性质,在音乐中也称音品、音色,它是一个声音区别于其他声音的基本特征,不同的人用不同的发音方法,就会形成不同的音质。研究发现,发声时,传递声音的气流经过一系列的扩音器(喉咙、鼻子、口腔等),声音的闻见度可提高二十多倍,此时,音质已经形成。

口腔把声音塑造成语言,主要是依靠口腔内外各种器官的运动来完成的,特别是舌头的转动,其次还要依靠嘴唇的运动。所有的发音器官同心协力,让人类发出动听的语音。

二、 有声语言的规范化训练(发声技能训练)

在口语交际过程中,人们都希望自己的语音准确、清晰、响亮、圆润、优美动听。有人说,嗓音宛如人的第二张脸,是一个人区别于另一个人的重要素质。嗓音有着非常明显的性别差异,据科学检测表明,男性声带每秒钟约振动 120 次,女性则比男性高一倍以上,这是因为两性的喉头和声带共振器构造不同。而说话者所经历的各种情感,或兴奋或恐惧对此也有间接的影响。生理学研究发现,女性嗓音低沉化倾向的出现,不是因为女性声带的变化,而是由于她们更为紧张的职业活动,以及社会作用进一步积极,社会责任感进一步提高的结果。

嗓音也是衡量一个人口语交际素质的标志之一。善于运用抑扬顿挫说话艺术的人,显得精力充沛、善于交际、意志坚定、乐观向上,更富有吸引力。悦耳的嗓音就像音乐可以给人带来愉快的情绪,人们对这种愉快情绪的记忆比其他类型的记忆要长得多。时过境迁,也许人们已经忘记你的长相,也许对你讲话的内容已回忆不起,但悦耳动听的声音却使人们不易忘却,这就是嗓音的魅力。

嗓音作为身体各器官协调配合的产物,其优劣也能反映出身体各器官的健康状况。例如,情绪可以改变呼吸的节律,恐惧或紧张会使喉咙麻木,导致共振器变窄,声带紧绷,嗓音嘶哑。在恐惧的状态下说话,声调往往被提得很高;在良好的心境时说话,声调自然变得浑厚、丰满、圆润。

不可否认,每个人的天赋都不同,同样,发声器官和其他器官一样,人人都不同,结果就是每个人的声音都有区别。有人声音浑厚,底气十足,很自然就容易发出好听的声音;而有的人则总是提不起气来,说话软绵绵的,有气无力,让人听着发虚,觉得不舒服;更多的人的声音没有什么特别之处,既不觉得特别动听,也不觉得别扭,正像人的相貌一样,大多数是普普通通。天生的嗓音似乎已经难以改变了,但其实只要我们掌握用气发声、共鸣控制和吐字归音等发声技能,了解科学的用声方法,就会极大地改变我们先天不足的嗓音,使语音响亮、清晰、持久不衰,拥有一副好嗓子,发出迷人的声音。

≫（一）用气发声训练

训练之前,首先要了解呼吸和发声的关系,以及日常生活中的一般呼吸方式与发声训练所需要的呼吸方式之间的区别。

1.呼吸是发声的动力

"气乃音之本""气动则声发",呼吸是发声的动力。口语表达中的亮度、力度、清晰度,以及音色的甜润、优美、持久等,主要取决于气息的控制和呼吸的方式。掌握科学的呼吸方法,是发声训练的根本。

我们通常把主管气息动作的肌肉,称为吸气肌肉群体;把呼气动作的肌肉,称为呼气肌肉群体。当吸气肌肉群体活动时,胸腔内部气压小于体外的气压,空气便由口鼻进入肺叶,使肺腔扩张起来,这就是吸气;当呼气肌肉群体活动时,或自然放松胸腔的压力时,胸腔随即变小,肺叶里的气被挤压出来,就是呼气。

一般呼吸方式是一种不受主观控制的自然神经反射活动,是下意识的,不能满足发声训练的需要,主要包括以下几种:

(1)胸式呼吸,又称浅呼吸。其表现是抬肩,颈静脉突起,吸进的气拥塞于上胸部,实际吸气量比可能吸气量少得多。又因为难以控制,势必束紧喉头(不自觉地)以控制气息外流,因而造成声音挤压、粗糙、有杂音,并损伤声带。

(2)腹式呼吸,又称单纯横膈膜式呼吸。其表现是胸腹外凸,胸廓没有明显活动,主要靠膈肌的收缩或放松,使腹部一起一伏地进行活动。吸进的气少且弱,不能控制,声音无力,不能持久。

（3）胸腹联合呼吸，又称深呼吸。它是胸腹两种呼吸方式的结合，由于胸腹联合呼吸时，全面地扩大了胸腔的容积，所以吸气量大，且具有一定的厚度，容易产生坚实的音色。这种呼吸方式比前两种虽有较明显的优越之处，但也有明显的缺陷，即气息难以控制，吸进快，排出也快，胸部和腹部大起大落。

以上三种呼吸方式都不利于我们进行口语交际，而较为理想的呼吸方式是有控制的胸腹联合呼吸方式。

2. 胸腹式联合呼吸方式

（1）特点。首先是吸气量大。吸气时，两肋展开，横膈肌下降，胸腔容量扩大，因而进气快，部位深，气量大。

其次是便于控制。呼气时，吸气肌肉群仍要持续工作，用两肋展开和小腹内收"拉住"呼出的气流，有控制地将气流均匀、稳劲地呼出。这是有控制的胸腹式联合呼吸方式训练的关键。

第三，调节自如。这种呼吸方式可以根据具体的情境和实际需要自如地调节用气，使快慢、长短、松紧、上提、下松等多种气息状态，随着思想感情的变化而运动，从而引发出各种不同的声音形式，达到"以情运气、以气托声、声情并茂"的口语表达效果。因此，有控制的胸腹联合呼吸方式是口语交际中较为理想的呼吸方式。

（2）呼吸状态。首先是心理状态。一个人内心状态如果是积极的、振奋的，神经传导就快，口语表达也就流畅；反之，一个人内心状态如果是消极的、应付的，其神经传导则显得迟钝，口语表达也就呆滞。因此，无论在口语交际中，还是在用气发声训练时，都要保持一种积极的心理状态。

其次是身体状态。在口语表达过程中，或用气发声训练时，全身肌肉应相对放松，呼吸器官要舒展自如。具体要求是：喉松鼻通，肩部放松，脖颈与下巴颏角度要适中。下巴过于前伸，角度过大，后咽壁就会松软无力；下巴过于强直，角度过小，后咽壁则会失去弹性，变得僵硬。胸部稍向前倾，小腹自然内收，这是控制呼吸的关键。双脚平稳落地，面部、眼睛要与表达的内容密切配合。

技能训练

（1）用气发声训练之一：吸气训练

训练目标　学习深吸气的方法，做到气沉丹田，蓄气量大。

训练要领

①扩展两肋。双肩放松，双臂可以自由活动，从容地扩展两肋，增大胸腔的前后左右径，使气容量增大。

②吸气要深。要有吸向肺底的感觉，此时横膈下降，胸腔容量增大，气息量增多。横膈肌下降1厘米，可扩大胸腔容量250～300毫升，横膈肌最大可下降3～4厘米。由此可见，加强横膈肌锻炼是吸气训练的关键。

③小腹内收。吸气的同时,腹部肌肉应向小腹的中心位置(丹田)收缩。气息集中于丹田,就是用小腹的收缩感,达到气息控制的目的。

以上三个部分是吸气动作的分解,实际上,吸气过程是一种复合运动,三部分应同时进行,获取吸气的综合感觉。吸气时最后一刻的感觉是,腰带周围渐紧,躯干部位发胀,但上肢能自由活动;胸腔内气量增多,但不感到僵硬。

训练方法

①站立式。全身放松,作深呼吸。"一、二"吸气,"三、四"呼气,"五、六"吸气,"七、八"呼气。如此循环往复,体会两肋扩展、横膈肌下降以及小腹内收的感觉。

②坐式。坐在椅子前端,上身略向前倾,小腹稍作内收,吸入气息,体会两肋展开的过程。

③闻花香。意念上面前放置一盆香花,深吸一口气,将气吸到肺底,要吸得深入、自然、柔和。

④抬重物。意念上准备抬起一件重物,先深吸一口气,然后憋足一股劲,这时,腹部的感觉与有控制的胸腹联合呼吸的吸气最后一刻的感觉相似。

(2)用气发声训练之二:呼气训练

训练目标　学会有控制地均匀平稳地呼气。

训练要领

①稳劲地呼。呼气时要将体内的气流拉住,均匀平稳地呼出,并能根据感情的变化,自如地变换呼气状态。

②要有控制。呼气时,呼气肌肉群体工作的同时,吸气肌肉群体应持续不断地进行工作,利用腹肌向丹田收缩的力量控制住气流,这样,呼气才能持久。

③要有变化。随着表达内容的不同和感情变化的差异,调节呼气的强弱、快慢。

另外,有时气已呼完,但说话还在继续,容易出现句尾干涩或声嘶力竭现象,这就需要学会在使用过程中补气。气息补得及时,才会用得从容,才能持久地发挥气息的动力作用。

训练方法

①模拟练习。模拟生活中的叹息——"唉!",吆喝牲口的声音——"吁",大笑声——"哈哈哈";模拟吹掉桌上的灰尘,或者撮起双唇吹响空瓶。做这一练习时需要注意的是,喉部要放松,让气息缓慢而均匀地流出,尽量拉长呼气时间,达到30秒左右为宜。

②喊人练习。以发音响亮的音节组成人名,比如"陈钢""张强""田华"等,由近渐远或由远渐近地喊,声音要洪亮,远近适宜。做这一练习时,尽量将每一个音节的韵腹拉开拉长,这样可以锻炼呼气肌肉群体的调节能力,还可以使情、气、声较为自然地结合起来。

(3)用气发声训练之三:呼吸综合训练

训练目标 学会将吸气与呼气紧密地结合起来使用,掌握控制呼吸的能力。

训练要领 综合运用两肋张开、横膈肌下降、小腹自然内收等要领。

训练方法

①选择一些短小、平和、舒缓、轻快的诗词作为练习材料。如骆宾王的《咏鹅》:

鹅、鹅、鹅,曲项向天歌。

白毛浮绿水,红掌拨清波。

读第一遍时,一口气读一句;读第二遍时,先吸一口气读前两句,再吸一口气读后两句;读第三遍时,吸一口气将全诗四句一起读出。要读得平稳、舒缓、流畅,表现出白鹅戏水的美妙情景。

②选择一些读起来难度较大、内容较复杂的长句进行练习。如马克·吐温的《竞选州长》(节选):

"那次做伪证的意图是要从一个贫苦土著寡妇及其无依无靠的女儿手里夺取一块贫瘠的香蕉园,那是她们失去亲人之后的凄凉生活中唯一的依靠和唯一的生活来源。"

两个长句,读之前的吸气量要大,读时要控制好气息,气要"拉住",不能随意顿歇和补气,否则就会破坏语音的完整。

发声训练的一条根本原则是:声音和意义之间,意义永远占主导地位。必须坚持以情运气、以气托声、以声传情的原则,充分发挥感情在发声过程中的作用。

训练检测 用力吸进一口气,反复读一段绕口令,用计时器测出一口气能读几句,比较训练前后的变化。

≫(二)共鸣控制训练

气息是发声的动力,也是共鸣的基础。声带本身发出的声音是很微弱的,必须借助于共鸣器官,才能扩大音量,美化音色。

1.共鸣器官的作用

(1)喉腔。它是人体的第一个共鸣腔。如果它被挤扁,声音就会"横"着出来;如果喉部束紧,声音就会"拔高",显得单薄。因此,它的形状变化对于声音质量有着较大的影响。

(2)咽腔。它的容积较大,对于扩大音量和美化音色起着重要的作用。

(3)口腔。它是语音的制造场,也是人体最主要而且灵活多变的共鸣腔体。口腔的开合,舌头的伸缩,软腭的升降等都可以改变口腔的形状,对共鸣有很多的影响。

(4)鼻腔。它的共鸣作用是由于腔内空气振动和骨骼的传导产生的,它对于高音的共鸣作用很大。

(5)胸腔。随着声音的高低变化,胸部会感到有一个较为集中的响点,这一"胸腔响点"沿着胸骨的上下移动便产生了胸腔的振动。由这种振动造成的共鸣,可以使音量扩大,声音浑厚有力。

以上诸多共鸣腔体协调工作,就能使发出的声音明亮、坚实、丰满、浑厚。

2.三腔共鸣的方式

在口语表达中,人们主要运用的是以口腔为主,中、低、高三腔共鸣的方式。中音共鸣就是口腔共鸣,它是指硬腭以下、胸腔以上各共鸣腔体;低音共鸣主要是指胸腔共鸣;高音共鸣主要是鼻腔共鸣,它是指硬软腭以上的共鸣腔体。说话时,若高音共鸣过多,声音会显得单薄、飘浮;低音共鸣过多,会使声音发闷,影响字音清晰。因此,"以口腔为主,三腔共鸣"的方式,才是讲话时适宜的共鸣方式。

技能训练 ❙

(1)共鸣控制训练之一:口腔共鸣训练

训练目标　掌握打开口腔的要领,发出坚实丰满的声音。

训练要领　适当地打开后槽牙(不是张大嘴),使声波通畅地到达口腔。

训练方法

①发单韵母 i、u、e、o,把声音从喉咙中"吊"出来,使其能"站得住"。发音时要体会上下贯通的感觉。

②适当地打开后槽牙,上下牙呈躺下来的"U"形,发复韵母 ɑi、ei,发音时体会声束沿上腭中线前行、挂于前腭的感觉。

③模拟练习。学发汽笛长鸣声"滴——",或学发鞭炮声"噼、哩、啪、啦",体会声束冲击硬腭前部的感觉。

(2)共鸣控制训练之二:胸腔共鸣训练

训练目标　学会放松胸部的呼吸发声方法,使声音浑厚、结实、有力。

训练要领　颈部和脊背自然伸直,胸部自然放松,吸气不要过满,否则不利于胸腔调节。

训练方法

①加强胸腔共鸣训练。以自己感觉最舒适的音高和降低声音之后的音高,交替发出 ɑ、i、u、e、o→ɑ、i、u、e、o(降低后的音高)五个单韵母。

②加强胸腔响点的训练。当人们在发出某一声音时,会感到胸部有一个较为集中的"响点"。随着声音的高低变化,响点沿着前胸中线上下滑动。可以发夸张后的阳平字,如"停——留,滑——翔,离——别"等。

③体会声束冲击的范围。发元音 ɑ、i 或 ü,由低到高,逐渐上升,使声束冲击的位置由后向前逐渐移动;再由高到低,逐渐下降,使声束冲击的位置,再由前向后逐渐移动,这一沿硬腭中线前后滑动的区域,就成了声束冲击的运动范围。

（3）共鸣控制训练之三：鼻腔共鸣训练

训练目标　发鼻音音素或非鼻音音素时，要掌握软腭下降或上升的运动方式，以获得高亢、明亮的共鸣效果。

训练要领　发鼻音音素时，软腭下降，阻塞口腔通道，声音全部从鼻腔通过；发鼻韵尾音时，软腭先上挺后下降，声音分别从口腔和鼻腔通过。

训练方法

①发口音 ba、pa、da、ta，再发鼻音 ma、mi、mu、an、en，会感到鼻子的振动明显不同。

②交替发口音 a 和鼻化音 ng，体会软腭升起和下降的不同状态，以及由此产生的不同的声音色彩。

在训练中需要注意的是，不能出现非鼻音音素的鼻化现象。可以用手捏着鼻翼两侧发非鼻音音节，如"学校""教室""口语"等。如果音节发闷，就证明带有鼻音色彩，主要原因是软腭无力。可以发"好"音，或用"半打哈欠"的方法使软腭挺起，以纠正鼻音过重的现象。

（4）共鸣控制训练之四：综合训练

训练目标　灵活运用三腔共鸣，学会进行控制调节，使声音富于变化。

训练要领　打开口腔，放松胸部，鼻腔畅通。

训练方法

①选择韵母音素较多的成语或词语，运用共鸣技能作夸张四声训练：山——明——水——秀，黑——白——分——明，融——会——贯——通等。

②大声呼喊。以 50～80 米远的一个目标为假设的呼喊对象，"小——强——，等——一——等"，"小——光——早——点——回——来"。呼唤时，注意控制气息，并注意体会延长音节时"三腔"共鸣的体会。蓄气要有力，声音要洪亮。

≫（三）吐字归音训练

吐字归音是我国传统说唱艺术理论在咬字方法上运用的一个术语，它把一个音节的发音过程分为出字、立字和归音三个阶段。出字是指声母和韵头（介音）的发音过程，立字是指韵腹（主要元音）的发音过程，归音是指音节发音的收尾（韵尾）过程。吐字归音对每个发音阶段都提出了具体的要求，以取得字音清晰、声音饱满、弹发有力的效果。有些人说话口齿不清，或出现"吃字""倒字""丢音"等现象，大多是因为缺乏吐字归音的训练。

技能训练

训练目标　了解吐字归音对音节各部分的要求，达到吐字清晰、规整、字正腔圆的效果。

训练要领

①出字要准确有力。做到这一点的关键是要把握好声母的发音部位和发音方法,蓄气有力,并迅速与韵头结合。

②立字要拉开立起,圆润饱满。关键是口腔开合要适度,松紧相宜,音节才能坚实稳定。

③归音趋向要鲜明,干净利落。既不可拖泥带水留尾巴,也不可唇舌位置"不到家"。关键是对韵尾的处理,口腔由开到闭,肌肉由紧渐松,声音由强到弱,字尾要弱收到位。综合上述要领,就是要求一个音节的发音过程有头有尾,构成一个"枣核"形。声母、韵头为一端,韵腹为核心,韵尾为另一端,类似一个"枣核"形状。字的中间发音动程长,时间长;字的两头发音动程短,关合占的时间也短。

训练时,对音节发音动程构成的"枣核"形,不可作绝对化的理解。教师可以"电、跳、快"三字为例,说明吐字归音的要领。

训练方法

①口部操练习:

双唇练习。一是双唇阻住气流,然后突然放开,爆发出 b 或 p 音;二是双唇紧闭,用力噘嘴、嘴角后拉,前后交替进行;三是双唇紧闭,撮起,左转 360°,右转 360°,交替进行。

舌部练习。一是刮舌面:舌尖抵住下齿背,舌中纵线部位用力,用上门齿刮舌面,将嘴撑开。二是舌尖练习:力量集中在舌尖,与上齿龈用力接触,然后突然打开,爆发出 d、t 音。三是舌根练习:舌根用力抵住软腭,阻住气流,然后突然打开,爆发出 g、k 音。四是舌的力度练习:先闭上双唇,用舌尖顶住内颊左右,交替进行,然后在唇齿之间左右环绕,交替进行。五是弹舌练习:用舌尖连续轻弹上齿,使舌部放松灵活。

②绕口令练习。

双唇练习

吃葡萄不吐葡萄皮,不吃葡萄倒吐葡萄皮。

八百标兵奔北坡,北坡炮兵并排跑;

炮兵怕把标兵碰,标兵怕碰炮兵炮。

唇舌练习

会炖我的炖冻豆腐,来炖我的炖冻豆腐;不会炖我的炖冻豆腐,别胡炖乱炖,炖坏了我的炖冻豆腐。

归音练习

一个胖娃娃,画了三个大花活蛤蟆;三个胖娃娃,画不出一个大花活蛤蟆。画不出一个大花活蛤蟆的三个胖娃娃,真不如画了三个大花活蛤蟆的一个胖娃娃。

③诗词练习。

忆山东兄弟

王维

独在异乡为异客，每逢佳节倍思亲。

遥知兄弟登高处，遍插茱萸少一人。

登鹳雀楼

王之涣

白日依山尽，黄河入海流。

欲穷千里目，更上一层楼。

④朗读练习。

年少的时候，我们差不多都在为别人而活，为苦口婆心的父母活，为循循善诱的师长活，为许多观念、许多传统的约束力而活。年岁逐增，渐渐挣脱外在的限制与束缚，开始懂得为自己活，照自己的方式做一些自己喜欢的事，不在乎别人的批评意见，不在乎别人的诋毁流言，只在乎那一份随心所欲的舒坦自然。偶尔，也能纵容自己放浪一下，并且有一种恶作剧的窃喜。就让生命顺其自然，水到渠成吧，犹如窗前的乌桕，自生自落之间，自有一份圆融丰满的喜悦。春雨轻轻落着，没有诗，没有酒，有的只是一份相知相属的自在自得。

训练检测　慢速吟诵一首诗歌或说一段绕口令或读一段短文，要求把每一个音节的出字、立字、归音按要领读好。

思考与练习

1. 吸气训练

训练要领　扩展两肋，小腹微收，将气吸入肺底。

训练方法

①深呼吸练习。仰卧床上，双肩自然并拢，体会呼吸状态。（如不会收小腹，可用双手帮助由两侧向丹田推动）吸气数"一"，呼气数"一"；吸气数"一"，呼气数"一、二"；吸气数"一"，呼气数"一、二、三"……以此类推。

【提示】吸气时要注意气息下沉，双肩不能耸起，鼻吸口呼。

②闻花香练习。站立，胸自然挺起，双肩下垂，小腹微收，从容地如闻花香一样地吸气。觉得两肋渐渐打开，气吸进八成满；控制一两秒钟，再缓缓呼出。反复做。

【提示】要舒适自如，避免紧张僵硬。吸气时要深沉而安静，使五脏六腑都感到舒服。

③急吸气练习。体会用力抬起一件笨重物体的感觉,猛吸一口气,气息自然下沉,腹肌收缩,腰带周围有胀满的感觉。

④半打呵欠练习。不张大嘴巴打呵欠,体会进气最后一刻的感觉,腰带周围也有胀满的感觉。

2. 呼气训练

训练要领　呼气要平稳、有控制地进行,要随内容和情感的变化调节呼气的快慢、强弱。

训练方法

①模拟练习。模仿吹桌上的灰尘;模仿撮起双唇吹响空瓶。

【提示】气息要均匀而缓慢地流出,呼气时间逐渐延长,达到25～30秒为合格。

②数数字练习。一口气从1数到30。

【提示】声音要规整、圆润,不感到挤压、力竭。

③数葡萄练习。边呼气边说:"一口气数不了十个葡萄,一个葡萄,两个葡萄,三个葡萄,四个……"一口气能数到25个葡萄为合格。

④齿缝放气练习。慢慢吸好气后,蓄气,保持气息片刻,嘴微张开,上下开一点小缝,发出"丝—"声,要细、匀,坚持用一口气,或用耳语声音数数,看谁延续时间长。气快用完时,要自然放松,不要紧张,这样便可以大大增强呼气的控制力量。

3. 有控制的胸腹联合式呼气训练

训练要领　运用胸腹联合式呼气,吸气时吸气肌肉群体起作用,呼气时吸气肌肉群体和呼气肌肉群体同时起作用,则能较好地控制气息。

训练方法

①补气练习。

快速吸气。呼气5～6秒钟后补气,补气方式:收小腹,口鼻进气,两肋张开。反复十几次。呼气时从容发声。示例("∨"为吸气记录):

∨一二三四∨五六七八∨

二二三四∨五六七八∨

三二三四五六七八∨

四二三四五六七八∨

长句子补气练习。吸足气后,一口气将一段话说完,中间采取进少量气息的方法补充。可用下面的短文进行练习。

吹肥皂泡的老人

两百多年前,英国的莱斯丹裴尔特来了一个老头儿。每天早晨太阳一出来,他就坐在盛满肥皂水的桶旁,像顽皮的儿童那样兴致勃勃地吹起肥皂泡沫。邻居们以为他是个疯老头儿，谁知道他就是发现万有引力定律的大物理学家牛顿，正在着迷地研究光线反射在膜面上的现象呢。

②长句练习。

德国著名数学家卡尔·高斯在近30岁时开始寻找这颗谷神星。他没有望远镜，只在办公室里夜以继日地用铅笔在纸上计算，终于算出了这颗行星的轨道，准确地指出了这颗星的位置。当天文学家们用望远镜朝高斯所指的地方看去时，果然发现了这颗星。

我们日常生活中所见的统一，比如团结、联合、调和、均势、相持、僵局、静止、平衡、凝聚、吸引等，都是事物处在量变状态中所呈现的面貌。

【提示】读长句之前，吸气量要大，读的过程中，要控制好气息，避免出现气不够用的状态。

4.“三腔”共鸣综合训练

①拔音练习。由本人的最低音拔向最高音发 a i u，体会共鸣状态的变化。

②夸张四声练习。选择韵母音素较多的成语或词语，运用共鸣技能作夸张四声的训练：春——暖——花——开——，山——重——水——复——，柳——暗——花——明——，斗——志——昂——扬——。

③绕口令练习。

桃子李子梨子栗子橘子柿子榛子栽满院子村子和寨子蚕丝生丝熟丝缫丝染丝晒丝纺丝织丝自制丝粗丝细丝人造丝。

名词动词数词量词代词副词助词连词诗词唱词和快板词。

长扁担，短扁担，

长扁担比短扁担长半扁担。

短扁担比长扁担短半扁担。

长扁担捆在短板凳上，

短扁担捆在长板凳上，

长板凳不能捆在比短扁担长半扁担的长扁担上，

短板凳也不能捆在比长扁担短半扁担的短扁担上。

【提示】绕口令中间略微停顿，快速吸气，进行补气练习；练习时放慢语速，要求声音洪亮，体会共鸣效应。

5.吐字归音综合练习

训练要领　吐字有弹性，干净利落；字字有立度，圆润饱满；字尾弱收，趋向鲜明。

训练方法

①声母力度练习。所有的声母与 a、i、u 相拼，要求声母的发音有力度，有轻快的弹动感。

②韵母力度练习。按四呼顺序发韵母。要随着韵腹的拉开使韵母在口腔中

"立"起来。

③借助成语进行吐字归音调控练习。

不同声韵四声依序练习：

花团锦簇　三足鼎立　吞云吐雾

心直口快　风调雨顺　深谋远虑

按声母顺序排列的练习：

百炼成钢　排山倒海　满园春色

奋发图强　斗志昂扬　推陈出新

鸟语花香　龙飞凤舞　高瞻远瞩

快马加鞭　和风细雨　继往开来

气壮山河　响彻云霄　专心致志

超群绝伦　生龙活虎　日新月异

再接再厉　灿烂光明　所向无敌

第三单元　无声语言训练

一、无声语言诸要素及其作用

≫（一）无声语言的含义

在交际活动中，人类使用的符号，一般分为语言符号和非语言符号两类，即有声语言和无声语言。有声语言指口头语言和书面语言，它是由语音和语义构成，音义结合才能成为人们进行沟通交流的工具。无声语言则是除了语言文字之外，作用于人们感官的、传达一定信息的标志或记号，它与一个人的修养、受教育程度有着极其重要的关系。

≫（二）无声语言的种类

与有声语言一样，无声语言类型也是千姿百态、丰富多样的。主要包括仪容、仪表、服装、配饰等客体语；目光与微笑等表情语；体态、手势、动作等肢体语言；其他视觉材料比如空间距离等环境语言。

≫（三）无声语言的特点

（1）形象性。无声语言是以表情、手势、体态等形象性较强的动作进行传达交流，比有声语言显得形象简单而生动，能够直观地表现人的内心活动。比如人们在开心的时候会喜笑颜开,手舞足蹈;悲伤时则愁眉苦脸,捶胸顿足。通过具体的肢体语言和面部表情可以充分了解一个人的心情,即使是内向的或城府很深的人,也会通过表情、动作透露其内心想法。

（2）普遍性。无声语言因其形象性,显得简单易学,所有的人群皆可以使用。专家研究发现,一个刚刚生下8天的婴儿就会微笑。心理学家认为,这是婴儿对于那种单纯的生理满足——食物、温暖、舒适、安慰等所做出的第一个反应。6个月左右的婴儿已经能够用笑来表达种种复杂的喜悦。

（3）真实性。西方心理学家佛洛伊德曾有一段经典名言:"任何人都无法保守他内心的秘密,即使他的嘴巴保持沉默,但他的指尖却喋喋不休,甚至他的每一个毛孔都会背叛他。"在交际活动中,人们为了某种目的,往往会克制自己的情绪,隐瞒自己的真实想法。虽然他在语言上体现出礼貌,但是有些和语言不一致的行为,却通过其无声语言暴露无遗。比如,有人嘴上说不害怕,不紧张,可手心却会出汗,小腿也在抖动;主人嘴上热情地挽留客人,却悄悄地看钟表。

（4）文化性。不同的国家不同的文化,不仅通过有声语言反映,也会通过无声语言加以表现。比如"OK"手势。在中国这一手势表示"零"或者是"小"的意思;而在美国及英语国家则表示"赞扬"或"允许"之意;在法国,它的意思是"零""品质恶劣""微不足道"或"一钱不值";在日本,它则代表"钞票""金钱";在拉丁美洲的一些国家,它却表示"乱搞男女关系";在希腊、意大利的撒丁岛,它还是一种令人厌恶的污秽手势;在巴西,这一手势被认为是不文明的动作;在马耳他,它是一句无声而恶毒的骂人话。

》》（四）无声语言的作用

（1）无声语言的公关礼仪作用。人际交往中,有这样一种现象:与有的人接触后,他(她)给我们留下深刻的美好印象,于是就特别渴望再次与之交往,这种现象在心理学上称作"首因效应"。良好的首因效应能够带来公关效应和事业的成功,而良好的首因效应则是得益于无声语言的完美表现。1954年,周恩来总理代表中国参加日内瓦会议,他的风采、气质、仪表以及落落大方、不卑不亢的外交才干令所有人倾倒,一举手一投足,一颦一笑无不体现出一个彬彬有礼、温文尔雅、和蔼可亲的东方美男子形象,令当时敌视新中国的西方国家折服。在1955年的万隆会议上,周恩来总理的翩翩风度,同样征服了很多不同国家、不同信仰、不同民族的人;他以其出色的外交才华和出众的人格魅力,为和平解决印度支那问题作出了卓越的贡献。

在人际交往中,良好的形象塑造不仅依赖于有声语言的礼貌传递,更需要无声语言的配合。与人初次见面,你的仪容仪表、穿着打扮,你的举手投足、微笑等身体语言,不仅体现了你的教养,而且也体现出你对交往对象的尊重。举手投足貌似小节,但细节决定成败,正是这些微不足道的小节往往决定了他人对自己的评价。

（2）无声语言的信息传递作用。无声语言在人际交往中,往往比有声语言更能够真实地反映一个人的身份地位和文化教养。一个人的仪态举止、言谈作风等表现出来的风度是社交活动中内在潜质的综合反映。它不但是人的性格特征的表现,也是其内在涵养的表现;它既是一个人德才学识等各方面修养的外化,也是其特有的行为气质的外在方式。《世说新语·容止》载:"魏武将见匈奴使,自以形陋,不足雄远国,使崔季珪代,帝自捉刀立床头。既毕,令间谍问曰:'魏王何如?'匈奴使答曰:'魏王雅望非常;然床头捉刀人,此乃英雄也。'魏武闻之,追杀此使。"虽然曹操装扮成地位低下的卫士,可是,他的高度的政治、军事及文化素养,长期养成的封建时代政治家的特有气质,并没有被他矮小的身材所掩盖,从而被匈奴来使一语道破。

(3)无声语言的补充强化作用。无声语言在信息传播过程中占有很大比重,比如面部表情、手势等态势语、空间距离等都可以用来填补、增加或充实有声语言的某些不足、损失或欠缺。无声语言在有些不用或不方便使用有声语言的情境中,能起到传情达意的作用。美国著名心理学家艾伯特·梅拉比安进行过量化对比来说明它的作用。梅拉比安说:"一个信息完整地传递给对方,55%靠面部表情,38%靠的是语言,而真正的有声语言的效果,只占到7%。"梅拉比安的实验结论证明,态势语在信息传递中具有非常重要的作用。态势语不仅可以反映人的性格,显示人的心理状态,还可以显示人的风度气质。人类学家,体态语创始人伯德惠斯特尔认为,人的面部表情能够传递很丰富的感情。伯德惠斯特尔估计说:"老人的脸,能做出大约25万种不同的表情。"同情和关心、厌恶和鄙视、信任和尊重、原谅和理解、容纳和排斥、愤怒和反感、欣慰和喜悦等,都会难以隐蔽地暴露在面部表情上。面部表情与其他言语符号比较起来,占有的空间小,活动的幅度也小,但它却是最传神、最能表达丰富的思想内容。单从性质上看,人既有微笑、扬眉一类的积极面部表情,又有撇嘴、皱眉、怒目而视一类的消极面部表情。如此丰富的面部表情,再加上头部、四肢、躯干,人体语言所能传递的信息简直难以计数。

二、 仪容仪表

≫ (一)仪容仪表的含义

仪容就是指人的容貌,包括五官的搭配和适当的发型。仪容是一个人仪表美的重要组成部分,在人际交往中占有举足轻重的地位,它反映出一个人的精神面貌、文化教养、生活情趣及审美趣味。整洁的容貌可以使人看上去精神焕发、神采飞扬,而不洁的容貌会使人显得萎靡不振、无精打采。

仪表是指人的外表,包括容貌、姿态、神态、服饰、风度、个人卫生等。一个人的仪表不但是他文化修养的体现,也是他审美趣味的反映。穿着得体,不仅能给人留下良好的印象,赢得他人的信赖,而且还能不断提升自己的自信,提高与人交往的能力;与之相反,如果穿着打扮不当,举止粗俗不雅,就会损害自己的形象,给他人留下不良的印象,不利于人际交往。

≫（二）仪容仪表的基本要求

（1）主观上注重仪容仪表美。爱美之心人皆有之。人际交往中，仪表堂堂、穿戴整齐的人远比不修边幅、衣冠不整的人显得体面和有教养，也更能赢得别人的尊重和喜爱。成功的交往一般是从良好的第一印象开始的，"一见钟情"就是第一印象的"首因效应"，而第一印象的形成往往就取决于仪容仪表所传递的信息。

（2）经常检点自己的仪容仪表。人际交往过程中，一个人如果能时刻保持端庄得体的仪容仪表，处处注意自己的言谈举止，体现彬彬有礼的风度，就能始终保持光彩照人的形象。

（3）保持整洁的形象。要塑造良好的形象，首先要保持仪表整洁，就是要做到并保持无异味、无异物、坚持不懈地做好仪容细节的修饰工作。

干净、整洁是个人礼仪的最基本要求。它包括面容、头发、脖颈、耳朵以及手、服饰等方面的整洁。面容看上去应当润泽光洁；耳朵脖子应当干干净净。不要小看这一点，因为面部是一个人最突出的代表部分，面容是否洁净，皮肤是否保养得当，看上去是有生气、有光泽，还是灰暗、死气沉沉，都直接影响到他人对你的印象。一个有教养的人，绝不会不修边幅、蓬头垢面地出现在公众面前。

≫（三）仪容仪表的修饰

1. 面部修饰

面部修饰的总原则是洁净、卫生、自然。

（1）眼部。

首先是保洁。眼部保洁最重要的是要及时去除眼角有时会出现的分泌物，如果患有眼病，应该自觉地回避社交活动。

其次是修眉。如果觉得自己的眉形不够完美，可以进行必要的修饰，但不提倡千人一面的眉形，也不要剃掉所有的眉毛，重新画上认为时尚的眉毛。

最后再说说眼镜。不论是矫正视力还是追求时尚，人们常常会佩戴一副眼镜。社交场合或工作场所佩戴眼镜应该注意以下三点：一是选择质量优良的、适合自己的款式；二是保持眼镜的整洁，经常擦拭和清洁眼镜；三是不要在社交场所和室内佩戴墨镜。

（2）耳部。

首先要注意耳部的卫生，有些人会忽视耳部的清洁。其实，每个人的耳朵里都会有一些分泌物，应该定期清理。当然，不可以当众进行。

其次，随着年龄的增长，男性的耳朵周围会长出一些浓密的汗毛，应该及时修剪。

（3）鼻子。

首先要保持鼻腔清洁，切勿当众挖鼻孔、擤鼻涕。上述行为应该在无人处进行，并以纸巾辅助，避免声响过大显得不雅。

其次是注意鼻头的整洁,鼻子的周围容易积存一些脂肪或灰尘,每天应该认真清洗,免得日久形成难看并且难以去除的"黑头"。一旦形成黑头,可以用专门的"鼻贴"处理。

最后要提醒的是,如同耳朵一样,无论男女,鼻子里也会长出汗毛,如果鼻子里钻出汗毛将有碍观瞻。应该定期检查,一旦发现,立即剪除,但是要用专门的圆头剪子,避免用手硬揪造成伤害。

(4)口部。

首先是口部的清洁。在人际交往中,口腔不洁便会产生口臭,令人退避三舍,因此尤其要注意口腔的清洁。牙齿洁白、口腔无异味是口部护理的基本要求。一定要坚持定时刷牙。刷牙要做到"三个三",即每天刷牙三次,每次刷牙在饭后三分钟进行,每次刷牙时间不少于三分钟。还要经常使用爽口液、定期洗牙等方式保护牙齿。在重要的应酬之前应忌食烟、酒、葱、蒜、韭菜等带有刺激气味的食物。要注意嘴唇的护理和保养,避免开裂、爆皮等,同时不要在唇角留有"菜谱",餐后应及时清理唇角。

其次是胡须。如果不是出于特殊的宗教信仰或民族习惯,切忌不刮胡子出现在社交场所或公共场所。男性应养成每天剃须的习惯。有些女性由于内分泌失调,也会长出类似胡须的汗毛,应及时清除或治疗,否则很不雅观。

(5)颈部。

颈部属于面容的自然延伸部分,它是连接面部和身体的重要部位,因此,颈部的修饰也很重要。修饰颈部时,一是要注意不要让颈部皮肤过早老化,与面部产生较大反差;二是要保持清洁卫生,洗脸时,不要忽视颈部的清洁,否则,颈部和面部形成强烈的对比,脸上很整洁,颈部特别是耳后却藏污纳垢,非常不雅。

2. 面部化妆的标准程序

面部化妆是一个复杂的过程,化妆时,必须按基本程序依次进行。在化妆前,首先要做一些必要的准备工作。将头发梳顺,然后从发际起结一条宽发带或用毛巾、化妆帽把头发包紧,再在肩上披一块小围巾,以免在化妆时弄脏头发和衣服。准备工作就绪,就可以着手化妆。脸部化妆包括以下基本步骤:

(1)清洁皮肤。洁净的皮肤是化好妆的基础,在清洁皮肤的同时可适当加些按摩的指法,舒展皮肤的张力,加快局部血液循环。在这种皮肤状态下化妆,妆容牢固自然,化妆品与皮肤的亲和力强。

(2)修眉。除去多余的眉毛,修整基本眉形。修眉可采取拔眉法和剃眉法。拔眉法是用眉钳夹住要除去的眉毛,顺眉毛生长方向快速拔掉。剃眉法是用剃刀将多余的眉剃去,操作时持剃刀的手要稳,另一只手绷紧皮肤,贴根进行。

(3)拍化妆水。用消毒棉片蘸化妆水涂抹在皮肤上,并用手指轻轻弹拍使其充分渗透、吸收。

(4)营养霜或乳液护理。通过营养霜或乳液的使用可使皮肤滋润,在皮肤与有色化妆品之间形成保护屏障,可防止有色化妆品的色素对皮肤的直接侵蚀。

（5）擦粉底霜。粉底霜能改善肤色与皮肤质感,使皮肤细腻洁净。

（6）施粉。用透明蜜粉或与粉底同色的蜜粉固定粉底,减少粉底在皮肤上的油光感,并可防止妆面脱落与走形。

（7）画鼻影。选择与妆色协调的影色,点在鼻梁两侧上下晕染,塑造挺拔的鼻型。

（8）眼部化妆。眼部化妆可分为三个步骤:画眼影、画眼线和涂染睫毛膏。眼影的选择要与妆型、妆色、服饰等协调;描画眼线可使眼部轮廓清晰,增强眼睛的黑白对比度;涂染睫毛膏可增强睫毛的浓密感,并显得睫毛长翘。

（9）画眉。眉是眼睛的门户,应认真描画,画出的眉形要与眼型、脸型协调相称。

（10）涂腮红。腮红可使人显得健康精神,并可弥补脸型的不足。化妆时,腮红的位置、面积的大小应依据脸型而涂刷,颜色应与口红、眼影色相协调。

（11）画唇。先用唇线笔或羊毛唇笔描画唇轮廓,再涂抹与妆色协调的唇膏和上光油。

（12）刷轮廓红。此步骤可强调化妆效果,并有调整脸型的作用。轮廓红的颜色应与腮红协调一致。

（13）修妆。整个妆面完成之后,站得稍远一些,从镜中观察妆的整体效果,看妆形、妆色是否协调,左右是否对称,底色是否均匀,若有不足可作适当修补。

3. 手部护理与修饰

在社交活动中,手与人、手与物的接触十分频繁,送文件、打手势、握手、接电话等,这时人们无意中会给你的手“打分”,从而对你这个人留下深刻的印象。一位著名的美容师曾说过,从手的保养、指甲的修法、指甲油的颜色以及指甲根上软皮的处理等细小之处,可以看出一个人的为人及修养,也可以看出这个人的时髦程度。

手的表情异常丰富,极具个性特点,如女性的手就常给人以温柔甜蜜的感觉。如果说脸部表情可以隐藏的话,而手则把你的内心情态表露无遗。那些只注重面部化妆,而忽视美化手的人,会给人一种不协调的感觉。

（1）什么样的手才算美。与对相貌的评价一样,用一个绝对的标准来衡量手的美是不现实的,只能根据大多数人的审美观及传统习惯而论。对于年轻女性来说,理想的手应具备以下特征:

丰满——手掌及手指既不干瘪也不肥厚,胖瘦适中。

细腻——手指皮肤光滑滋润,富有弹性,且细腻白嫩。

修长——手形修长,包括手掌及十指。若手掌太宽,手指太短就显得不秀气。

平洁——手指甲平滑光洁,指缝中绝不能有污物。

流畅——手指的外形线条流畅圆润。那种骨节粗硬的手指,看上去就不柔美。

（2）美化手的方式。首先要注意保养手。我们每天要完成大量的工作和家务劳动,手的保养就显得特别重要。由于手接触的物体多,因此,要养成勤洗手的好习惯,及时将污物、灰尘等对皮肤有害的东西洗净。在从事那些用手直接接触化学液剂（如洗衣粉、洗涤剂、染发剂等）的工作时,最好戴上橡皮手套,以免加速手的老化,使其粗糙、干裂和产生皱纹。如果洗衣、洗餐具时没戴手套,干完活儿后要将手放在温水中浸泡两分钟,然后用香皂洗干净,涂上护肤霜或护手霜。一天不管洗多少次手,洗手后都要涂护手霜。护手霜以油性的为好,这是因为手上的油分少,各类化学洗剂中含有大量碱分及破坏水分和油分的化学物质,容易使手的皮肤粗糙。涂护手霜后,可以恢复其滋润和光滑。寒冷的冬天更应该加强对手的保养。

为了增强手的弹性和灵活性,应坚持手部活动和手的按摩。如果手很粗糙,就需要在晚上睡觉前用温水洗净,敷上营养霜或甘油。

(3)保养指甲的方式。指甲是手的组成部分,也是重要的触觉器官。它是由角化了的上皮细胞积叠成的半透明硬板,作用是保护指尖,主要成分是以胶原为主的硬质蛋白质。指甲的形状与遗传有关,但其健康情况则取决于人的全身健康状况及保养程度。健康的指甲应是色泽微红,有血色、有光泽,表面微见沟壑,根处呈清晰可见的乳白色半月形。

手部化妆的着眼点是指甲,化妆好的指甲可以使手具有佩戴首饰的效果。在进行指甲化妆前先要修剪出指甲的形状。指甲的形状有很多种,可根据自己指甲的自然状态以及个人的爱好修剪成圆形、方形、尖形等。椭圆形指甲是受多数女士喜欢的流行形状,它不仅与多数人的手指指形相协调,而且还有使手指加长的感觉;方形指甲容易使指甲显宽,只适于指甲偏宽的人;尖形指甲可以使手显得修长,适于手小的人。手形及手指很美的人,可保持指甲的自然形态,使指甲的长度略超过手指尖,指甲顶端成圆弧形。

指甲的疾病往往与身体的健康状况有关,营养不良、卫生习惯不好或涂劣质指甲油等原因都会造成指甲的疾病,常见的指甲疾病有甲质脆弱、甲面斑驳、指甲表面有凸凹的纵纹、指甲苍白或灰指甲等。对于各种指甲疾病要对症下药,遵从医生的指导涂药或服药护理。另外,平时要注意指甲的保养,使用油质的营养霜,多吃含维生素 A、D 的食物,如动物肝脏、牛油、蛋类、鱼类、水果等。

4.腿部修饰

中国人看人的习惯性做法,是"远看头,近看脚,不远不近看中腰"。腿部往往在近距离接触时为他人所注视,在修饰仪容时自然不能偏废。修饰腿部,应当注意的问题有三个,即脚部、腿部和汗毛。

(1)脚部。修饰脚部,须对以下三点予以关注:

①裸露。严格地说,在正式场合是不允许光着脚穿鞋子的,它既不美观,又有可能被人误会。在欧美国家,光脚穿鞋,即被视为"性感"做法。不仅如此,一些有可能使脚部过于暴露的鞋子,如拖鞋、凉鞋、镂空鞋、无跟鞋,也因此而不得登上大雅之堂。

②清洁。在正常情况下,应注意保持脚部的卫生。鞋子、袜子要勤洗勤换,每天要清洗脚部,袜子则应每日一换,要防止异味产生。不要穿残破、有异味的袜子,如有可能,应在办公桌或随身所带的公文包里装上备用的袜子,以应不时之需。在非正式场合光脚穿鞋子时,要确保其干净、清洁。不要在他人面前脱鞋、趿拉鞋,更不要脱下袜

子抠脚丫子。这类不良习惯,有损个人形象。

③趾甲。脚趾甲要勤于修剪,至少要做到每周修剪一次。要去除死趾甲,不应任其藏污纳垢,或是长于脚趾趾尖。趾部通常不应露出鞋外。

(2)腿部。在正式场合,不允许男士的着装暴露腿部,即不允许穿短裤。女士可以穿长裤、裙子,但不得穿短裤或是暴露大部分大腿的超短裙。越是正式的场合,女士的裙越长。在庄严、肃穆的场合,女士的裙长应过膝部以下。女士在正式场合穿裙子时,不允许不穿长袜,尤其不允许未穿长袜的大腿暴露于裙子之外。在非正式的场合,特别是在休闲活动中,则无此规定。

(3)汗毛。男士成年以后,腿部汗毛大都过重,所以在正式场合不可以穿短裤,或是卷起裤管。女士一般无此问题,若因内分泌失调而腿部汗毛变浓黑茂密,则最好脱去或剃除,或者选着深色丝袜,加以遮掩,不要光腿,也不要穿浅色薄型的透明丝袜。

5. 头发保养与修饰

头发除了给人增加美感之外,还可以保护头部。细软蓬松的头发具有弹性,可以抵挡比较轻微的碰撞。头发的保养主要应注意以下几个方面:

(1)头发清洁整齐,无污垢、头屑;自然有光泽,富有弹性;柔顺,无静电,易于梳理;无分叉、断裂、打结等现象。

(2)头发无明显脱落,疏密适中。

(3)色泽一致,发梢至发根颜色无差异,社交场合中,或是职场人士尽量不要染发。

(4)发型要与自身的年龄、身高、性格、气质、职业及服装等协调一致。职场男性的头发长度,一般要求前不及眉、侧不过耳、后不及领;女性则可根据脸型束发或散发,但要梳理成型,不可披头散发,要体现职场女性的干练。

6. 服装配饰

美国一位心理学家曾经做过一次大型的调查活动:服装会对人们产生什么影响? 被调查者几乎无一例外地表示,当他们穿戴整齐时,他们会清楚地感觉到自己很整洁,并且信心大增,自尊心也随之增强。

演讲者的衣着服饰对听众会产生什么影响? 如果演讲者不修边幅、穿着邋遢、配饰不当,那么听众对这样的演讲者不会有信心,他们会认为这样的演讲者头脑也一定是乱七八糟的。

服饰是一种文化,它可以反映一个民族的文化素养、精神面貌和物质文明发展的程度;它又是一种"语言",能反映出一个人的社会地位、文化修养、审美情趣,也能表现出一个人对自己、对他人以致对生活的态度。

(1)着装的原则。

①TPO 原则。T、P、O 分别是英语中 Time、Place、Object 三个单词的首字母缩写。"T"指时间,泛指早晚、季节、时代等;"P"代表地方、场所、位置、职位;"O"代表目的、目标、对象。TPO 原则是目前国际上公认的衣着标准,着装遵循了这个原则,就是合乎礼仪的。

②整体性原则。正确的着装,能起到修饰形体、容貌等作用,形成和谐的整体美。服饰的整体美构成,包括人的形体、内在气质和服饰的款式、色彩、质地、工艺及着装环境等。服饰美就是从这多种因素的和谐统一中显现出来。

③个性化原则。着装的个性化原则,主要指依个人的性格、年龄、身材、爱好、职业等要素着装,力求反映一个人的个性特征。选择服装因人而异,着重点在于展示长处,遮掩短处,显现独特的个性魅力和最佳风貌。现代人的服饰呈现出越来越强的展现个性的趋势。

④整洁原则。在任何情况下,服饰都应该是整洁的,不能沾有污渍,不能有绽线的地方,更不能有破洞,扣子等配件应齐全。衣领和袖口处尤其要注意整洁。

此外,着装要满足担当不同社会角色的需要。人们的社会生活是多方面、多层次的,在不同的场合担当不同的社会角色,因此要根据情况选择不同的着装,以满足担当不同社会角色的需要。

(2)男士着装规范。这里重点谈谈西装的穿着规范,因为随着经济的发展和世界各国人民的友好交往,西装已成为当今国际上最标准的通用礼服,它能在各种礼仪场合穿着。其具体的礼仪规范为:

①西装的套件。西装有单件上装和套装之分。非正式场合,可穿单件上装配以各种西裤或牛仔裤等;半正式场合,应着套装,可视场合气氛在服装的色彩、图案上选择大胆些;正式场合,则必须穿颜色素雅的套装,以深色、单色为宜。

②衬衫。与西装配套的衬衫须挺括、整洁、无皱褶,尤其是领口。衬衣袖子应以抬手时比西装衣袖长出2厘米左右为宜,领子应略高于西服领,下摆要塞进西裤。如不系领带,可不扣领口。

③领带。领带必须打在硬领衬衫上,要与衬衫、西服和谐,其长度以到皮带扣处为宜。若内穿毛衣或毛背心等,领带必须置于毛衣或背心内,且西服下端不能露出领带头。领带夹是用来固定领带的,其位置不能太靠上,以衬衫的第四粒纽扣处为宜。

④西装的纽扣。西装有单排扣和双排扣之分。双排扣西装,一般要求将扣子全部扣上;单排扣西装,若是三粒扣子的只系中间一粒,两粒扣子的只系上面的一粒,或者全部不扣。

⑤西装的帕饰。西装的胸袋又称手帕兜,用来插装饰性手帕,也可空着。手帕须根据不同的场合折叠成各种形状,插于西装胸袋上。

⑥西装要干净、熨烫平整,裤子要熨出裤线。

⑦穿西装一定要穿皮鞋,且要上油擦亮,皮鞋的颜色要与西装相配套;还要配上合适的袜子,袜子的颜色与皮鞋的颜色相同或相近,不宜用白色袜子,袜子要足够长,以保证坐下后不露出皮肤。

(3)女士着装规范。

①职业装。较为正式的场合,应选择女性正式的职业套服;较为宽松的职业环境,

可选择造型感稳定、线条感明快、富有质感和挺刮的服饰，以较好地表现职业女性的职业能力。服装的质地应尽可能考究，色彩应纯正，不易皱褶。服装应以舒适、方便为主，以适应整日的工作强度。办公室服饰的色彩不宜过于夺目，以免干扰工作环境，影响整体工作效率，应尽量与办公室的色调、气氛相和谐，并与具体的职业分类相吻合。裸露、花哨、反光是办公室服饰所忌用的，办公室服饰款式的基本特点是端庄、简洁、持重和亲切。

②外出职业装。此类服装款式应注重整体和立体的职业形象，要舒适、简洁、得体，便于走动，不宜过紧或宽松，也不宜不透气或面料粗糙。正式的场合仍然以西服套裙最为合适；较正式的场合也可选简约、品质好的上装和裤装，并配以女式高跟鞋；较为宽松的场合，虽然可以在服装和鞋子的款式上稍作调整，但切不可忘记职业特性是着装标准。外出工作，最忌着装具有强烈的表现欲，这是需要努力克制和避免的。色彩不宜复杂，不宜咄咄逼人，干扰对方视线，甚至造成视觉压力，应注意与发型、妆容、手袋、鞋相统一，所用饰品不宜夸张。手袋宜选择款型稍大的公务手袋，也可选择优雅的电脑笔记本公文手袋，表现女性自信、干练的职业风采。

③晚礼服。晚礼服是用于庆典、正式会议、晚会、宴会等礼仪活动的服饰。晚装服饰的颜色、款式变化较多，需根据不同的场合和风格而定。闪亮的服饰是晚礼服永恒的主题，但全身除首饰之外的亮点不得超过两个。晚装多以高贵优雅、雍容华贵为基本着装原则，西式的晚装多为开放型，强调美艳、性感、光彩夺目；中式传统晚装以中式旗袍为主，注重表现女性端庄、文雅、含蓄、秀美的姿态。晚装既讲究面料的品质，也讲究饰品的品质，好的品质可以烘托和映衬女性的社会形象和品质。女性最恰到好处的美是精致，晚装是凸显女性魅力的代表着装，讲究细部的款式和做工的精美。

④公务礼服。公务礼服是用于较为正式和隆重的会议、迎宾接待场合的服饰。公务礼服在服饰中品位和格调具有代表性和典型性，其优良品质是最为重要的。色彩应以黑色和灰色为主色，忌用轻浮、流行的时尚色系。做工要精致得体，并应特别注意选配质地优良的鞋子。佩饰应小巧而精美，重点衬托出女性高雅迷人的气质。此类活动较少有充分的交流机会，因此手袋是你身份的显要表征，应选择质地优良、色彩和谐、款式简洁、精美的手袋。

⑤休闲服。休闲服是为适应现代个性化的生活方式而产生的一类服饰，具有生活服饰和职业服饰的双重性。不少职业场所，已在职业空间提供了较大的宽松条件，休闲服也成为一些轻松的职业场所适用的服饰。舒适大方是休闲服的基本特点，成熟优雅是休闲服较高的着装层面。休闲服较多地体现了回归大自然的生活理念，从面料、款式上更好地与人体亲密接触，体现了服饰与人体之间更亲密、更坦承、更自由、更从容的生命规律，是新时尚、新观念的服饰语言。休闲服面料应天然、优质，色彩应亲切、柔和，易于吸汗，不需熨烫等。休闲服要特别避免体臭和服装异味，其高度洁净所表现出来的品质和魅力，甚至会高于其他服饰。

（4）配饰。

①女士配饰。

手提包。工作期间,应选择较大而且结实的手提包,用于放置文件和物品;若是参加酒会和宴会,应选择小巧考究、色彩亮丽的手提包,里面只放少量的化妆品、钥匙、钱等物品。手提包应套在手上或背在肩上,切勿拎在手里摆来摆去。

腰带。女士配戴腰带要注意与体形的搭配,如果身材瘦高,腰围较小,可以搭配一条宽腰带;若个子不高,腰围较粗,则不适宜配戴腰带。腰带应考虑与服装的款式和颜色配套,如果腰带上有金属或者饰品,那其他的配饰或首饰也应该是类似的颜色,保持和谐。

首饰。配戴首饰的关键是要与整体搭配统一,不同场合选择不同的首饰。首饰可分为休闲类和晚妆类,休闲类首饰质地一般为木质、骨质、塑料、贝壳、陶瓷等;晚妆类首饰一般为金、银、宝石等富有光泽的贵重材料。女士的首饰一般包括戒指、项链、耳环、手镯、胸花和头饰。穿职业装时,可配戴款式简单、颜色素净和不会发出声响的首饰。参加酒会或者晚宴一定要选择闪亮有质感的首饰,但不宜配戴过多。配戴首饰一般不应超过三件,以少、精为佳。

②男士配饰。

公文包。公文包以黑色、皮质、款式简单大方为宜,里面放置东西应整齐有条理,不应杂乱或者过多;穿着西装时,公文包一般拎在手里,专门的手包也可握在手中或者夹在腋下,不应选择肩挎或者斜挎的皮包。

钱夹。钱夹以皮质为宜,应放在西装上衣的内侧口袋。任何类型的钱夹都不应塞得太满。

腰带。男士腰带分为工作类和休闲类两种,工作中的腰带以黑色或棕色皮革制品为宜,休闲类腰带可根据服装选择各种款式和颜色。系腰带不宜过长,通常以不超过腰带扣 10 厘米为标准。

其他配饰。男士的配饰一般还包括戒指、手表、打火机和金笔等,工作及参加商务活动时不应配戴样式夸张、色彩和图案复杂的配饰。男士一般只配戴结婚戒指,手表应选择机械表,打火机可作为装饰品,但在公众场合,不应炫耀自己的名牌打火机。职业男性应该随身携带至少一支钢笔或铅笔,可放在公文包内,也可放在上衣内侧的口袋里,但决不可插在西装上衣外侧的口袋里,有身份的男士应配带高档、气派的钢笔。另外,房间或汽车钥匙,都不应别在腰带上,而是放在钥匙包、公文包或者西装上衣内侧的口袋里。手机也应该放在随身的包里或衣服口袋里。

三、 表情

人们交流的方式多种多样,表情是人体语言最为丰富的部分,是人的内心情绪的流露,人的喜、怒、哀、乐等情感皆可通过表情来体现和反映。表情类型有面部表情、声音表情、身段表情三种,其中最主要的是面部表情。我们着重介绍目光与微笑。

≫（一）目光

目光是传达思想感情的一种重要方式,是面部表情中的核心,眼神的力量远远超出我们用语言可以表达的内容。在不同场合与不同对象运用不同的目光和不同的注视区间,可以取得良好的沟通效果。在交流过程中,应设身处地地站在说话者的角度,用适当的表情与语言,表现理解与专注,形成一定的交流呼应。

1．"阅读"目光

"眼睛是心灵的窗户",兴奋、喜悦、悲苦、怨愁、恐惧、失望、猜疑、烦闷等情感均可以从眼神中一览无遗,人们可以用不同的眼神来表达不同的思想感情。例如:美丽温和—友好和善意;双目圆睁、烈火一般—愤怒;含情脉脉—爱恋;楚楚动人—喜爱;轻蔑傲慢—自负;闪光、明亮—智慧、灵气;坚定—无畏坦诚;目光炯炯、熠熠生辉—心境愉快、信心十足;愁眉不展、目光呆滞—缺乏自信、精神颓废。

交谈中,目光和表情和谐统一,表示很感兴趣,思想专注,谈兴正浓;对方的目光长时间终止接触或游移不定,表示对交谈不感兴趣,应转换或终止话题。其他如:相互正视片刻—坦诚;相互瞪眼—敌意;斜扫一眼—鄙视;上下打量—挑衅;白眼—反感;眼睛眨个不停—疑问;双目大睁—吃惊;眯着眼看—高兴或轻视;行注目礼—尊敬;左顾右盼、低眉偷窥—困窘;对来访者,只招呼而不看对方—工作忙不愿接待等。

眼神的类型

眼神类型	直视型	直视与长时间的凝视可理解为对私人占有空间和个人势力圈的侵犯,是很不礼貌的。直视对方会使人有压迫感。初次见面或不太熟悉的男性用这种目光看女性,会使女性感到很不自然,以致产生反感。若女性用这种目光看男性,则有失稳重。
	游移型	与对方谈话时,目光总习惯四处游移。这种眼神容易给人心神不定、不够坦率和不够诚实的感觉,不利于双方的交谈。
	柔视型	目光直视对方,但眼神不是火辣辣的,目光有神,但又不失柔和。这种目光给人一种自信和亲切的感觉。这是一种善于运用目光、容易与人相处且富有修养的人。
眼神类型	热情型	目光充满活力,给人以活泼、开朗和蓬勃向上的感觉。这种目光运用得当,可以使对方情绪渐涨,提高谈话兴趣,但如果不分对象,不分场合,一味热情相望,也可能产生相反的效果。
	他视型	与对方讲话,眼睛却望着别处,容易使对方产生误解,是不尊重他人的注视形式。
	斜视型	目光不是从眼睛正中而是从眼角视向对方的。这样做极为失礼,让人感到被轻视、不被尊重,以及心术不正。
	无神型	目光疲软,视线下垂,不时视向自己的鼻尖。这种目光透视出冷漠之感,往往会使谈话的内容冷淡。

2.注视的区间

注视区间的界限不是绝对的,谈话人应根据说话性质的不同,选择更具体的注视区间。

(1)公务注视区间。指在进行业务洽谈、商务谈判、布置任务等谈话时采用的注视区间,这一区间的范围一般是以两眼为底线,以前额上部为顶点所连接成的三角区域。由于注视这一部位能造成严肃认真、居高临下、压住对方的效果,所以常为企图处于优势的商人、外交人员、指挥员所采用,以便帮助他们掌握谈话的主动权和控制权。

(2)社交注视区间。指人们在普通的社交场合中采用的注视区间,其范围是以两眼为上限,以下颚为顶点所连接成的倒三角区域。由于注视这一区域容易形成平等感,因此,常被公关人员在茶话会、舞会、酒会、联欢会以及其他一般社交场合中使用。注视谈话者这一区域,会让对方轻松自然,因此,他们能比较自由地将自己的观点、见解发表出来。

(3)亲密注视区间。指具有亲密关系的人在交谈时采用的注视区间,主要是对方的双眼、嘴部和胸部。恋人之间,至爱亲朋之间,注视这些区域能够激发感情、表达爱意。"暗送秋波""眉目传情"都是通过这样的区间进行的。

3.注视的时间

与他人交谈时,必须根据所面对的对象和场合把握好注视的时间,不可长时间地凝视对方。一般情况下,用50%的时间注视对方,另外50%时间注视对方脸部以外的5~10厘米处。对东方人也只可用1/3的时间注视对方,自始至终地注视对方是不礼貌的。在社交场合若无意与别人的目光相遇不要立即移开,应自然对视1~2秒钟,然后慢慢移开;与异性目光对视时,不可超过2秒钟,否则会引起对方无端的猜测。

注视不等于凝视,如果像鲁迅笔下的祥林嫂那样以"两眼间或一轮,方知是个活物"的方式注视对方,一定不会有好的交流过程,同时两眼也不能在某一区域上下翻飞、左顾右盼,否则对方会觉得莫名其妙、不知所措。用目光注视对方时,应是自然、稳重、柔和的,而不能死死盯住对方某一部位,或不停地在对方身上"扫射"。交谈过程中可能出现双方目光对视的情况,这时最好稳重一点,不必惊慌,也不必躲闪,自然地与其对视1~3秒钟,然后再缓缓移开,那种一触对方目光就慌忙移开的做法是拘谨、小气的表现,会影响谈话的正常进行,引起对方猜疑,也是很不礼貌的。

4.目光运用的技巧

(1)见面时,不论是见到熟悉的人或是初次见面的人,不论是偶然见面或是约定见面,首先要睁大眼睛,以闪烁光芒的目光正视对方片刻,面带微笑,显示出喜悦热情。

(2)对初次见面的人,还应微微点头,行注目礼,表示出尊敬和礼貌。

(3)在集体场合开始发言讲话时,要用目光扫视全场,表示"我要讲了,请予注意"。

(4)在与人交谈时,应当不断地通过各种目光与对方交流,调整交谈的气氛。交谈中应始终保持目光的接触,这是表示对话题很感兴趣,长时间回避对方目光而左顾右盼,是不感兴趣的表示。

(5)应当注意,交流中的注视,决不是把瞳孔的焦距收束,紧紧盯住对方的眼睛,这种逼视的目光是失礼的,也会使对方感到尴尬。交谈时正确的目光应该是自始至终都在注视,并非紧盯。瞳孔的焦距应呈散射状态,用目光笼罩,同时辅以真挚、热忱的面部表情。

(6)交谈中,目光要随着话题、内容的变换做出及时恰当的反应。或惊,或喜,或微笑,或沉思,用目光流露出会意的万千情意,会使整个交谈融洽、和谐、生动、有趣。

(7)交谈和会见结束时,目光要抬起,表示谈话的结束。道别时,仍用目光注视着对方的眼睛,面部表现出惜别之情。

此外,记住专家的以下建议:相信自己的眼睛会说话,你的思想及你的心态,正在通过你的眼神流露。要全神贯注地注视讲话者。在近距离的空间,避免与人目光对视,如电梯、地铁等场所。目光接触的时间保持适中,不要死盯不放,也不要左顾右盼。经常对镜观察自己的眼睛,寻找不同的心态目光。

》》(二)微笑

2002 年,在英国曼彻斯特城英联邦运动会开幕式上,传遍了所有英联邦国家的火炬最后落在英国足球明星大卫·贝克汉姆的手中,他微笑着跑到了最后一站——一个挂着氧气瓶、身患绝症的五岁金发小女孩面前,他微笑着亲吻了小女孩的脸,与她手拉手走到英国女王伊丽莎白的面前,由小女孩把火炬交给了她盼望已久的女王。

一贯面色严肃的女王接过火炬,此刻她依然面无表情,也没有亲吻渴望地望着她的小女孩,而是直接走到点火台点燃了开幕式的火焰。第二天报纸、电视纷纷指责女王在众目睽睽之下居然"没有笑容","太让人失望了"。

表情就像文字一样,可以将我们内心世界表达出来。"脸"是我们传达表情的第一窗口,脸部的表情自己无法看到,但各种情绪或心境都会表现在脸上。面部的表情有先天的因素,但是,一个人后天的气质、风度、价值观的变化必然反映在脸上。这就是说,人的惊、喜、怒、悲、傲、惧等基本表情同人的其他素质一样,是由人的文化修养、气质特征等内在变化决定的,所以,也有人说脸部就是人生的一张履历表。有一次,有人向林肯总统推荐一个人做内阁成员,林肯没有用他,理由是:"不喜欢他的长相。"推荐人认为:"这太苛刻,他不能对自己天生的面孔负责!"而林肯说:"不,一个人过了四十岁,就该对自己的面孔负责。"

想要给别人留下美好的印象,获得他人的好感,并非完全取决于一个人的长相,一张笑眯眯的脸、一双神采奕奕的眼睛才是左右第一印象的关键。笑容是无声的语言,也是人际沟通的桥梁,能够使初次会面的人解除防卫。"有笑容的脸"是成功的一大因素,公关人员在与公众打交道时,最常用的礼仪形式就是面带微笑。因为笑容能够传达出一种亲切、友善、鼓舞的信息,对于第一次见面的人,向对方展示善意的微笑,也就是暗示可以在互相信赖的关系上进行沟通,双方就很容易进入谈话的情境,所以说笑容是人际关系最好的润滑剂。

一个人成就的大小,往往不会超出他的自信心的大小。自信是人意志与力量的体现,是交际能力最重要的因素之一。一个人外表美,特别是风度美、气质美、韵致美,在很大程度上取决于这个人心理素质的优劣。一个人如果缺乏自信,自惭形秽,就不可能有良好的风度、气质和韵致。对于一个没有自我认同、自我价值感,在他人面前唯唯诺诺、依附顺从的人,谁又会喜欢他呢?自卑实际上是一种对自我人格的轻视和不尊重,无论任何场合,最被人瞧不起的,是那些自己瞧不起自己的人。而一个自信的人,脸上会时刻浮现出微笑。"笑容"是上苍给每个人最公平的恩典,无论学历高低、年龄大小、社会地位高低、个性强弱、脸部轮廓如何,只要自己去挖掘,就可以拥有。

微笑的基本要求:

(1)真诚。微笑应该发自内心,亲切自然,体现真诚。真诚的笑容给人以甜美的感觉你可以在没人的时候揽镜自我训练一下。"笑脸"和"笑的脸"在内心的感觉是不一样的,从内心发出来的笑脸也是"从内心接受对方"的表情,而"笑的脸"是心中不以为然而又不得不笑的脸,这种就属于皮笑肉不笑的笑容,看到的人都会难以接受,所以说,要给人一张笑脸,必须将"心"溶入其中。专家建议,先对着镜子,找出我们唇齿最美的笑容,然后把嘴巴部分盖起来,只有眼睛照到镜子,这时你的眼睛有没有笑容呢?一双带笑的眼睛最能打动别人的心。当你下颚略微向下,感觉很诚恳地面向正前方,嘴角微微上扬,一边看着对方,一边保持愉悦的笑脸,这种亲切和蔼的笑容最动人,也是最为理想的表情,这种笑容有着感人的力量,显示了对生活的的满意和自信。

(2)适度。微笑得体、适度,才能充分表达友善、诚信、和蔼、融洽等情感,不能随心所欲、不加节制地想怎么笑就怎么笑。

(3)适宜。微笑并不是所有场合都适宜,比如严肃的场合、悲伤的场合、别人做了错事或别人遇到不幸的事,都不宜笑。而以下这几种情况下应该微笑:当你被介绍给他人时;当你恭维他人或他人恭维你时;当你为他人鼓掌时;等等。

四、 仪态

仪态,就是人的体态,也称姿态,包括人的站姿、坐姿、走姿、蹲姿、手势等身体展示的各种优美的动作。优雅、大方、自然的仪态本身就是一种礼仪。身体姿势无时不存在于你的举手投足之间,优雅的身体姿势是这个人有教养、充满自信的完美体现。此外,美好的身体姿势使你看起来比实际年龄要年轻很多,也会使你身上的衣服显得更漂亮。如果你再善于用你的形体语言与别人交流,一定会受益匪浅。身体姿势既可以反映出你自己的感觉,也可以影响别人对你的感觉和印象。

≫(一)站姿

站姿是人们日常生活中静态的造型动作,是第一引人注意的姿势。优美挺拔的站姿是仪态美的起点,也是发展不同动态美的基础,交往中的站姿要求是:端正、优雅。

1.站姿的基本要求

(1)头正,双目平视,嘴角微闭,下颌微收,表情平和自然。

(2)双肩放松,稍向下沉,人有向上的感觉。

(3)双臂自然下垂于身体两侧,虎口向前,手指自然弯曲,指尖朝下。

(4)躯干挺直,挺胸、收腹、立腰、臀部收紧,身体重心放在两脚中间。

(5)双腿直立,双膝用力并拢,双脚跟紧靠,根据不同场合,脚尖可以并拢或略分开。

2.男性的站姿

男性站立时,一般应双脚平行分开,两脚间距最好不超过一脚之宽,大致与肩同宽;身体直立,双肩稍向后展,抬头,双臂自然下垂伸直,双手贴放于大腿两侧;也可以双手手指自然并拢,左手搭在右手上,轻贴于腹部,但一定要挺胸收腹;还可以将双手交叉在身后,右手搭在左手上,贴于臀部。若站立时间过长,可以将左右脚交替后撤一步,将身体的重心分别落在另一只脚上。无论采取何种站姿,男性都应上身挺拔、膝盖伸直,要体现男性刚健、潇洒、英武、强壮的风采,正如古人所说的"站如松"。

3.女性的站姿

女性站立时,应该抬头、挺胸、收颌,目视前方;腹部平收,舒展大方;双臂自然下垂,双手叠放或相握于腹前;双腿并拢,脚跟紧靠,脚尖分开,呈"V"形。也可以将两脚尖稍稍展开,左脚在前,将左脚跟靠于右脚内侧前端,腿绷直并齐,呈"丁"字形,腰背直立,两手在腹前交叉,右手握左手的手指部分,使左手四指不外露,左右手大拇指收在手心里。身体各部位自然舒展,这时女性特有的曲线美才会显露无遗,同时,又显得精神饱满,风姿绰约。

4.注意纠正不正确的站姿

(1)站立时歪脖、斜腰、屈腿,尤其是抱臂、挺腹,就会给人以轻浮、没有教养的感觉。

(2)头部不正,习惯性前伸、侧外等,显得身体松散下坠。含胸、弓背、撅臀、胸部未能自然地向前方挺起,造成身体不够舒展。脊柱侧歪,会造成一肩高、一肩低,或身体左右倾斜。

(3)肩部紧张,形成端肩缩脖等不雅姿势。重心落在脚跟上,形成挺腹,这样不仅站立姿势不美,也不能持久、稳固站立。

(4)站立时习惯性地双手叉腰、双臂抱在胸前、两手插入裤袋或身体依靠其他物体等。这些形态看上去都是不美的,影响了举止风度。

特别要注意的是:女性不宜分开两腿站立,男性两脚间距不要大于肩宽;不要交叉腿斜靠在马路旁的树干、招牌、墙壁或栏杆上;不可与他人勾肩搭背地站着。

》》（二）坐姿

坐姿是人在入座后呈现出来的姿势。交往中的坐姿要求"坐如钟"。端正优美的坐姿能够传达出自信练达、友好真诚、积极热情的信息，展示你高雅庄重、尊重他人的良好风范，给人文雅、稳重、自然大方的美感。

1. 坐姿的基本要求

（1）入座时要轻、稳、缓。走到座位前再转身，右脚向后撤半步，轻轻坐下，然后将右脚与左脚并齐。女士入座时，要娴雅、文静，若穿的是裙装，应先将裙摆理好再入座，切勿坐下后再拉拽裙角。注意：正式场合都是从左侧入座，离座时同样从左侧离开。如果座位不合适，需要挪动，则应先将座椅移动至合适位置，然后入座。

（2）入座后，上身自然坐直，双肩平正放松，挺胸、立腰，嘴唇微闭，下颌微收，表情平和自然；双手自然弯曲，放在腿上，也可以放在椅子或沙发的扶手上，掌心向下。两腿自然弯曲，男士双腿自然并拢，或略分开一拳左右；女士双腿并拢，根据场合和座位的高低，可以双腿同时侧向左或右，两脚并放或叠放。

（3）无论是坐椅子还是沙发，都不要坐满。男士最多坐满椅子的 2/3，女士不要超过 1/2。上身端正挺直，落座后至少 10 分钟左右不要靠椅背，时间久了，可以轻靠椅背。

2. 社交中常用的几种坐姿

（1）正襟危坐式。这是最基本的坐姿，要求：上身与大腿、大腿与小腿、小腿与地面都成直角，双膝双脚并拢。适用于正规场合，如与上级或长辈谈话、求职面试等。

（2）垂腿开膝式。要求：上身与大腿、大腿与小腿成直角，小腿垂直于地面；双膝略分开，但不得超过肩宽。多为男士在较为正规的场合使用，女性禁用。

（3）双腿叠放式。要求：双腿重叠在一起，两腿间没有缝隙。交叠的双腿可以斜放于一侧，与地面呈 45°角，上面的那只脚的脚尖应垂向地面。此坐姿造型优雅，给人一大方高贵之感，适合穿短裙的女士使用。

（4）双腿斜放式。要求：双膝并拢，然后双脚向一侧斜放，尽量使腿部与地面呈45°角。适合穿裙装的女士在较低处就座时使用。

（5）双脚交叉式。要求：双膝并拢，双脚在踝部交叉，略微内收，也可以斜放，但不可以向前方伸得较远，适用于一般的场合，男女皆可使用。

（6）前伸后屈式。要求：大腿并拢后，向前伸出一条腿，将另一条腿屈后，双脚掌着地，两脚在一条直线上。适合女士在公众场合使用。

3. 注意纠正不正确的坐姿

（1）头部不端。入座后不可将头靠在座背上，也不可低头注视地面或闭目养神、摇头晃脑。

（2）腿部位置不当。入座后，腿部切勿分开过宽。女性膝部以上一定要并拢，无论是裙装还是裤装。不可以将双腿直直地伸出去,更不可以抖腿。

(3)脚不安分。入座后不可将脚抬高,脚尖指向他人;不可后脚跟触地,脚尖翘起;更不可以当众脱鞋袜。

(4)手部摆放不当。入座后,不要双手抱臂或将双手枕于脑后;不可双手抱膝或将手插在两腿间。

》》(三)走姿

走姿又称步态,是人在行走时呈现出来的具体姿势,是站姿的延续,也是展现人的动态美的极好手段。走路是有目共睹的肢体语言,最能体现一个人的风度和活力。正确的走姿是"行如风",即身体协调,姿势优美,两肩平稳不摇晃,两腿直立不僵硬,两臂自然摆动,步伐从容、步态平稳、步幅适中、步速均匀地走直线。轻盈优美的走姿、矫健利落的步态,可以体现人的良好的精神风貌和动感之美。

1. 走姿的基本要求

(1)上身自然挺拔,头正、挺胸、收腹、立腰,重心稍向前倾;双目平视,下颌微收,表情平和自然。

(2)双肩平稳、肩部稍向后展,大臂带动小臂自然摆动,摆动幅度小于30°,上身不摇不晃。

(3)重心放准,走直线。女士的两脚应该交替走在一条直线上,即"一字步";男士的两脚跟应该交替踩在一条线上,脚跟先着地,然后迅速过渡到前脚掌,膝盖在脚落地时应该绷直,身体的重心落在后脚跟上。

(4)步幅适中。步幅应该和本人的脚的长度大致相等,但是女士的步幅应根据着装不同有所变化:穿短裙、窄裙或旗袍时,步幅应该小一些;穿裤装或长裙时,步幅可以大一些。

(5)步速均匀。行走时,一般应保持匀速,不要忽快忽慢,要有节奏感。正常的行进速度,男士每分钟约100步,女士约90步。

2. 社交场合常用的走姿

(1)引导客人时,应走在客人左侧前方约一米的位置;本人的行进速度要与客人的协调,不可走得太快或太慢;行进中一定要处处以客人为中心,经过楼梯、拐角等处,要及时提醒客人注意。

(2)上下楼梯时,应礼让客人:上楼时请客人先行,下楼时则请客人后行。

3. 注意纠正不正确的走姿

(1)方向不定、瞻前顾后、速度多变。走路时不能忽快忽慢、经常变向、左顾右盼、反复回头看,行走时方向应该明确、步速一致。

(2)横冲直撞、悍然抢行、阻挡道路。几人同行时不要并排走,以免挡住别人的道;不要在人多的地方乱冲乱撞,经过人多的路段时,要礼让他人。

（3）步态不雅。蹦蹦跳跳、步履蹒跚、拖拖沓沓、脚尖先着地等都是不雅的步态；也不要走路吹口哨或将手插在口袋里。

≫（四）蹲姿

日常生活中或社交场合,有时不得不蹲下来做某件事,女士在下蹲时,一定要注意仪态,千万不可以弯腰撅臀,这样很不雅,也不礼貌。欧美人认为下蹲是不雅观的动作,只要可能,他们不是跪着就是干脆坐下来。

1. 正确的下蹲姿势

一脚在前,一脚在后,两腿紧靠向下蹲,前脚全脚着地,小腿基本垂直于地面,后脚跟提起,双膝并拢,臀部向下,上身尽量保持直立。

2. 注意事项

（1）不可弯腰撅臀。

（2）不要突然下蹲。

（3）不要距人太近。

（4）不要方位失当。在他人身边下蹲时,最好是与之侧身相向。正面或背对他人下蹲都是不雅和不礼貌的。

（5）不要毫无遮挡。若在大庭广众面前下蹲,不要两腿叉开平衡下蹲,尤其是着裙装的女士,一定要避免两腿分开。

（6）不要蹲着休息。在社交场合或公共场所,绝不可以蹲着休息。

≫（五）手势

身体动作都是交际方式,手势是沟通情感的媒介,是交往中不可缺少的无声语言,是在交流过程中负有重任的身体动作,是最有表现力的一种"体态语言"。

打手势是人们的一种本能。早在两千年前,古罗马政治家西塞罗就曾指出:"一切心理活动都伴有指手画脚等动作。手势恰如人体的一种语言,这种语言甚至连最野蛮的人都能理解。"

在澳大利亚土著部落中,遗孀在埋葬其丈夫时、青少年在成年命名期间、妇女在送丈夫出征或狩猎之际,一概不许说话,交换意见只能靠手势。一些旅游者说,他们在澳大利亚土著部落里常常看到妇女们一声不响地交谈好长一段时间,而且"谈"得津津有味。住在意大利西西里岛上的居民的手势语更是花样繁多,因为叙拉古城邦暴君季奥尼西曾下令禁止在公共场合谈话和辩论,违者处以酷刑,当地居民为免杀身之祸,便创造出一种"哑语",用手势来表达思想。

实际上,手势动作完全可以代替一句话、一个字,或表示一个完整的概念。聋哑人用的手语所表示的意思,几乎和正常人差不多。体育运动中的各种手势、消防队员和潜水员使用的职业手势,更是一种特殊的语言。在舞蹈动作中,手势也是最基本的语言。

1.手势语的含义

（1）表达讲话者的情感,其形象化、具体化的手势叫"情意手势"。

（2）表示抽象的意念的手势叫"象征手势"。

（3）模形状物,给人一种具体、形象感觉的手势叫"形象手势"或"图尔式手势"。

（4）指示具体对象的手势叫"指示手势"。

2.常见的手势

（1）手向上、向前、向内往往表示希望、成功和肯定等积极意义的内容。

（2）手向下、向后、向外,往往表示评判、蔑视和否定等消极意义的内容。如空中劈拳表示"坚决果断";手指微摇表示"蔑视"或"无所谓";双手摊开表示"无可奈何"等;右手握拳从上劈下表示愤慨、决心。

（3）敞开手掌象征着坦率、真诚和诚恳。判断一个人是否诚实的有效途径就是观察他讲话时手掌的活动。小孩子撒谎时,常常将手掌藏在背后;成人撒谎,往往将双手插在衣兜里,或是双臂交叉,不露手掌。

（4）大拇指显示是一种积极的动作语言,用来表示当事者的"超人能力"。此外,双手插在上衣或裤子口袋里,伸出两个拇指,是显示"高傲"态度的手势。将双臂交叉胸前,双拇指上翘,则是另一种拇指显示,既表示防卫和敌对情绪（双臂交叉）,又显示十足的优越感（双拇指上翘）,这种人极难接近。若是在谈话中将拇指指向他人,立即成为嘲弄和藐视的信号。拇指与食指相夹并搓动,则是一种"谈钱"的手势,注意:有身份的人用此手势有伤大雅,有失身份。

（5）背手。背手是一种至高无上、自信或狂妄态度的手势语。有地位的人都有背手的习惯,显然,这是一种表示自信或狂妄的动作语言。此外,背手还可以起到"镇定"的作用,双手背在身后,表现出自己的"胆略",学生背书时,双手往后一背,能缓解紧张情绪。这里说的背手是指双手相握的背手。若双手背在身后,不是两手相握,而是一手握着另一手的腕、肘或臂,则成为一种表示沮丧、不安并竭力自行控制的动作语言,暗示了当事者心绪不宁的状态,而且,握的部位越高,沮丧的程度也越高。

（6）搓手掌。它往往是人们用来表示对某一事情结局的一种急切的期待心理,正如成语"摩拳擦掌"所形容的跃跃欲试的心态。运动员起跑前搓搓手掌,期待胜利;国外餐馆服务员在你桌前搓搓手掌,问:"先生,还要点什么?"实际上是对小费的一种期待,对赞赏的期待。而人们面对不管是什么的一件将交由你自己动手、动嘴甚至动用其他身体部位的事情,而且自己认为是一件不可多得的事情时,都会搓搓双手,以示郑重开始享受。

（7）双手抱头。双手交叉,十指相扣,抱住自己的脑袋,是一种有权威、占优势或对某事抱有信心的人经常使用的一种典型的高傲动作。这种动作也是一种暗示所有权的手势。若双手（或单手）支撑着脑袋,或是双手握拳支撑在太阳穴部位,双眼凝视,这是脑力劳动者惯有的一种有助于思考的手势。

（8）亮出腕部。通常男性挽袖亮出腕部,是一种力量的夸张,显示积极的自信态度,尤其是交战中的中低级军官,他们挽袖亮腕是最典型的不服气、非要拼个你死我活的意思。"耍手腕""铁腕人物"等词语印证了腕部的力量。女性的腕部肌肤光滑,所以,若女性露腕亮肘,则具有吸引异性的意图。

(9)在谈话过程中,有人会十指交叉,放在胸前或桌上、膝盖上,这种手势的高度与一个人的沮丧心情及敌对情绪的强度密切相关,即放得越高,沮丧和敌对情绪就越强。

3.注意避免错误的手势

(1)随意指点。公共场合,不要随意用手对别人指指点点。交谈过程中更不可这样做。

(2)端起双臂。抱起双臂,端在胸前,往往含有孤芳自赏、自我放松,或冷眼旁观、置身事外、看笑话之意。

(3)摆弄手指。交往中,要么把指关节弄出响声,要么在身体各部位摸来摸去,给人心神不宁之感。

(4)搔首弄姿。与人交往时,当众整理自己的服饰,或整理妆容,给人轻浮之感。

(5)手插口袋。与人交谈时,如果手插口袋,无论姿势是否优雅,都是不礼貌的。

4.不同区域的手势差异

注意手势语在不同国家或地区的差异,应该尊重各国的习惯,不可用错。

(1)竖起大拇指。在中国,它表示"称赞、夸奖、鼓励、了不起"等意思;在意大利表示"一";在日本表示"老爷子";在英国表示"拦车";在希腊则是让对方"滚蛋";而在澳大利亚和新西兰则是表示一种对他人的人格侮辱。

(2)"OK"手势。在中国,它表示"零"或者说明"小"的意思;在美国及英语国家则是表示"赞扬"和"允许"之意;在法国,它的意思是"零""品质恶劣""微不足道"或"一钱不值";在日本,它表示"钞票""金钱";在拉美一些国家,它却表示"乱搞男女关系";在希腊、意大利的撒丁岛,它还是一种令人厌恶的污秽手势;在巴西,这个手势则被认为是不文明的动作。

五、 空间距离

在交际中,人和人之间都会存在一定的距离,这种交际中的空间距离被称作空间交际符号或环境语言。空间交际符号作为人际交往的无声语言,能够传达出很重要的信息。因此,我们在交际中,必须根据交往对象,选择适当的空间距离,使我们的表现更为得体。

≫(一)空间交际距离

空间距离也叫近体距离。近体学研究人际间如何利用距离进行交际,就是通过对人们利用不同的近体距离的行为进行辨析,进而了解其心理活动。空间的变化可以影响交际,起到加强交际的效果,甚至还可以超越言语的作用。人们在交谈时相互间的距离及其变化,是整个交际过程中不可分割的重要组成部分。美国人类学家爱德华·霍尔博士划分了四种区域距离,各种距离都与对方的关系相称。

1. 亲密距离

亲密距离是人们交往中的最小间隔或几乎没有间隔,即人们常说的"亲密无间",彼此之间相距不超过 0.5 m。从心理学角度看,这一区域是属于自己的,若相互关系不亲密的人进入该区域就引起威胁感。在这一范围内往往是窃窃私语,谈论的都是绝密的事情。在拥挤的公共场所,一般严格遵循的不成文的法则有以下几点:

(1)不可对任何人说话,包括你认识的人。

(2)避免与他人目光相遇。

(3)面无表情,不流露个人情绪。

(4)如果在看书报,必须全神贯注,别人不得偷看或凑过头来看你的书报。

(5)身体保持僵直状态,不可倚靠他人。

(6)在电梯中,眼睛只能盯着楼层号显示板。

2. 个人距离

个人距离约为 0.5~1.2 m,这是朋友间谈心的距离,所谈内容一般是个人的私事,谈话声不高,而且亲切柔和。

3. 社交距离

相距约 1.2~3.5 m,这是社交的正常距离,谈论的内容一般不是个人的私事,音量适中,对无关者也不保密。

4. 公共距离

相距约 3.5 m 以上。在这种距离内讲话声音很高,谈话内容不涉及个人私事,一般适用于讲课、演说、演戏等。

≫（二）影响人际交往的空间距离诸因素

人际交往时,彼此之间的空间距离不是固定不变的,它具有一定的伸缩性,其距离的远近主要依赖于具体情境、交谈双方的关系、社会地位、文化背景、性格特征、心境等。

(1)社会地位不同,交往时自我空间距离有差异。一般说来,有权有地位的人对于空间的需求相应会大一些。我国古代的皇帝,坐在高高的龙椅上,与大臣们拉开很大的距离,独占较大的空间,表现了皇帝至高无上的权力与地位。当人们与那些有权力有地位的人接触时,往往不敢贸然靠近他,而是尽量离开他,与之保持较远的距离,这就是为了避免因侵犯他的个人空间而导致他不悦。

(2)不同国家、不同民族、不同文化背景,其交往距离也不同。这种差异是由人们对"自我"的理解不同而造成的。北美人理解的"自我"包括皮肤、衣服以及身体之外几十厘米的空间,阿拉伯人的"自我"则仅限于心灵,他们甚至把皮肤也当作身外之物。

因此,交往时,阿拉伯人往往步步紧逼,总嫌对方过于冷淡,而北美人则连连后退,接受不了对方的过度亲热。同是欧洲人,交往时,法国人喜欢近距离,甚至让对方感觉到他的呼吸,英国人则感到很不习惯,步步退让,维持适合于自己的空间距离。

（3）不同性格和具体情境等因素影响交际距离。一般说来,性格开朗、喜欢交往的人更乐意接近别人,也较容易容忍别人的靠近,他们的自我空间较小。性格内向、孤僻保守的人则不愿意主动接近别人,宁愿把自己封闭起来,对靠近他的人十分敏感,觉得自我空间受到侵占,容易产生不舒服感和焦虑感。

此外,人们对自我空间的需要也会随着具体情境的变化而变化。在拥挤的公共汽车上,人们彼此就会靠得很近;而在较为空旷的公共场合,人们的空间距离就会扩大,比如在公园的椅凳上、餐馆里,若别人毫无理由地挨着自己坐下,就会有不舒服的感觉。

思考与练习

1.为何要注重对个人的仪容仪表进行修饰? 如何保持整洁的仪容?

2.怎样根据场合选择服装? 试举例说明。

3.站姿训练:

（1）顶书训练。颈部自然挺直,下巴内收,目光平视,面带微笑,把书本放在头顶,为了使书本不掉落,势必会让头、躯干保持平稳挺直。

（2）背靠背训练。两人一组,背靠背站立,将头部、肩部、臀部、小腿肚及脚跟紧靠,并在两人的肩部、小腿等紧靠处各放一张小纸片,不能让其掉下来。

（3）面对镜子训练。面对镜子纠正自己的站姿及整体形象。

4.坐姿训练:

（1）入座前的动作训练。背对训练镜练习。入座时,走到自己的座位前再转身,然后右脚后退半步,轻稳入座。动作轻盈舒缓,从容自如。

（2）腿部造型训练。保持上身姿势正确,练习几种常用的坐姿。

以上练习可以两人一组,面对面练习,也可以对镜自练。

5.走姿训练:

（1）摆臂训练。身体直立,以肩为轴,双臂自然摆动,摆动的幅度要适度,注意纠正双肩过于僵硬、双臂左右摆动的习惯。

（2）步位步幅训练。在地上划一条直线,行走时检查自己的步位和步幅是否正确,纠正"外八字"和"内八字"及步幅过大或过小。

（3）稳定性训练。头顶书本行走,不能让书本掉下。

第三部分
演　讲

学习目标 ....

1. 帮助学生了解演讲的特点和类型，掌握演讲选题、选材和结构的技巧。
2. 熟悉演讲的程序，学会在演讲前作好心理准备、内容准备和演练准备等。
3. 演讲时能比较准确地表达出自己的观点和见解，并具有一定的感染力。

　　演讲作为一种源远流长的社会活动，始终伴随并推动着人类文明的发展和进步。在现代社会，演讲更是一种经常性的社交活动，演讲能力是现代人才必备的基本能力之一。在我国，随着市场经济的发展和人们交际面的拓宽，演讲的作用也日益重要和明显，良好的演讲口才能够帮助建立更加良好的社会关系，给人带来更多提升、进取的机会。

第一单元　演讲的基本原则

一、演讲的概念和特点

作为一种社会现象,人们对演讲有着不同的理解,有人认为"演讲就是说话",有人说"演讲就是作报告",还有人说"演讲就是说话加表演"等。可谓仁者见仁,智者见智。

>>> (一)演讲的概念

演讲,又称演说或讲演。从广义的角度讲,凡是以多数人为对象进行的讲话,都可以叫演讲。狭义的演讲特指在公众场所,以有声语言为主要手段,以体态语言为辅助手段,针对某个具体问题,鲜明、完整地发表自己的见解和主张,阐明事理或抒发情感,进行宣传鼓动的一种语言交际活动。"演讲"既要"讲",又要"演"。"讲"是讲明道理,诉说对某一问题的看法;"演"是借助声音、表情、动作来加强演讲的生动性。"讲"其心中所想,"演"其口中所说,二者之间,以"讲"为主,以"演"为辅。

>>> (二)演讲的特点

演讲不仅具有一般有声语言活动的特点,还具有自身与众不同的特点。演讲具有综合性、现实性、个性化、鼓动性等四大特征。

(1)综合性。演讲是一种综合性的口语表达活动。是讲与演的综合,说与写的综合,有声的语言与"无声"的动作、体态、表情的相辅相成、巧妙结合,还是演讲者思维系统、语言系统、形象系统、时空系统等多项系统相互协调,默契配合的体现,是演讲者与听众的融合。

(2)现实性。演讲是一种实实在在的现实社会活动,主要是运用现实生活中的真实材料和自己的真情实感去解决现实生活中的某个问题而进行的。演讲不是经过加工虚构的艺术活动,不同于表演艺术。演讲中的"演"只是一种辅助手段,是为了取得更好的演讲效果,不是为了塑造艺术典型。演讲不朽的生命力就在于它与社会和时代节拍是同步的。

如丘吉尔1940年5月31日的《出任首相后的首次演说》、斯大林1941年7月3日的《广播演说》、孙中山的《三民主义演讲》、毛泽东的《关于正确处理人民内部矛盾的问题》等,这些久负盛名的演讲都因其切合时代的脉搏,为国家、民族的命运呐喊,批判邪恶,唤醒民众,捍卫真理,推动社会的发展进步而名垂青史。

(3)个性化。演讲者是演讲活动的主体,在整个演讲过程中,听众始终处于接受地位。因此真正意义上的演讲，是高度个性化的产物，是一个人的性格、气质、形态、口才的综合反映。因而不同的演讲家具有不同的演讲风格：有的激情澎湃，犹如战鼓催征；有的娓娓道来，如春风化雨，沁人心田；有的旁征博引，引人深思；有的朴实无华，真实感人。

（4）鼓动性。演讲不宜于表现悲观压抑、沉闷的感情，更不宜表现以自己之得失的纱小、狭隘、猥琐的个人私情，而应着力表现对国家、对人民、对社会的深切热爱，对真善美的执着追求。要着力表现阳刚之气，使人振奋，使人鼓舞并引起听众与演讲者的共鸣。如丘吉尔1940年5月19日第一次公众广播讲话中有这样的一段文字："在我们身后——聚集着破碎的国家和被奴役的民族——对于所有人来说，野蛮的漫漫长夜将要降临，即使有希望之星出现，这长夜也无法打破，除非我们战而胜之，我们必须战而胜之，我们定能战而胜之。"这段演讲通过反复使用"战而胜之"一词睿智地创造出富有节奏感的强大共鸣，传达了绝对明确的信念：我们将驱除暴政，还欧洲以自由。

二、 演讲的分类

1. 按内容分类

（1）政治演讲。指为了一定的政治目的，阐述政治主张和见解的演讲。如政治家的竞选演说，新当选的领导人的就职演说，各级领导的施政演说，外交演讲，军事演讲等，政治演讲的倾向性明显，富于鼓动性和雄辩性。林肯《在葛底斯堡的演讲》、马丁·路德·金的《我有一个梦想》都属于这一类型。

（2）学术演讲。指就某些专门的、系统的知识和学问而发表的演讲，通常在学术研讨会、专题讲座或学术报告会上进行。具有内容科学、论证严密、语言准确的特点。

（3）生活演讲。是以日常生活中存在的社会问题为对象来表达自己的思想、情绪、愿望、要求的演讲。这类演讲要有时代气息，生动活泼，声情并茂。

（4）交际演讲。指在各种社交仪式上发表的演讲，是社会交往的一种应酬方式。如欢迎、宴会、祝贺、答谢、吊丧等各类社交活动中的致辞都属于这一类。具有讲究礼仪规范，言辞谦恭得体的特点。

2. 按表现形式分类

（1）命题演讲。即由事先拟定题目或演讲范围，并经过准备后所作的演讲。一般包含两种形式：全命题演讲和半命题演讲。

（2）即兴演讲。即演讲者在事先没有准备的情况下就某种特定的场面、情境、事物、人物临时起兴发表的演讲。

（3）论辩演讲。即由双方或双方以上的人因对某个问题或观点产生不同意见而展开的面对面的辩论。如我们生活中常见的法庭论辩、外交论辩、赛场论辩等。

三、 演讲成功的要素

演讲是"讲"和"演"密切结合的口语表达的高级形式,是一种带有艺术性的社会实践活动,构成这种活动必备 3 个基本要素:即演讲者、特定的听众和特定的时空环境。演讲的整体效应如何,有赖于它所包含的各个要素的作用的发挥。

》》(一)充分准备,充满自信

任何一位演讲者都十分重视演讲前的准备工作,可以说,演讲前准备越充分,演讲获得成功的可能性就越大。同时,任何一个成熟的演讲者,首先要具备良好的仪表和坚定的自信心。

1. 演讲者的风度和礼仪

演讲是一种表演性很强的讲话艺术,演讲者的风度和礼仪不但表达了演讲者的精神状态,同时也是演讲者内在修养的集中体现,比如着装的整洁、得体、大方,才给人以自然得体的印象,过分张扬或毫无修饰的服饰会分散听众的注意力;男士面部要干净利落,女士则要薄施淡妆。

2. 演讲者的心态和情绪

演讲者要对自己的演讲内容和演讲效果充满自信,要在精神上鼓励自己去争取成功。

(1)积极暗示,充满自信。现代的实验心理学表明,由积极的自我启发、自我暗示而产生的学习、行为动机,是导致学习、工作取得良好效果的有力手段。演讲者可以用如下积极的语言反复暗示自己:"我能行""我准备得非常充分""我非常熟悉这类演讲题材""我一定会成功"等等;演讲者不应在上台演讲前使用负面自我暗示,如"我忘了词怎么办""听众不听我怎么办"等等,这种负面的心理活动往往会产生失败的结局。

(2)调整情绪,充满感情。古希腊著名的哲学家亚里士多德曾经说过:"一个充满了感情的演说者,常常使听众和他一起感动,哪怕他所说的什么内容都没有。"所以,在登台演讲前,演讲者一定要把自己的情绪调整到最佳状态,以饱满的情绪登台演讲。用饱满的情绪吸引听众、感染听众、打动听众,给听众留下美好的第一印象。

(3)呼吸调节,克服怯场。演讲者在临场发生怯场反应时,可以运用深呼吸法进行调节:演讲者全身放松,目光转移到远方,做缓慢的腹式深呼吸,同时,随呼吸节奏心中默数"1,2,3……"。适度的深呼吸有助于缓解紧张、焦躁,烦闷的情绪。

3. 演讲内容的准备和组织

演讲不是随心所欲的交谈,而是比较正式的社会沟通活动。演讲者若想面对听众侃侃而谈,去打动听众,鼓舞听众,在演讲之前必须进行充分的准备。对演讲内容所涉及的知识、案例、数据做了充分的准备,对讲稿的内容结构、重点语句、手势表情熟记在心,反复试讲,直到流畅自然。

≫ (二) 研究听众,量体裁衣

"见什么人说什么话,到什么山唱什么歌"。演讲要注意区别不同的情况,不同场合,不同题材和不同的听众,采取不同的方式,变换不同的讲法.听众的反应决定演讲的成败,在准备演讲时,脑海中应想着特定的听众。

(1)根据听众的兴趣演讲。很多人无法成为一名讲话高手,主要是因为他们只顾谈些他们自己感到有趣而与听众毫不相关的话题。罗素.康威尔著名的演讲《如何寻找自己》,先后讲过近6 000次。他为什么能在一场接一场的演讲中成功地维系着演讲者和听众之间轻松愉快的关系呢?你或许会想,重复这么多次的演讲,应该已经一字不差地记忆在演讲者的脑海中,演讲时,字句与音调该不会再变了吧。其实不然,康威尔博士明白听众的层次与背景各异,他认为:必须使听众感到他的演讲是独特的、活生生的东西,是专为这群听众而做的。"当我去某一城或某一镇访问时,"他写道"总是设法尽早抵达,以便去看看邮政局长、理发师傅、旅馆经理、学校校长、牧师们等,然后到百货商店里去同普通人们聊聊,了解一下他们的历史及他们拥有的发展前景。然后我才发表演讲,对那些人谈论适合于他们当地的内容。"

(2)与听众融为一体。在开始正式讲演之前,演讲者应想办法尽快与听众建立起亲切的关系。如果有可能,使用听众中的人名,是一种可以打开你与听众沟通线路的方法。要注意的是在使用时,只能以一种友好的方式来提到他,并且使用它们应限定一定范围,决不可滥用。另外,在讲演词中应采用代名词"你","我们",而不是用"他们",这种方式有利于使听众进入一种自我感知的状态中,从而使听众的注意力始终保持在最佳状态。

(3)保持谦虚谨慎的态度。在演讲者和听众之间的所有关系中,真诚是不可或缺的基本要素。演讲时,演讲者就如同把自己放在一个透明的橱窗里展示,你的个性被一览无余地展现出来,每一个傲慢的表现都可能使你功败垂成。只要你表示出要尽力讲好,并说自己才识有限,听众就会喜欢你从而尊敬你。丹纳·陶玛斯在《现代宗教伟大领袖》一书里,这样评价孔子:"他从不以自己渊博的知识去向别人炫耀。他只是以自己的同情心与包容心,去设法启迪他们。"演讲者若是希望得到这把打开听众心扉的钥匙,一定要修炼这种谦虚与包容的品性。

≫ (三) 因势利导,顺势而为

"势"是指演讲中的环境和气氛。演讲者要注意观察调动和把握这个势,要始终把场上局势控制在主题范围内,遇到场上形势气氛变化时,要当变则变。

(1)选题要体现时代精神,顺应大趋势。演讲的主题和思路内容一定要顺应大趋势。对行业、产品、社会发展、科技进步、价值追求等大的趋势要心中有数,演讲时如果违背这些而去独树一帜,就不易与听众产生共鸣和互动。

(2)演说要善于造势,情理交融。演讲之所以要有"演"的成份,是因为要先体现以情说理,再以理服人。所以在演讲中,演讲者要善于运用充满激情与感情的话语,用动人感人的事例、典型的人与物去调动听众的情感,在引起情感共鸣的基础上,适时阐明道理和主题。这样才能使演讲的效果事半功倍。

(3)临场要随机应变,巧于应对。演讲中如遇突发事件也是可能的事。演讲者要在平时练习应付处理特殊情况的能力,沉着冷静地应对,及时与组织者沟通情况,化不利为有利。一般可能的情况有:忘词、停电、音响失效,秩序混乱、个别听众干扰等。总的应对原则是:始终突出所讲主题,以镇静或幽默的语言恢复正常,以声势和道理说服听从恢复秩序,演讲中如果有个别听众,提出特殊问题和要求时,演讲者要善于了解其真实意图,把话题拉回到主题,切记不可与之当场争辩和互相指责。

四、　演讲的实用技巧

西方谚语称:诗人是天生的,演讲家是后天的。演讲是一种艺术程度较高的传播手段,在演讲的开头、主体、结尾等方面都需要一定的技巧。

≫(一)演讲开头的技巧

"良好的开端是成功的一半""万事开头难"。这两句话结合起来,说出了开场白的重要性和难度。头开得好,听众反应热烈,演讲者自己也会信心倍增,接下来也就会水畅其流,洋洋洒洒了。能在最短的时间内吸引听众的开头就是好的开头。历来著名的演讲家都是煞费苦心,希望在演讲的开头就能牢牢抓住听众。常见的开头方式:

1. 提问式

根据听众的特点和演讲的内容,提出一些激发听众思考的问题,以引起听众的注意。例如:题为《讲真话》的演讲稿这样开场:"首先请允许我冒昧地提个问题:在座的各位都讲真话吗? ……"此问让人为之一震,也切中正题。在主题为《与爱同行》的演讲中,有位教师这样开场:"有人问:世界上什么东西的气力最大? 答案众说纷纭。有的说象,有的说狮子,有人开玩笑似的说,是金刚。我要说——是爱,是爱的力量最大。"

2. 故事式

故事本身具有形象性、趣味性和生动性,爱听故事是人的天性,演讲如以故事开头,就能立刻把听众的注意力和兴趣吸引过来。如在题为《母爱,世间至纯无私的爱》的演讲中,一位选手是这样开讲的:

"去年 11 月 22 日凌晨时分,市郊发生了一起特大交通事故,一辆客车从数十米高的悬崖上坠落。就在人们想当然地认为所有乘客无一幸免时,突然听到一个婴儿微弱的哭声。经过仔细搜寻,发现一个不满周岁的婴儿正在一位已经死去的年轻妇女怀里啼哭。为抱出孩子,民警和医护人员费了好大的劲,才将她已经僵硬的手臂掰开。这位妇女后被证实是婴儿的母亲,是母亲的本能让她在危及生命的紧要关头放弃了求生的欲望,用两条柔弱的胳膊和温厚的胸脯为婴儿构筑了一个安全的'生命之巢'……"

这个故事情节惨烈惊险,扣人心弦,与主题紧密相联,让听众产生了继续听下去的强烈欲望。故事中的年轻母亲在灾难降临时的壮举牢牢地吸引了在场听众的注意力,同时也为进一步展开演讲做了良好的铺垫。

3. 悬念式

在演讲一开始,听众还毫无心理准备的情况下,就提出一个悬念,把听众的好奇心调动起来,使听众带着一个大大的问号急切地想听下面的内容。联想集团总裁柳传志曾在演讲中说:联想集团培养人的第一个方法叫做"缝鞋垫"与"做西服"。培养人与"缝鞋垫""做西服"有什么关系呢? 听众感到非常奇怪。原来,培养一个战略型人才和培养一个优秀的裁缝有相同的道理,我们不能一开始就给他一块上等毛料去做西服,而是应该让他从缝鞋垫做起,鞋垫做好了再做短裤,然后再做一般的裤子、衬衣,最后,才是做西服。培养人才不能拔苗助长,不能操之过急,要一步一个台阶爬上去。再看下面的一例:"各位同学,在我演讲之前,先请大家听听这几个数字:36 000、600、25。大家知道这些数字意味着什么吗?(听众中有人答:"不知道")时间分分流逝,历史缓缓推移。时钟的秒针再转过 36 000 圈,分针再走过 600 转,日历牌再翻过 25 张,我们的祖国母亲就会将香港重新拥入自己温暖的怀抱!(掌声)36 000 个祝福,600 个思念,25 分渴望,都送给令人魂牵梦绕的 7 月 1 日,说不尽的千言万语,都汇成我今天演讲的题目:"欢迎你,香港!"(热烈掌声)(《使我出奇制胜的开场白》,《演讲与口才》1999.1—6 合订本)这篇演讲开篇巧设悬念,用一连串数字吸引听众的注意和好奇,然后又用数字连缀起时间和祝福,烘托出热烈盼望香港回归的主题,可谓引人入胜。

4. 幽默式

幽默诙谐的开头可使听众在轻松愉快的气氛中缩短与演讲者的心理距离,也可使演讲者在听众心领神会的笑声中增强自信心。如 1860 年林肯竞选总统时的演讲辞:"有人打电话问我有多少银子,我告诉他们我是一个穷棒子。我有一位妻子和儿子,他们是我的无价银子。我租了一间房子,房子里有一张桌子和三把椅子。墙角一个柜子,柜子里的书值得我读一辈子。我的脸又瘦又长且长满胡子,我不会发福而挺着大肚子,我没有什么可以庇荫的伞,唯一可以依靠的是你们!"

5. 揭题式

开门见山,直截了当地揭示演讲主题,使听众一听就明白演讲的主旨是什么。如《什么是真正的幸福》开头:"幸福,这是一个多么美丽而诱人的字眼,它古老而常新,有着无穷的魅力。古往今来,有多少人在追求、探索。然而,大千世界,茫茫人海,人们对幸福的理解和追求又不尽相同。"这种开头扼要地解释、说明演讲题目的含义,能自然顺畅地转入正文的论述。

6. 即景式

就是抛开原先的准备,根据眼前的情景、气氛来开头。这是有经验的演讲者经常运用而且效果独特的一种方法。它更能使演讲紧贴语境。1999 年 4 月 7 日,朱镕基总理访问美国。当时美国国内有一股反华逆流,中美关系比较紧张。传媒也都认为朱镕基此行不合时宜,但朱镕基还是去了。朱镕基到达洛杉矶的那天,正碰上天空下雨,朱镕基诙谐地说老天爷不欢迎他。次日,朱镕基转飞华盛顿与克林顿会面。这天天气晴朗,在欢迎仪式上,朱镕基开篇就借天气暗示中美关系:"我到洛杉矶时,是春雨绵绵,现在是雨过天晴,相信很快就会阳光灿烂。"

7. 名言式

格言、谚语、诗词名句、名人名言等有权威、受信赖、易接受,具有思想深邃和语言优美的特点,若能适当的运用名言作为开头,也可以收到较好的效果。如一篇题为《让生命在追求中闪光》的演讲这样开场:美国黑人教育家本杰明梅斯有句耐人寻味的名言:"生活的悲剧不在于没有达到目标,而在于没有想要达到的目标。"这话是极有道理的。

以上列举的是演讲开头常见的方式,实际上人们运用的远远不止这些。但不管采用哪种方式,都应注意:内容有新意,形式新颖别致,格调高雅不俗。

≫（二）演讲主体设计的要领

演讲的主体是指演讲开场与结尾之间的部分,是演讲的主要部分。主体既要紧承开场白,又要内容充实,主旨鲜明。演讲质量的好坏,观点能否为人信服,大部分取决于主体部分的讲述。

（1）考虑听众的接受程度兴趣。希腊哲学家亚里士多德曾经说过:"思考时,要像一个智者;讲话时,要像一个普通人。"当我们在设计演讲内容时,首先要考虑你所说的事情听众能否听得懂,当题材很专业,或是要阐释一个大家比较陌生的概念时,一定要运用浅显的语言和易懂的例子来说明。

（2）安排好演讲结构层次。结构层次是演讲思想内容的表现次序。要主次分明,详细得当,给人以稳定感;要互相照应,过渡自然,给人以匀称感。如何让演讲的结构的层次清晰明了呢? 一个基本方法就是在演讲中树立明显的有声语言标志,如使用"首先""其次""然后"等语词来区别层次;演讲中反复设问,并根据设问来阐述自己的观点;恰当使用过渡句。

（3）设置好演讲高潮。演讲最忌平铺直叙,而必须有波澜起伏。当代著名演讲家李燕杰教授曾经作过精深的论述。他说:"一次演讲,怎样达到高潮? 这需要演讲者在感情上一步一步地抓住听众,在理论上一步一步地说服听众,在内容上一步一步地吸引听众,使听众的内心激情逐渐地燃烧起来,演讲将自然地推向高潮。"演讲高潮实际上就是演讲者和听众感情最激昂、精神最振奋的地方。它是运用典型的事例,准确的、阐释精当的议论,深刻的哲理,恰切的修辞,生动的语言,真挚的情感,得体的动作所组成的强烈的兴奋点。

（4）借用好故事的力量。故事是人类历史上最古老、最具影响力的工具，也是最有力的说服技巧。世界知名广告公司奥美集团作过一个调查，他们发现，演讲结束后的一个小时内，人们会忘掉一半内容。经过一天，会忘掉80%的内容。一周后，95%的内容被遗忘，而人们唯一记得的就是演讲者所举的故事、例子或其亲身经历。

〉〉（三）演讲结尾的技巧

结尾是演讲稿的自然收束。拿破仑说："决定战争胜败的关键，往往在于最后5分钟。"而演讲能给人留下深刻印象的部分，往往也是结尾。那么，如何设计演讲的结尾，给听众留下深刻完美的印象呢？常见的类型和方法有：

（1）感召式。在结尾发出号召，或提出希望，使听众产生一种积极进取、蓬勃向上的力量，给人以心志的激励。如一位教师在《践行师德　铸就师魂》的演讲中，这样结尾："亲爱的同学们，我们要以陶行知先生"捧着一颗心来，不带半根草去"的精神，守住心灵的宁静，建设爱岗敬业、爱生如子的精神家园，不仅做为人民服务的教师，而且做让人民满意的教师，让我们一起携手努力吧！"

（2）总结式。结尾扼要地对全篇进行总结，把演讲内容概括成言简意赅的几句话，以加深听众的印象。这种方式特别适用于时间长、内容多的演讲。如张学群发表的《假如我是人事处长》的演讲，提出了对人事制度改革的看法和设想，最后以总结式结束演讲："招才要有方，用才要有道，扶才应有法。这，就是我当了人事处长后的改革实施方案。"

（3）名言式。用被人们普遍认可和使用的名人名言或诗句结束演讲，给整个演讲的论点一个强有力的证明，进一步深化主题，并把演讲推向高潮。如有一篇幼儿园教师做的《立高尚师德，做诚信教师》演讲这样结尾："最后，允许我引用莎士比亚说过的一句话：生命短促，只有美德能将它传到遥远的后世。"

（4）抒情式。这种结尾常常是演讲者在叙述典型事例和生动事理后，油然而生的激情。以抒情方式结尾，言尽而意未尽，留有余韵，更易激起听众心中感情的浪花。如郭沫若《科学的春天》演讲结尾："春分刚刚过去，清明即将到来。'日出江花红胜火，春来江水绿如蓝。'这是革命的春天，这是人民的春天，这是科学的春天！让我们张开双臂，热烈地拥抱这科学的春天吧！"

（5）点题式。在结尾之处，以点睛之笔作进一步深化主题，加深听众对演讲的认识。于淑清在《我是军人的妻子》中的结尾："有人说，军人的妻子是世界上欢乐最少的女人，是的，军人的妻子是缺少家庭欢乐的女人。但是当我想到，因我们的分居，换来了千家万户的团聚；我们的思念，换来了双双情侣尽话柔情；我们的艰辛，换来了十亿人民的甜美……我自豪，我是军人的妻子！"这个结尾与题目做到了呼应，加深了听众对主题的印象。

（6）高潮式。在高潮中结束演讲。演讲结束时，演讲者设法最后一次拨动听众的心弦,打开听众的心扉,掀起高潮。如1941年12月8日美国总统罗斯福发表了他的《一个遗臭万年的日子》就是这种形式:"我现在断言,我们不仅要做出最大的努力来保卫我们自己,我们还将确保这种形式的背信弃义永远不会再危及我们。我这样说,相信是表达了国会和人民的意志。对敌行动已经存在。毋庸讳言,我国人民,我国领土和我国利益都处于严重危险之中。信赖我们的武装部队——依靠我国人民的坚定信心——我们将取得必然的胜利——上帝助我!我要求国会宣布:自1941年12月7日——星期日日本进行无缘无故和卑鄙怯懦的进攻时起,合众国和日本帝国之间已处于战争状态。"这种采用高潮的方式结尾,从内容上讲,要有一定的高度,因为它是全篇演讲的概括和总结,从语言角度上讲,语言的含义要一层高过一层,语言的力度要一句比一句重。

俗话说"编筐编篓,重在收口;描龙画凤,难在点睛。"演讲的结尾,可说是演讲的"收口之作""点睛之笔",其重要性与难把握性不言而喻。演讲的结尾还有共勉式、展望式、誓愿式、赞成式、象征式等不同艺术方式。

思考与练习

1. 演讲具有哪些特点?
2. 演讲常用的开头、结尾方式各有哪些?
3. 结合演讲的三个基本要素谈谈如何使演讲活动取得成功?
4. 同学们自选话题并提前准备,课堂上轮流登台进行演讲,时间在3~5分钟。

第二单元　命题演讲的训练

一、命题演讲的含义和类型

命题演讲是指事先拟定题目或演讲范围,并经过准备后所作的演讲。主持词、开幕词、学术报告、竞聘演说等都属于命题演讲。

命题演讲大致包含两种类型:一类是全命题演讲即根据主办单位或邀请单位事先确定的题目进行的演讲。这种演讲的主题和内容都有较严格的限制;另一类是半命题演讲,即主办单位只提出演讲主题,要求题目由演讲者自定。这种演讲具有一定的自我性,只要求内容符合主办单位有关主题的要求。

二、　命题演讲的基本特点

除了具备演讲的一般特征外,与其他演讲形式相比,命题演讲还具有如下特点:

(1)严谨性。命题演讲的内容是比较严肃的,演讲中用的演讲稿的写作是精心设计的,演讲的过程是周密安排好的。

(2)稳定性。命题演讲的内容多为事先准备好、反复演练过的,所以演讲受时境的限制较少,变动性也较小。

(3)针对性。命题演讲都是有特定的目的和安排,所以演讲的内容都要围绕特定的目的,要有鲜明的针对性。

三、　命题演讲的程序

命题演讲一般由构思准备、演练、演讲三个阶段构成。

≫（一）构思准备阶段

这一阶段包括构思演讲稿及精心设计现场实施。

1. 演讲稿的构思

演讲稿是演讲者在演讲前事先写出来的文稿,是供演讲时使用的主要依据。构思演讲稿需要从明确主题、选择材料、确定结构、锤炼语言四个方面进行。

(1)主题要明确单一。所谓演讲的主题,就是向听众亮明演讲者的态度和看法,即提倡什么,反对什么。它是演讲稿的灵魂和统帅。演讲是一种宣传工具,如果演讲稿的观点失去了正确性,演讲就没有了意义,弄不好还会把听众引向歧途。所以演讲的主题要揭示事物的本质规律,积极向上,有益于人们进步,有利于社会向前发展,写演讲稿时,一定要对客观事物准确把握,不可有主观随意性,要大力宣扬真善美,坚决杜绝那些颓废、消极的思想在听众中传播。同时还要注意,一次演讲的主题最好只有一个,集中说深说透为最好。主旨分散或多中心就会什么都讲了什么也没讲清楚。

(2)材料要典型新颖。在明确了自己的特定目的为实现这一目的必须确定的主题后,就要开始搜寻材料,使之为阐明主题服务。如果说主题是演讲的灵魂,那么材料就是演讲的血肉。材料是演讲者长期通过直接(亲身经历、体验的)或间接(通过书刊等传播手段)方式获得的。但演讲者在他所掌握的这些材料中,只有很少一部分适合写一篇演讲稿。因此在写作演讲稿的时候,对材料就要进行选取。选材要以主题为根据,选取最能反映事物特征、最有代表性、能有力地揭示事物的本质,对表现主题具有突出的说服力的典型材料。同时,演讲中所选材料新颖与否对表达主题关系密切。只有新颖的材料才能表现出新鲜的思想,才能吸引人。因此演讲者要勇于捕捉社会生活中层出不穷的新事实、新经验、新问题,勇于做出理论上的新概括,使整个演讲给人一种清新的感觉。

(3)结构要清晰活泼。结构对于演讲就像是骨骼对于人体、框架对于大楼一样。演讲稿的结构好坏,直接影响到演讲的质量和效果。因为演讲者是借助声音向听众传达自己的思想感情的,如果演讲的结构不够清晰,听众就会听不出头绪。因此在安排演讲稿的结构时,首先考虑的是结构一定要清晰,层次感要强,要让听众一听就能明白要讲什么、传达什么观点、解决什么问题。只有如此,演讲才能达到预期的效果。此外,在结构上,还应生动活泼,注意高潮与平缓相间,叙事说理与升华议论交叉结合,只有这样,演讲才会多姿多彩,深得人心。

(4)语言要准确精练。演讲的语言就是以演讲这种语体形式出现时所使用的语言。演讲者任何一种思想或情感的表达都是靠语言完成的,演讲的语言是演讲的生命线。演讲的语言是需要深思熟虑和反复锤炼的。演讲语言要准确明白,就是要使遣词造句能确切地表情达意,如实反映客观事物的真实面貌。同时还要注意文字的锤炼和推敲,做到精益求精一字不多一字不易。演讲时还要注意克服三个毛病:口头禅、啰嗦重复、空话套话。

2.精心设计演讲的现场实施

(1)设计演讲采取的方式。演讲方式是指演讲者在演讲中所采取的方法和形式。最为常见的演讲方式有宣读式、朗诵式、脱稿式(有稿而不照读)、问答式、表演式(带有综合性)等。演讲者要根据表达的内容和主办方的要求选择合适的演讲方式。

(2)设计演讲的时间。要把握好从演讲开始到结束所用去的时间,要设计得既不显得过于紧张使听众难以应付又不显得拖泥带水松散、冗长。

(3)设计演讲者的风度。演讲者的风度除富有激情的语言美外还包括服饰美以及体态语。服饰美的最基本要求就是得体,即服饰与人体比例协调和谐,服饰的色彩、式样、比例等均适合人体本身的尺度要求,从而把服饰与人体融为有机统一的整体;其次服饰美还要求入时,即追求服饰与人所处环境的协调和谐;第三是从俗,追求与社会生活环境民情习俗的协调和谐。体态语的设计应服从内容表达的需要,根据对象、场合的需要和情感表达的需要,服从审美的需要,做到自然、简洁明了、适度适宜、富有变化。

≫（二）演练阶段

就像文艺演出之前要进行"彩排",演练是演讲准备的重要工序。演练就是演讲者按照已设计好的程序进行预演的操练过程。它是演讲者正式登台之前所进行的最初尝试。为了追求最佳的演讲效果,必须注意把握以下演讲演练的基本环节:

(1)演练语调节奏。根据表达思想感情的需要,在吃透演讲稿内容的基础上,对演讲内容进行语音、语调的节奏的具体设计演练。如对需要强调的内容给以重音处理,对感情起伏变化进行语气、语调的标示,对特殊的表达内容的停顿、语速予以确定等。

(2)态势语设计演练。态势语是演讲的有机组成部分,它可以把下意识的动作变成有意识的动作,大大强化内容的感染力和征服力。态势语言要与思想内容相一致,动作不宜太多太滥,尤为重要的是动作要有美感。在动作设计中,主要是眼神和手势的设计,比如手势的形式、动作的方向、幅度和力度等要进行反复揣摩,从多种设计中找出最佳方案。从内容上看,态势语设计要特别注意两头:一是开头处。包括上台的走路、体态,开讲处的神态、动作,要自然、大方,眼神要正视听众,给人以可信赖、正直、诚实之感。开头的手势不能太多,动作的幅度也不要太大,否则会给人不稳重的感觉。二是结尾处。手势的幅度、力度通常要大,要有号召力,能给人留下深刻的印象。正文部分的态势语应更多地把面容、手势和声音等各种手段调动起来,使声、情、言、态协调一致,创造出理想的演讲意境。

(3)试讲演练。在精心设计的基础上,认真地熟悉演讲稿的内容。模拟正式演讲,把言、声、情、态等有机地结合起来,把内容准确生动地表达出来。试讲阶段的目标应是摆脱背诵的痕迹,进入自如讲述的层次,使演讲者提前进入"角色"。

》》(三)演讲阶段

在经过多次演练之后,最终就要登台亮相了。这是演讲最关键的一个环节。也是检验前两个环节成果的阶段。演讲者在这个阶段要亲切自然,端庄大方,给听众创造良好的第一印象。下面是需要注意的几点细节:

(1)进入演讲会场,应当雍容大方,态度谦和,不可左顾右盼、东张西望,也不要躲躲闪闪、忸怩作态,更不要装腔作势、高傲轻慢。就座后最好稳坐静思,给人以沉稳谦和的印象。

(2)走上演讲台时,要先向主持人点头致谢,而后步伐沉稳,目视前方,走上讲台。站稳后,目光迅速扫视全场,与听众作一次目光交流;然后以诚恳谦和的态度向听众敬礼;神态稍定,即可开始演讲。

(3)演讲者要站在离麦克风合适的距离处。太近,传出去的声音会失真;太远,听众会听不清楚。站立时要讲究站法,目光要扫视全场,不要只盯着一部分听众,更不能抬头看天花板或是对面墙壁,这样不利于听众交流,也是对听众的失礼。

(4)演讲完毕,要向听众敬礼:"谢谢大家!"要向主持人和主席台致意。走下台时,不要匆忙慌张,要像走上台时一样轻松自如,潇洒谦和。

思考与练习 |

1.什么是命题演讲,一般有哪些分类和特点?

2.简述命题演讲的三个环节。

3.请同学们任意选择下列题目提前准备,撰写演讲稿,然后进行演讲。

(1)我的中国梦

(2)假如我是学生会主席

(3)二十年后的我

(4)我们只有一个地球

第三单元 即兴演讲训练

即兴演讲又称即席演讲,指演讲人在事先没有准备的情况下,在特定的情境和主体的诱发下,自发或被要求立即进行的当众说话,是一种不凭文稿来表情达意的口语交际活动。它最能反映认读思维敏捷程度和语言组织表达能力。

一、 即兴演讲的特点

(1)临场发挥,针对性强。一般是对眼前或近期情况有感而发的,因此话题内容选取角度较小,说明和议论要求准、求精、求新。

(2)灵活多变,短小精悍。即兴演讲贴近生活实际,简明扼要,短小精悍,时间上一般控制在1~5分钟,有的甚至只有一句话。具有思想性、趣味性、知识性。

(3)相互制约,听说并行。即兴演讲多半是现场有感而发,灵感常常来自听众、观众席上。演讲中,必须使自己的话与现场的氛围和环境相呼应,否则会驴唇不对马嘴,导致演讲的失败。

二、 即兴演讲的要求

即兴演讲因为其"即兴"而有一定的难度,这是因为即兴演讲不容演讲者深思熟虑、字斟句酌,而能面对听众侃侃而谈,出口成章。这需要演讲者具有敏捷的思维、丰富的经验、渊博的知识、良好的心理素质和高超的临场发挥才能。从这个意义上讲,即兴演讲要做到以下几点:

(1)讲前要准备。即兴演讲并不是"无任何准备的演讲",这种准备一是预测性准备,比如参加一个活动,可以先想想自己若被指定作即兴演讲,要讲什么,怎么讲,以免到时被动。二是临场性准备。不管临场演讲开始前的时间多么短暂,即使只有两三分钟,也要利用好这个宝贵的时间,打个腹稿或者列出提纲。

(2)发言要扣题。演讲者要根据现场形势、主要议题等,从自己感受最深的方面出发,充分调动起头脑中储存的信息,据此提出一个紧扣实质、揭示要害的主题。

(3)角度要新颖。即兴演讲要有见地、别出一格,使演讲具有较强的感染力。在内容上,力求创新,立论要深入浅出,以小见大,以点带面,从现象究本质,善于启迪听众心灵。

(4)语言要精练。"话不贵多而贵精"。即兴演讲表达一定要精确、简练。对于渲染主题有用的话就说,与主题无关的话就坚决不说。同时,讲话要有政策观念和法律依据,不能不负责任地信口开河。

（5）举例要及时。在即兴演讲中，及时举例除了能论证和说明演讲者的观点外，还可以吸引听众的注意力，帮助演讲者消除紧张情绪，使演讲渐入佳境。

三、 即兴演讲的技巧

即兴演讲同命题演讲一样，一般也有开头、主体和结尾三部分。但在即兴演讲中，又不拘泥于某种固定的结构，具有很大的灵活性，大致有以下几种常见的方式。

1. "一句话演讲"法

就是用一句话简明扼要地表明一个观点，抓住精髓，巧作对比，一语中的。北伐时，国民革命军总司令部在广州邀请瞿秋白作报告。与会者对瞿秋白先生的名气早有耳闻，都认为机会难得，纷纷做好记录准备。不料瞿秋白登上讲坛，只讲了一句话："宣传关键是一个'要'字，鲁智深三拳打死镇关西，拳拳打在要害上。"当瞿秋白走下讲台时，全场愕然，寂静了几秒种后，全场爆发出雷鸣般的掌声。一句话，26个字，可谓字字珠玑，掷地有声。

我国著名新闻记者、政治家、出版家邹韬奋先生于1936年10月19日在上海各界公祭鲁迅先生大会上发表了这样的一句话演讲："今天天色不早，我愿用一句话来纪念先生：许多人是不战而屈，鲁迅先生是战而不屈。""不战而屈"和"战而不屈"，四个字的不同组合，巧妙地形成了鲜明的对比，使卑微者更渺小，使高尚者更伟大，尽管只是一句话，却激发了人们奋起抗争的勇气，鼓舞人们以鲁迅先生为榜样，挺身而出，战斗不止。

2. 模式构思法

许多有经验的即兴演讲者会以一个基本模式框架作为快速构思的依据。常见的这种模式框架有以下几种：一是"三么"构思模式：演讲前，快速思考三个最基本的问题，即"是什么""为什么""怎么办"；二是"三部曲"式构思模式：开头紧扣现场、中间主体谈看法、结尾提出希望；三是"三点式"构思模式：第一点归纳前面所有讲话人的要点，第二点提取前面讲话人的特点，第三点，捕捉前面讲话人的闪光点。运用时，一般总结性即兴演讲可综合运用"三点"，中场性即兴演讲，可选用其中某一点（如特点、闪光点）。

3. 借题发挥法

在多人参加演讲的场合，从他人演讲中挖掘话题也是即景式发言的一种方法。例如，有位同学在一次演讲比赛中这样开场："刚才前面的同学讲了'民族的自尊自信'，生动、形象、深刻，深深地震撼着每一个人的心，作为他的竞争者，我也由衷地为他鼓掌了。是的，没有了民族的自尊自信就没有了人格国格，但仅有民族的自尊自信还不够，作为当代大学生，我们更应自立自强完成祖国和时代赋予我们的使命，我演讲的题目是《当代青年要自立、自强》。"

4.话题承接法

话题承接法又称顺水推舟法,它常常是承接前一个人讲话中的某一观点、某一话题,引申发挥,提出自己的新见解,常能达到构思快、收效好的结果。1938 年,陈毅率领新四军在浙江开化县休整,当地的抗日组织召开欢迎大会,邀请陈毅上台演讲。刚开始,主持人做介绍称陈毅为将军。陈毅登上讲坛,接过话头大声说:"我叫陈毅,耳东陈,毅力的毅,刚才司仪先生称我为将军,实在不敢当,我现在还不是将军。当然,叫我将军也可以。我是受全国老百姓的委托,去'将'日本鬼子的'军',这一'将'直到把他们'将'死为止"陈毅这段开场白,从对自己的称呼说起,又顺借"将军"的另一含义巧妙发挥,自然、幽默、睿智,且非常有气势,真可谓巧妙!

5.片言居要法

片言居要法又称提纲挈领法,就是先开门见山地提出自己的主张或见解,然后以此为发端,用一组句群进行讲述。可以选取一两句警句或俗语、成语等,然后适当作几句阐发,从为什么(列举理由)、怎么做(指出门径)、找例证(论据实证)、作归纳(回应论点)等几个方面演说。例如,一位自学成才的青年在某次经验交流会上作即兴演讲,一开头便说:"爱因斯坦有句名言:'热爱是最好的老师'。如果说我在书法上取得了一点成绩的话,这主要是我对中国这门古老艺术的如痴如醉的热爱。正是'热爱'这位很好的老师,教我九年如一日,不避寒暑、不知劳累,始终紧握着这支毛笔。"接着,他讲了几件苦练书法的实例,情节非常感人,发言获得了热烈的掌声。

6.幽默诙谐法

幽默是美好生活的调味剂,它不仅会使我们的谈话更加有趣,还会使我们的心态更加豁达。在演讲中能够熟练的运用幽默技巧,不仅是自己演讲技巧十分成熟的表现,更能给本人和听众双方都留下愉快美好的回忆。台湾著名艺人凌峰在一次电视台春节联欢晚会上发表了一段精彩的即兴演讲,其中幽默的自我介绍堪称经典:在下凌峰……这两年,我们大江南北走了一道,男观众对我的印象特别好,因为他们见到我有点优越感,本人这个样子对他们没有构成威胁,他们很放心,(大笑)他们认为本人长得很中国,(笑声)中国五千年的沧桑和苦难都写在我的脸上了。(笑声、掌声)一般说来,女观众对我的印象不太良好;有的女观众对我的长相已经到了忍无可忍的地步。(笑声)她们认为我是人比黄花瘦,脸比煤球黑。(笑声)但是我要特别声明,这不是本人的过错,实在是父母的错误,当初并没有征得我的同意就把我生成这个样子。(笑声、掌声)但是,时代在变,潮流在变,现在的男人基本上可以分为三种:第一种,你看上去很漂亮,看久了也就那么一回事,这一种就像我的好朋友刘文正这种;第二种你看上去很难看,看久了以后是越看越难看,这种就像我的好朋友陈佩斯这种;(笑声)第三种,你看上去很难看,看久了以后你会发现,他有另一种男人的味道,这种就是在下这种了。(笑声、掌声)鼓掌的都表示同意了! 鼓掌的都是一些长得和我差不多的,(笑声)真是物以类聚啊! (笑声、掌声)

思考与练习

1. 什么是即兴演讲,一般有哪些特点和要求?
2. 即兴演讲有哪些技巧?
3. 分别用下面的一组词语连缀成一席即兴演讲,每题控制在两分钟以内。
A. 失败 气馁 危险
B. 草 树 生活方式
C. 动力 毅力 能力
4. 请分别以"珍惜时间""奉献青春""和平万岁"为主题,进行即兴演讲。

优秀演讲稿赏析

为了我们的父亲

沈 萍

同学们,你们见过青年画家罗中立的油画《我的父亲》吗?如果见过,还记得这位动人的中国老年农民的形象吗?让我们再看一看这幅画,再看一看我们的父亲吧!这是一张忠厚善良、朴实慈祥的老年人的脸,在那一道道深深的皱纹中,仿佛隐藏了一生的艰辛,眼睛有些昏花,但却安详,没有悲哀和怨恨,有的却是无限的欣慰和期望。你看,他这双勤劳的大手,青筋罗布,骨节隆起,虽然粗糙得像干枯的树皮,却很有力量。他把自己一生的精力和满腔心血都交付给了我们祖祖辈辈劳作生息的土地,交付给了正在成长发育的儿女子孙。他已经到了安度余生的晚年,却仍然头顶烈日,在田里耕作,用他仅有的精力,换来背后满场金谷,他勤苦一生,创造了生活的一切,编织着美好的未来。

面对这样一位父亲,怜悯、同情、崇敬、热爱、万般思绪,一下子在我心头翻滚起来。特别是父亲那双欣慰、期望的眼睛,深深地印在我的心上。他为什么在历尽人间忧患之后,却感到无限的欣慰呢?在为时不多的晚年,他还热烈期待着什么呢?

在去年夏天的一个中午,我去书店,那天天气非常热,我身上穿着清凉的夏装,走在林荫路上。这时,我忽然看见,马路上一位老人推着一车钢筋,正在艰难地行走着。重载使老人不得不把自己的腰深深弯下,太阳烤着老人紫红色的脊背。老人的脸上、背上淌着汗水,在他面前,路是上坡,老人咬紧牙,非常吃力地推着车。我赶忙跑过去,帮着老人把车子推上坡,老人抹了把汗水,喘息着向我道谢。当他看到我胸前佩戴的校徽时,眼睛一亮,露出了赞许、期望的目光。他满脸笑容,欣慰地说:"孩子,好好念吧! 我也有一个孩子,和你一样上学。"看着满车的钢筋、老人弯曲的脊梁、满脸的汗水和欣慰的笑容,听着老人这亲切的嘱咐,我的眼泪一下子涌了出来。

此刻,他的孩子也许正在舒适的宿舍里午休,也许正在清凉的大学教室里学习,这是为什么呢? 我想答案就在父亲那欣慰的笑容和期待的目光里。他的期望就是让我们接受高等教育,就是让我们用现代科学知识武装起来,走出一条与他完全不同的崭新的生活道路。这是老一辈的希望,不也正是祖国和人民的希望吗?

大家知道,在我们国家里,培养一个大学生需要五个农民一年的劳动。可是,当我们戴上校徽的时候,当我们领取人民助学金的时候,有谁想到了我们的父亲,又有谁想到了工人、农民? 想想吧。

同学们! 发奋学习是人民对我们的期望,也是时代赋予我们的光荣使命,更是我们每个大学生的职责。

同学们,我们应该牢记父辈的欣慰笑容和期待的目光,当我们埋怨祖国贫穷和落后、羡慕舒适安逸的生活时,当我们为了个人的得失和苦恼迷失方向和道路时,父辈期望的目光将像皮鞭一样,狠狠地鞭挞我们的无知和糊涂、懒惰和轻浮、私欲的污染和灵魂的癌变,让我们在鞭挞中立志,在鞭挞中不懈地追求和勇敢地攀登吧! 父亲欣慰的笑容和期望的目光,应该像光芒四射的明灯,永远照耀在我们的心头。在它的照耀下,我们不仅会看到前进的道路和方向,更能看到自己的使命与责任,在它的照耀下,我们更加清楚地看到自己像父亲那样做事业的战士和开拓者。

革命先烈李大钊说:"无限的'过去'都以'现在'为归宿,无限的'未来'都以'现在'为渊源,'过去'、'未来'的中国全仗有现在。"这话说得多好啊! 革命先烈和我们的父辈英勇奋斗,苦而无怨,为的是我们下一代。我们是承前启后的一代,我们是继往开来的一代。革命先烈和我们的父辈用筋骨和鲜血凝成的精神财富,要在我们这一代人身上化作永不枯竭的前进的力量。

好好学习吧,同学们!

为了祖国,

为了人民,

为了我们的父亲。

评析:《为了我们的父亲》曾获大学生演讲比赛一等奖。本文立意高远,角度新颖;内容深刻,分析透彻;感情真挚,以情动人;语言凝练,富有文采,有散文诗一般的音乐美。

记 忆

李培根

亲爱的 2010 届毕业生同学们：

你们好！

首先，为你们完成学业并即将踏上新的征途送上最美好的祝愿。

同学们，在华中科技大学的这几年里，你们一定有很多珍贵的记忆！

你们真幸运，国家的盛世如此集中相伴在你们大学的记忆中。2008 年奥运留下的记忆，不仅是金牌数的第一，不仅是开幕式的华丽，更是中华文化的魅力和民族向心力的显示；六十年大庆留下的记忆，不仅是领袖的挥手，不仅是自主研制的先进武器，不仅是女兵的微笑，不仅是队伍的威武整齐，更是改革开放的历史和旗帜的威力；世博会留下的记忆，不仅是世博之夜水火相容的神奇，不仅是中国馆的宏伟，不仅是异国场馆的浪漫，更是中华的崛起，世界的惊异；你们一定记得某国总统的傲慢与无礼，你也让他记忆了你们的不屑与蔑视；同学们，伴随着你们大学记忆的一定还有什锦八宝饭；还有一个 G2 的新词，它将永远成为世界新的记忆。

近几年，国家频发的灾难一定给你们留下深刻的记忆。汶川的颤抖，没能抖落中国人民的坚强与刚毅；玉树的摇动，没能撼动汉藏人民的齐心与合力。留给你们记忆的不仅是大悲的哭泣，更是大爱的洗礼；西南的干旱或许使你们一样感受渴与饥，留给你们记忆的，不仅是大地的喘息，更是自然需要和谐、发展需要科学的道理。

在华中大的这几年，你们会留下一生中特殊的记忆。你一定记得刚进大学的那几分稚气，父母亲人送你报到时的情景历历；你或许记得"考前突击而带着忐忑不安的心情走向考场时的悲壮"，你也会记得取得好成绩时的欣喜；你或许记得这所并无悠久历史的学校不断追求卓越的故事；你或许记得裘法祖院士所代表的同济传奇以及大师离去时同济校园中弥漫的悲痛与凝重气息；你或许记得人文素质讲堂的拥挤，也记得在社团中的奔放与随意；你一定记得骑车登上"绝望坡"的喘息与快意；你也许记得青年园中令你陶醉的发香和桂香，眼睛湖畔令你流连忘返的圣洁或妖娆；你或许"记得向喜欢的女孩表白被拒时内心的煎熬"，也一定记得那初吻时的如醉如痴。可是，你是否还记得强磁场和光电国家实验室的建立？是否记得创新研究院和启明学院的耸起？是否记得为你们领航的党旗？是否记得人文讲坛上精神矍铄的先生叔子？是否记得倾听你们诉说的在线的"张妈妈"？是否记得告诉你们捡起路上树枝的刘玉老师？是否记得应立新老师为你们修改过的简历，但愿它能成为你们进入职场的最初记忆。同学们，华中大校园里，太多的人和事需要你们记忆。

请相信我，日后你们或许会改变今天的某些记忆。瑜园的梧桐，年年飞絮成"雨"，今天或许让你觉得如淫雨霏霏，使你心情烦躁、郁闷。日后，你会觉得如果没有梧桐之"雨"，瑜园将缺少滋润，若没有梧桐的遮盖，华中大似乎缺少前辈的庇荫，更少了历史的沉积。你们一定还记得，学校的排名下降使你们生气，未来或许你会觉得"不为排名所累"更体现华中大的自信与定力。

我知道，你们还有一些特别的记忆。你们一定记住了"俯卧撑""躲猫猫""喝开水"，从热闹和愚蠢中，你们记忆了正义；你们记住了"打酱油"和"妈妈喊你回家吃饭"，从麻木和好笑中，你们记忆了责任和良知；你们一定记住了姐的狂放，哥的犀利。未来有一天，或许当年的记忆会让你们问自己，曾经是姐的娱乐，还是哥的寂寞？

亲爱的同学们，你们在华中科技大学的几年给我留下了永恒的记忆。我记得你们为烈士寻亲千里，记得你们在公德长征路上的经历；我记得你们在各种社团的骄人成绩；我记得你们时而感到"无语"时而表现的焦虑，记得你们为中国的"常青藤"学校中无华中大一席而灰心丧气；我记得某些同学为"学位门"、为光谷同济医院的选址而愤激；我记得你们刚刚对我的呼喊："根叔，你为我们做成了什么？"——是啊，我也得时时拷问自己的良心，到底为你们做了什么？还能为华中大学子做什么？

我记得，你们都是小青年。我记得"吉丫头"，那么平凡，却格外美丽；我记得你们中间的胡政在国际权威期刊上发表多篇高水平论文，创造了本科生参与研究的奇迹；我记得"校歌男"，记得"选修课王子"，同样是可爱的孩子。我记得沉迷于网络游戏甚至频临退学的学生与我聊天时目光中透出的茫然与无助，他们还是华中大的孩子，他们更成为我心中抹不去的记忆。

我记得你们的自行车和热水瓶常常被偷，记得你们为抢占座位而付出的艰辛；记得你们在寒冷的冬天手脚冰凉，记得你们在炎热的夏季彻夜难眠；记得食堂常常让你们生气，我当然更记得自己说过的话："我们绝不赚学生一分钱"，也记得你们对此言并不满意；但愿华中大尤其要有关于校园丑陋的记忆。只要我们共同记忆那些丑陋，总有一天，我们能将丑陋转化成美丽。

同学们，你们中的大多数人，即将背上你们的行李，甚至远离。请记住，最好不要再让你们的父母为你们送行。"面对岁月的侵蚀，你们的烦恼可能会越来越多，考虑的问题也可能会越来越现实，角色的转换可能会让你们感觉到有些措手不及。"也许你会选择"胶囊公寓"，或者不得不蜗居，成为蚁族之一员。没关系，成功更容易光顾磨难和艰辛，正如只有经过泥泞的道路才会留下脚印。请记住，未来你们大概不再有批评上级的随意，同事之间大概也不会有如同学之间简单的关系；请记住，别太多地抱怨，成功永远不属于整天抱怨的人，抱怨也无济于事；请记住，别沉迷于世界的虚拟，还得回到社会的现实；请记住，"敢于竞争，善于转化"，这是华中大的精神风貌，也许是你们未来成功的真谛；请记住，华中大，你的母校。

"什么是母校？就是那个你一天骂他八遍却不许别人骂的地方"。多么朴实精辟！

　　亲爱的同学们，也许你们难以有那么多的记忆。如果问你们关于一个字的记忆，那一定是"被"。我知道，你们不喜欢"被就业""被坚强"，那就挺直你们的脊梁，挺起你们的胸膛，自己去就业，坚强而勇敢地到社会中去闯荡。

　　亲爱的同学们，也许你们难以有那么多的记忆，也许你们很快就会忘记根叔的唠叨与琐细。尽管你们不喜欢"被"，根叔还是想强加给你们一个"被"：你们的未来"被"华中大记忆！

　　评析：华中科技大学举办本科生毕业典礼，校长李培根院士的演说16分钟演讲被掌声打断30次，全场7 700余名学子起立高喊"根叔！"很多人泪洒现场。一次"毕业讲话"，何以引起如此巨大反响？应该归功于该演讲没有套话、空话、假话、大话；不掩饰，不做作，不哗众取宠；贴近生活，充满了真诚和热情。所以才能在听众心里留下穿透人心的力量。

第四部分
辩论　谈判

学习目标 ···

1. 理解辩论的概念、特征及其重要性。
2. 掌握辩论技巧，辩论时才思敏捷，说理有方，具有较强的鼓动性。
3. 灵活运用谈判技巧，谈判时思维缜密、应变迅速。

　　辩论，总是与某些经典的典故连在一起：白马非马、濠梁之辩、两小儿辩日、南橘北枳、煮熟的鸡蛋孵小鸡、半费之讼等。辩论，总是与很多人物连在一起：中国古代的十大辩士，古希腊、古罗马的哲学家，国际大专辩论赛的最佳辩手们等。辩论，总是与一些言语连在一起：《韩诗外传》提醒君子要小心躲避三种锋利的东西——武士的锋端、文士的笔端和辩士的舌端。东汉王充说，天下有四种毒物，辩士是其中的剧毒。辩论，既活在历史长河、经典书籍里，又活在当今社会、世界各国中；它作为人类语言交际中最高级的形式，在哲学里存在，在逻辑学里存在，在文学里存在，在商务谈判里存在，在各个领域存在；它表现为毒辣、高深、晦涩、巧妙；通过它，可以救人、可以杀人，可以赢利、可以破产，可以施教、可以蛊惑，可见善良、可见邪恶。总之，它变化多端，华丽多彩，让人着迷。辩论无时无刻不在人们的身边，但不是所有的人都辩舌生花；那思辩之花也只开在知它、懂它、爱它、护它，有德、有才的人身边。

　　谈判，不管人们是否意识到它的存在，都在无时无刻地进行着。国际间的谈判，公司、社团之间的谈判，家人或同事之间的日常琐事协商等，只要需要人际沟通的地方，都有谈判的影子。谈判能力成为越来越多的人需要掌握的能力，它属于情商的范畴。

第一单元 辩论

一、 辩论的概念和特征

辩论,就是彼此用一定的理由来说明自己对事物或问题的见解,揭露对方的矛盾,以便最后得到正确的认识或共同的意见。

辩论有以下几个方面的特征:

≫(一)广泛性

辩论在当今社会无处不在,小到人与人的交流沟通,大到社会各界的交涉谈判。可以说,辩论技巧是文明社会生存和发展的一项有效武器。远在原始社会,人们靠的是武力称雄;近在文明社会,人们靠的是论辩得利。

≫(二)对立性

辩论的对立性体现在立场的不同和观点的冲突。辩论双方立场的对立导致观点的不同,这种精神层面的矛盾就成为双方对立论争的焦点。同时,双方在语言上直接交锋、唇枪舌剑,既要保住自己的立场,又要批驳对方的观点。

≫(三)逻辑性

逻辑严密是辩论的生命所在。古今中外的论辩辞无不闪耀着逻辑严密的光彩。辩论时,概念要准确、判断要合理、推理要严密、结论要成立,这些无一超出逻辑学的范围。尤其在反驳对方时,一针见血地指出对方逻辑上的漏洞是最厉害的手段。所以,逻辑推理能力的高下直接影响到辩论双方的成败。

≫(四)技巧性

辩论者只占有真理并不保证取胜,因为辩论中既要捍卫自己的观点,又要批驳对方的观点,这都需要讲究方式方法、熟练运用辩论技巧,只有从进攻、防守两方面设计辩论方案,做到能攻善守,如此辩德、辩才全备,方能取胜。

二、 辩论的种类和作用

辩论一般可分为日常辩论、辩论赛、论文答辩、决策辩论、法庭辩论和外交辩论等。墨子在《墨子·小取》篇里对"辩"的作用作了概括:"夫辩者,将以明是非之分,审治乱之纪,明同异之处,察明实之理。处利害,决嫌疑。"可见,辩论有助于明辨是非,探求规律,判断同异,解决争端,开发智力,增进沟通。

三、　辩论的技巧及训练

辩论者想要在辩论中取胜,需要具备两方面的条件:一是占有真理,二是掌握技巧。一般来说,辩论者如能做到紧扣命题、巧用技巧、保持风度,在辩论中获胜的几率就很大。

≫（一）辩论技巧

一般来说,辩论技巧表现为:立论精准,反驳有力、辩护得法且二者相得益彰,接对利落,发问迅猛。也就是说,辩者在辩论之初,可以选用归纳论证、演绎论证或类比论证等方法,论述己方的观点;在辩论过程中,通过反驳对方命题、论据或论证等方法主动进攻对方;遭遇对方的进攻时,通过摆事实、讲道理等方法为己方进行有效辩护;遇到对方的逼问时要迅速应接,并且善于向对方发问,迫其无力招架。以辩论赛为例,辩者在辩论的准备阶段,可以从进攻和防守两方面运用技巧设计辩论方案。这里介绍几种常用的技巧。

1. 概念界定

概念界定,即在立论时,对辩题概念的名实关系进行准确的界定。这是双方辩论成败的关键。这一技巧的要点是:概念解释要准确,语言表达要精要,列举事例要贴切。概念界定体现在立论时能夯实地基,驳论时能加固地基。例如,在 1986 年第一届亚洲大专辩论会上,北京大学队（正方）与澳门东亚大学队（反方）就"贸易保护主义可以抑制"这一辩题进行辩论。当时双方都很重视概念界定,在立论时都对"贸易保护主义"的概念进行界定,妙的是,北京大学队（正方）在论辩过程中不断地对"贸易保护主义"这一概念进行引申,既力证己方观点,又反攻对方的漏洞,抢占了辩论先机。精彩辩论如下:

正方一辩:

……我们认为贸易保护主义是可以被抑制的,一切悲观和失望的观点是完全没有必要的。这里我们理解保护主义主要是指西方发达国家政府,为了保护国内产业而采取的限制进口的措施或意向。我们所说的可以抑制,不是说在一个早上保护主义就会烟消云散,也不是说保护主义今后不再出现,而是说经过各国的共同努力,我们可以抑制它的发展势头,使它不至于继续恶化。这是因为:……

正方一辩:

对方的同学,你们刚才给贸易保护主义下了个定义;可是我们认为贸易保护主义是一种思潮。让我给贸易保护主义下个定义吧！贸易保护主义就是为了保护国家的经济利益而实行的贸易限制的一种思潮,请记着,是进行贸易限制的一种思潮;而且为了达到这个目的而采取的政策,包括了关税壁垒和配合制度等。我们今天要谈的是一种贸易保护主义,而我方认为,贸易保护主义是不可以抑制的,理由有以下三点……

正方二辩:

我想提醒对方注意,你们在概念上犯了一个小小的错误,你们把贸易保护主义说成发达国家与发展中国家都具备这种保护主义,实际上发达国家与发展中国家的保护主义是不同的。……

2.偷换概念

偷换概念,就是选用一个与原命题有直接必然联系的概念代替原命题,以达到扰乱视听的目的。例如,在1993年第一届国际大专辩论会上,正方辩题为"人性本善",反方辩题为"人性本恶"。这个在思想界争论了几千年的论题,一直是各执己见。所以,反方复旦大学队在立论时绕开"人性本恶论",而是以"教化向善论"代之立论,与正方"人性本善论"展开辩论,从而扩大了己方辩论的空间。精彩辩论如下:

正方一辩提出人性本善论。

反方一辩:

……我方立场是:人性本恶。第一,……。第二,……。第三,虽然人性本恶,但是我们这个世界并没有在人欲横流中毁灭掉,这是因为人有理性。人性可以通过后天教化加以改造。当人的自然倾向无限向外扩张的时候,如果社会属性按照同一方面推波助澜,那么人性就会更加堕落;相反,如果我们整个社会倡导扬善避恶,那么人性就有可能向善的方向发展,这一点也不正说明了儒家思想所倡导的修齐、治平、内圣、外王是何等重要吗? 对方辩友,如果真的是人性本善的话,那么孔老夫子何必还诲人不倦呢? ……。

3.一击致命

一击致命,即说话做事抓住主要环节,命中要害。这一方法可以避免辩手对细枝末节的争论不休或滔滔不绝却离题万里。这一技巧的要点是:辩手从对方的陈词中,迅速找到其立论中的要害问题,然后紧抓这一问题,一攻到底,从而彻底击败对方。例如"丰衣足食是知荣辱的必要条件"这一辩题的要害是"在衣食不足的情况下,是否能知荣辱?"辩手若能紧抓这个要害问题不放,必能给对方以致命的打击。

4.借力打力

借力打力并不含有主动出击的意思,而只是以反作用力使进攻者受挫。此法运用于辩论反攻时的机智对接。例如,在1995年第二届国际大专辩论会上,南京大学队(正方)与辅仁大学队(反方)在关于"知难行易"的辩论中,反方以"知法容易守法难"为例子,以此论证"知易行难";正方机智接下"杀人"这一话题,将"知法容易"转为"知法不易",四两拨千斤,有力地反击了对方。精彩辩论如下:

反方四辩:

我们要请教对方辩友,今天基本上任何一个中国人或者任何一个种族的人都知道杀人者死,或者都知道杀人是不对的概念。知是如此容易,那么为什么还是有那么多人无法克制自己内心的欲望而去杀人呢?(掌声)所以说"行难"啊!

正方三辩:

对啊,那些人正是因为上了刑场死到临头,才知道法律的威力,法律的尊严,可谓"知难"啊,对方辩友!(掌声)

5. 调虎离山

调虎离山,设法使老虎离开原来的山头。比喻用计使对方离开原来的地方,以便乘机行事。此招运用到辩论中,可以化解辩论双方的胶着状态。当对方死守阵地、不为我方的进攻所动时,我方不必强攻,可用迂回之术,从双方的对峙中抽身,找一个并不重要的问题重新发问,诱使对方离开阵地,解决胶着状态;若对方出错,则更能打击对方。例如在 1993 年第一届国际大专辩论会上,悉尼大学队(正方)和复旦大学队(反方)就"艾滋病是医学问题,不是社会问题"这一辩题进行辩论,当时悉尼大学队力证并坚持"艾滋病是由 HIV 病毒引起的,只能是医学问题"这一观点,复旦大学队强攻不下,双方处于胶着状态。后来,复旦大学队采取了"调虎离山"之计,诱使对方离开阵地,打开了辩论的缺口,抢占先机。精彩辩论如下:

反方二辩:

我倒想请对方辩友回答我一个很简单的问题:今年世界艾滋病日的口号是什么?(对方辩手面面相觑。)

正方一辩:

今年的口号是"更要加强预防",怎么预防呢?要用医学的方法去预防啊。

反方二辩:

错了!今年的口号是"时不我待",对方辩友连这个基本的问题都不知道,怪不得谈起艾滋病问题来还是不紧不慢的。(掌声、笑声)

6. 假言归谬

假言归谬,即辩手在应接对方的进攻时,先假设对方观点是正确的,然后顺着对方的逻辑推理,并在推理的过程中增加有利于我方的条件,由此推出新的结论,从而否定对方观点的成立。例如,在"愚公应该移山还是应该搬家"的论辩中,反方另辟蹊径,论证有理有据,气势很足。正方避其锋芒,先假设"搬家不失为一种解决问题的好办法",然后增加"愚公所处的地方连门都难出去"这一条件,进而推出"家又怎么搬"的反问,最后得出"先移山,后搬家"的结论。精彩辩论如下:

反方:

……我们要请教对方辩友,愚公搬家解决了困难,保护了资源,节省了人力、财力,这究竟有什么不应该?

正方:

愚公搬家不失为一种解决问题的好办法,可愚公所处的地方连门都难出去,家又怎么搬?……可见,搬家姑且可以考虑,也得在移完山之后再搬呀!

7. 类比归谬

类比归谬,即辩手在应接对方的进攻时,紧抓对方错误观点不放,援引相同或相近的事物,模仿对方的推论方式进行类比推论,从而批驳对方观点。例如在1995年第二届国际大专辩论会上,南京大学队(正方)与辅仁大学队(反方)在关于"知难行易"的辩论中,反方以"孙行者为什么不叫孙知者"为驳难,在气势上占了上风。此时正方敏锐地发现了反方观点的片面性,果断地从"孙大圣又叫孙悟空"着手,以"走就是行"类推出"悟就是知",以此反驳对方以孙大圣名字为引证的做法实不可取。精彩辩论如下:

反方:

古人说"蜀道之难,难于上青天",是说蜀道难走,"走"就是"行"嘛!要是行不难,孙行者为什么不叫孙知者?

正方:

孙大圣的小名是叫孙行者,可对方辩友知不知道,他的法名叫孙悟空,"悟"是不是"知"?

8. 一语多解

一语多解,即在论辩中,对某一句话的意思作别出心裁的讲解或故意曲解,以此驳倒对方,扭转局势或抢占先机。例如俄国大诗人普希金年轻的时候,有一次在彼得堡参加一个公爵的家庭舞会。他邀请一位小姐跳舞,但这位小姐傲慢地说:"我不能和小孩子一起跳舞!"普希金灵机一动,微笑着说:"对不起,我亲爱的小姐,我不知道你正怀着孩子。"说完,他很有礼貌地鞠了一躬,悠然离去。那位小姐自取其辱,无言以对,满脸通红。

9. 以牙还牙

以牙还牙,用牙咬来对付牙咬,比喻针锋相对地进行回击。在论辩中,当对方观点出现错误时,辩者可以用以牙还牙的方法,以其人之道还治其人之身。例如:安徒生很俭朴,有一次他戴着一个破旧的帽子在街上走。有个游手好闲的人嘲笑他:"你脑袋上的那个东西是什么玩意儿?能算是帽子吗?"安徒生应声反问:"你帽子下的那个东西是什么玩意儿?能算是脑袋吗?"

≫(二)辩论训练

一个人的辩论能力来自于长期不间断的训练。这些训练主要包括以下三个方面:

1. 经久累月的记忆训练

辩论是说的能力,说的好坏多寡取决于腹内有无诗书。所以,辩论的论据来自平时的有意收集和记忆,小到街头巷尾的笑谈阔论,大到古今中外的经典辩论辞,专业到久盛不衰的国际大学群英辩论会,这些都是辩论最基本的知识积累。

2. 口语表达能力训练

辩论是有声活动，靠的是声情并茂，以声音打动人、以气势控制人、以真情感染人。有声有情有气场，方能在辩论中夺得先机。而这一目标的实现，靠的是坚持不懈地口语表达能力训练，比如每天在众人面前发表自己的见解，参加各种公开的演讲比赛，故意制造与人争辩的机会、模仿国际大学群英辩论会辩手的辩论等。每时每刻都在训练自己的语言表达能力，这是一个辩者的最佳训练境界。

3. 逻辑思维能力训练

辩学也即逻辑学，辩论重在逻辑构建。逻辑思维能力的重要性在辩论中体现的最为明显。辩者想要提高逻辑思维能力，重在学习专业的逻辑学知识，做逻辑学的试题，时刻培养用概念、判断进行推论的能力，久而久之，思辨之花将会开在努力进取的辩者身边。

知识链接 ┃

国际大学群英辩论会简介

国际大学群英辩论会的前身是国际大专辩论赛，是华语辩论的最高赛事之一。本项赛事于 1993 年首创，两年一届，至今已成功举办了十届。2007 年更名为国际大学群英辩论会，并于 2011 年永久落户青岛。本项赛事通过中央电视台和新加坡新传媒的电视转播，影响力日益增大，并逐渐成为华语辩论的最高舞台。来自全球范围内各大院校的辩手在这一舞台上各显神通，大力推广和发扬了辩论艺术和中文文化。历届以来，大赛赛制也在不断创新，令比赛更具有观赏性和竞争性。比赛中辩手精彩的辩词、理论功底以及临场应变和团队配合往往成为人们念念不忘的经典。

随着一届届大赛的进行，比赛的规则和赛制也在发生着改变。从 93 年到 05 年的"四人制"变为 07 年之后的"三人制"，从早期主要以 3 分钟的陈述为主变为后来加入了更多短兵相接的环节。除此，还增加了评委提问、大众评审团投票等环节。这些改变令比赛更具有观赏性和挑战性，也更加考验辩手的随即应变和临场反应能力。思维的激烈碰撞，语言的闪电摩擦，无一不辐射出辩论的灵魂与魅力，将"国辩"继续推向下一个高潮。

（国际大学群英辩论会简介. http：//shaoer. cntv. cn/2011b/01/）

2011 国际大学群英辩论会章程

2011 国际大学群英辩论会将于 2011 年 10 月 14 日至 23 日在中国青岛举行。届时，将有来自世界各地 16 所著名大学的辩论代表队参赛。与往届相比，本届辩论会的赛制和规则都做了大幅度的创新,旨在使本届辩论赛能够顺应当今电视节目的发展潮流,更加具有短兵相接、赏心悦目的效果,能够催生出"明星辩手"。希望各队认真阅读章程,熟练掌握,并在实战中准确无误地加以应用。

一、赛制

1. 凡受邀请的每所大学将组成 1 支辩论队参赛,辩论队由 1 名领队(或教练)和 3 名辩手组成。

2. 所有参赛辩手必须是所在学校的在读本科生或硕士研究生。母语组的 3 位辩手中至少有 1 位是本地出生,此处"本地"指的是辩论队所代表的国家或地区;最多可有 1 名中国大陆地区留学生。非母语组的所有参赛辩手必须是非亚裔。上述规定是为了保证比赛公平和电视表现效果。

3. 每支辩论队只参加 1 场辩论赛,辩论题目、参与场次与所持正或反方立场皆由抽签决定。

4. 每场辩论赛对垒的 2 支辩论队之间不评出胜负,只从 6 位辩手中间产生 1 名"本场最佳辩手"。

5. 每场比赛设主持人 1 人,掌控辩论进程。

6. 每场比赛设评委 10 人,担负评判的责任。

7. 每场比赛设首席评委 1 人,聘请余秋雨教授担任。

二、程序和规则

1. 开门见山

(1)阐述己方立场和观点,反驳对方立场和观点。

(2)场上 6 位辩手均须发言,每人发言时间 30 秒。

(3)发言次序为:正方 1 辩,反方 1 辩,正方 2 辩,反方 2 辩,正方 3 辩,反方 3 辩。

2. 角色争锋

(1)本环节每位辩手须为自己假设一个角色身份,所有发言必须符合发言者事先设定的角色身份,否则将影响成绩;发言要有利于强化本方立场。

(2)主持人依次宣布每位辩手已预先假设的角色身份,并放置桌牌予以明示。

(3)首先由正方 1 辩发言,用时 2 分钟;然后反方 3 位辩手进行辩驳,累计用时 1 分钟。之后由反方 1 辩发言,正方 3 位辩手进行辩驳,规则同上。以此类推。

3. 优胜时刻

(1)10 位评委对正方的 3 位辩手和反方的 3 位辩手分别进行投票,以简单多数的方式各选出 2 位优胜辩手晋级。

(2)如果出现票数相等的情况,将由现场观众通过简单多数的表决方式决定晋级者。

(3)在投票过程中,将请 1~2 名评委进行简短的评述。

4. 针锋相对

(1)正反双方 4 位辩手之间进行"自由辩论",发言从正方开始,双方交替进行。

(2)各方累计发言限时 2 分钟。

5. 超级辩论

(1)本环节由 1 名特邀诘问嘉宾首先向正方 2 位辩手依次进行诘问,诘问主要针对反方自由辩论过程中的偏差和疏漏。

(2)每位辩手回答时间累计 1 分钟,评委则不计时。

(3)特邀诘问嘉宾再向反方 2 位辩手依次进行提问,诘问主要针对反方自由辩论过程中的偏差和疏漏。

(4)每位辩手回答时间累计 1 分钟,评委则不计时。

6. 优胜时刻

(1)10 位评委对正方的 2 位辩手和反方的 2 位辩手分别进行投票,以简单多数的方式各选出 1 位辩手晋级。

(2)如果出现票数相等的情况,将由现场观众通过简单多数的表决方式决定晋级者。

(3)在投票过程中,将请 1~2 名评委进行简短的评述。

7. 高端对话

(1)席评委余秋雨教授出场,针对本场辩题发表自己的观点,并与 2 位辩手进行深入探讨。

(2)本环节不对辩手的发言时间、次数和顺序作任何限定,但要求 2 位辩手在探讨中积极回应,言简意赅。

8. 终极对决

(1)首席评委余秋雨教授结合本场辩题假设一个特定的情境和人物,请正方辩手针对该情境和人物,阐述本方观点,限时 2 分钟。

(2)首席评委余秋雨教授结合本场辩题另设定一个特定的情境和人物,请反方辩手针对该情境和人物阐述本方观点,限时 2 分钟。

9. 巅峰时刻

(1)10 位评委投票,以简单多数方式选出"本场最佳辩手"。

(2)如出现票数相等的情况,由首席评委投票决定"本场最佳辩手"。

(2011 国际大学群英辩论会章程.百度文库)

思考与练习

1. 按照辩论赛的流程,参考以下辩题,组织一场辩论赛。

(1)知易行难/知难行易

(2)追求完美是优点/缺点

(3)网络社交利大于弊/弊大于利

(4)青年人(不)应有点野心

(5)逆境是否出人才

(6)生之恩重于养之恩/养之恩重于生之恩

2. 第二届亚洲大专辩论会关于"儒家思想可以抵御西方歪风"的论辩中,反方复旦大学队向对方发问:"我请问对方同学,如果有人持刀抢劫你的钱包,你是对他念一段《论语》呢,还是让警察把他抓起来?"复旦大学队的提问使台湾大学队无法选择,从而陷入二难境地。

请查找著名的"半费之讼",谈谈你对二难推理的理解。

3. 一次,亚里士多德责问仆人为何没有清理鞋子上的污泥。仆人回答:"还用那么费事吗? 先生。路上尽是污泥,再干净的鞋,用不了十分钟,就要和这双鞋一样了。"亚里士多德穿好鞋出门。仆人追来要食橱的钥匙,以备午餐开锁用。这时,亚里士多德反问了一句,仆人无话可说。

请列出亚里士多德可能说出的驳论,并搜集有关亚里士多德的精彩舌战案例,分析他的逻辑思辨特点。

4. 在"跳槽是否有利于人才发挥作用"的论辩中,有这样的精彩辩论:

正方:张勇,全国乒乓球锦标赛的冠军,就是从江苏跳槽到陕西,对方辩友还说他没有为陕西人民做出贡献,真叫人心寒啊! (掌声)

反方:……。(掌声)

请为反方补充一段话,有力地驳倒正方。

第二单元 谈判

一、谈判的概念和特征

》(一)谈判的概念

谈判有广义与狭义之分。广义的谈判是指除正式场合下的谈判外,一切协商、交涉、商量、磋商等活动。狭义的谈判仅仅是指正式场合下,有分歧的双方或多方就共同关心的问题互相磋商,交换意见,寻求解决的途径和达成协议的过程。

谈判有必不可少的三要素,即谈判当事人、谈判议题和谈判背景。谈判当事人是主体;谈判议题是客体,是谈判商议的具体问题;谈判背景是谈判所处的客观条件。

≫（二）谈判的特征

1. 目的性

谈判有明确的目的性。一般来说，谈判双方或多方是为了达到政治上、经济上或名誉上的目的等而坐在一起进行协商的。当今社会，追求谈判双方或多方名誉或利益上的最大化即双赢的结果，这是谈判的最终目的。

有这样一个故事，一个人给邻居的两个孩子吃橘子，但是只有一个橘子，怎样分才公平呢？这两个孩子争吵不休，最后终于达成共识：为了公平，由一个孩子负责切橘子，而另一个孩子选橘子。结果，两个孩子按照商定的办法各自拿到了一半橘子，高高兴兴地拿回家吃。其中一个孩子回到家后，把橘子皮剥掉扔进了垃圾桶里，果肉用来打果汁喝。另一个孩子回到家后，把橘子皮留下来磨碎了，混在面粉里烤蛋糕吃，果肉被他扔进了垃圾桶里。这两个孩子是否获取了利益的最大化呢？没有。假设他们分橘子前，相互了解各自所需，那么理想的结果会是：一个孩子拿到了完整的橘子皮，另一个孩子拿到了完整的橘子肉；这样既没有浪费，又皆大欢喜。这就是沟通前提下的双赢结果，也是谈判的最终目的。

2. 对立性

谈判的前提是双方有利益上的分歧和联系。没有分歧而进行的沟通不是谈判；有分歧，但是其中一方只是一味地答应另一方的条件也不是谈判。双方都想从对方那里获得某种需要的满足，这是二者的联系；但是双方都希望在有利于己方的条件下实现自身的需要，这是二者的分歧。有了分歧和需要，才有谈判的动力。

一家旅行社的业务经理李萌跟一家酒店的业务经理王宁见面会谈，讨论下一季度的住宿与餐饮事宜。正式谈判的时候，旅行社的李萌提出了两点：一是客户抱怨酒店的很多服务项目需要改善，二是要求酒店提高饭菜质量。酒店的业务经理王宁边听边查看服务项目，后来同意改善大部分项目。最后，王宁很无奈地说："我以为这是一次谈判，但一直都是我在让步。""不错，"李萌说："您停止让步，我开始谈判。"一方只是一味地答应另一方的条件，这不是谈判。

3. 普遍性

作为谈判主体的当事各方，涉及经济、政治、文化等各类人或社会组织，这是谈判主体的普遍性特征。这一特征也决定了谈判的普遍性。谈判是每个人参与社会活动常用的方式，不管从事何种职业，只要立场不同、利益分歧，都必须靠谈判解决。谈判已成为解决冲突、建立合作关系或维持关系的一种方式，它也是一种技巧，一种解决问题的方式。

二、 谈判的类型

谈判可以按不同的标准，从不同的角度进行分类。通常，可以将谈判划分为以下几种类型：

≫（一）按照谈判的性质划分

按照谈判的性质划分，可以分为日常谈判、商务谈判和外交谈判等。

日常谈判是指一般人际沟通中的谈判。日常谈判是随意的、非正式的，日常生活中到处都是。日常会谈包括：家庭会谈，如夫妻间讨论给孩子报哪个辅导班，父子间讨论买哪个玩具以及买与不买等；人际沟通，如与同事协商调换加班的时间，与楼上邻居商量休息时间不要弄出大的声响等问题。

商务谈判是指商务领域的谈判，包括技术转让谈判、贸易谈判、合作办学的谈判、产品开发谈判、信贷谈判等。商务谈判是在商品经济条件下产生和发展起来的谈判，小到菜市场的讨价还价，大到企业法人之间的合作、国家间的经济技术往来，都离不开商务谈判。

外交谈判是指国家间就政治、军事、经济、科技、文化等方面的问题进行磋商的谈判。外交谈判程序严谨，准备充分，效果明显，影响较大。

≫（二）按照交易地位划分

按照谈判的交易地位划分，可以分为：买方谈判、卖方谈判、代理谈判和合作谈判等。

1. 买方谈判

买方谈判是指买方主动求购商品、证券、服务、不动产等的谈判。

2. 卖方谈判

卖方谈判是卖方作为主动的一方，为推销商品、证券、服务、不动产等而进行的谈判。

3. 代理谈判

代理谈判是指受人委托参与某项交易或合作的谈判。代理分为两种情况：只有谈判权而无签约权的代理和全权代理。

4. 合作谈判

合作谈判是指为合资经营、合作生产、来料加工、来图加工、来样加工、补偿贸易等而进行的谈判。

≫（三）按照谈判地点划分

按照谈判地点划分，可分为客座谈判、主座谈判及主客座轮流谈判。客座谈判是指在谈判对手工作和生活所在地组织的谈判。主座谈判是指在自己工作和生活所在地组织的谈判。主客座轮流谈判是指在一项商业交易中谈判地点互易的谈判。

三、 谈判的技巧及训练

一般来说,谈判可分为四个阶段:准备阶段、开局阶段、磋商阶段和成交阶段。谈判前的准确阶段是知己知彼的阶段,谈判双方收集信息、组建谈判团队、制定谈判方案等;谈判开局的目标是营造有利于己方的开局气氛;谈判磋商阶段是谈判的重中之重,讨价还价、唇枪舌战、打破僵局均在此阶段出现,直到双方谈完各项议题,签订合同,双方履行合同的各项条款,此次谈判活动至此结束。假若履约过程中出现分歧,则又一场谈判即将开始。所以,谈判技巧根据阶段不同可分为:开局技巧、报价技巧、讨价还价技巧、让步的技巧、打破僵局的技巧、促成签约的技巧等。可见,这四个阶段无不凸显谈判者的语言魅力和思辩之美。这里介绍几种常用的谈判技巧。

》(一)谈判沟通技巧

沟通技巧是由听、说、问、答等四方面构成,技巧要点是:听时要积极倾听,察言观色;说时要只说不释,不问不说;问时要投石问路,套取信息;答时要巧妙应接,反客为主。这里着重介绍问和答的技巧。

1. 提问的技巧

谈判过程是双方有效沟通的过程,是有声语言和无声语言交流的过程。谈判者要做到密切注意与细心观察对方的言谈举止,分析对方的心理状态及变化,适时、适当、得体地发问,进而具备成功驾驭谈判过程的能力。常用的谈判提问方式有五种。

(1)直接提问

开门见山地向对方提出己方想得到的信息或答复。如:"您刚才说这批服装可以尽快发货,是不是说可以在8月1日以前交货?""贵公司能给我们最优惠的价格是多少?""贵公司的报价太高,能不能再优惠点?"这类提问方向性明确,获得的答复也明确。

(2)选择提问

选择式提问,是将己方的观点藏在可供对方选择的几种方案中,让对方在限定的范围内进行选择。如:"您是刷卡呢,还是付现金?""贵公司对我们商品的哪些款式有兴趣?"这是处于劣势的一方,不敢强势地表达己方观点,但又想得到对方明确答复时常用的方法。

(3)诱导发问

诱导发问是在总结双方的发言之后,紧接而来的暗示性提问。如:"讲究信誉的商家都不会以次充好、违背商业道德,是不是?""这样做你们不是也获利15%吗?""难道还有比这更理想的方案吗?"这种发问常用反问句式,问题本身已包含己方观点,得到的答复也明确。

（4）征询发问

征询发问是一种求同发问，目的是营造和谐的谈判气氛。如："我们先来看看今天的议程吧？""我们的建议想必你方一定会同意吧？""对于协议内容，你们还有什么补充呢？"这种发问语气友好、亲切，适用于开局寒暄和妥协。

（5）连贯发问

连贯发问是连珠炮似的发问方式，或在对方的发言过程中不断插问，或接连不断地向对方提出承上启下的问题，目的是迫使对方按发问者的思路答复。如："情况真像你说的那样，你打算怎么办呢？""这样行吗？""后来呢？"这种发问，语言要清晰、简要，并略带好奇与惊讶，最好给予对方充分的尊重，令对方不假思索地回答发问者的问题。

2. 应答的技巧

发问是为了获取对方更多的信息，毕竟在谈判中，谁先说话谁先死。但是谈判中不可能只问不答，答复是对对手提问的反馈，巧妙的答复就是不失礼仪地给对方提供一些等于没有答案的答复。

（1）有条件答复法

有条件答复法，即增加一些条件以争取己方的主动权。比如："在答复您的问题之前，我想先听听贵方的观点。"这是用对方再次叙述的时间来争取自己的思考时间。

又如，一位推销员在推销灭蚊剂时，有人提出一个刁难的问题："你敢保证这种灭蚊剂能把所有的蚊子都杀死吗？"这位推销员灵机一动答道："这我可不敢保证，在你没打药的地方，蚊子照样活得很好！"

（2）模糊应答法

模糊应答适用于隐藏实质性的答案。比如："很抱歉，对您所提及的问题，我并无第一手资料可作答复，但我所了解的粗略印象是……"

（3）踢皮球法

踢皮球法指的是针对一些不值得或不愿意回答的问题，踢给对方澄清。比如："我不太清楚您所说的含义是什么，是否请您把这个问题再说一遍。""好歹您还个价，我才能给您做适当优惠，对吧？"

（4）以退为进法

以退为进法即用"是……但是……"条件转折复句，先给予对方观点上或情感上的肯定，但是话锋一转，继而提出自己的条件，以此达到己方的目的。比如："我们的价格是高了点儿，但是我们的产品在关键部位使用了优质进口零件，增加了产品的使用寿命。""我们可以满足您的要求，但是付款方式必须是分期付款。"

》》（二）探测虚实的技巧

谈判中，谁获取信息越多，谁占有的主动权越大。于是了解谈判对手和对方底线成为谈判成功的关键。而信息的来源，一靠谈判前期的信息收集，二靠谈判者谈判中机敏、弹性、巧妙的言语探测。探测对方的方法主要有三种：假设探测、条件探测和事实探测。

1. 假设探测

即为了探知对方的实情,先用话放出一个"空气球",看对方如何回答。如:"听说近来客户写信投诉过贵公司这款化妆品的质量,不知反映最多的是哪方面的问题?"

这是一个假设句式,用"听说"表示信息来源的不权威;用"近年来"这个时间跨度比较长的词,把年限拉长;在时间跨度较大的情况下笼统地谈质量,一般公司是较难否认的,故而对方不得不回答,这就达到了弄清产品质量的目的。

2. 条件探测

即为了探测对方对其中的哪一个感兴趣,先给予两个以上的条件,让其选择作答。如某矿山的一个公司,为购置紧俏的重型汽车,向生产厂家提出:"假如我方购买 10 辆汽车,其中 6 辆制造所用的钢材原料,由我方按国家规定价格拨给贵厂,折合后的剩余金额用于购买其余 4 辆车,不足的金额于本月电汇贵厂,贵厂如何考虑? 能不能马上供货? 或者若能供给 10 辆车,我们再买贵厂一部分仓库积压的备件,怎么样?"

3. 事实探测

即列举一个有待证实的事实,让对方明确回答"是"或"不是"。如日本松下电器公司的创始人松下先生在初次交易的谈判中,碰到这么一件事:他去东京找批发商谈判,想要推销他的产品。批发商和蔼可亲地说:"我们是第一次打交道吧? 以前我好像没有见过您。"

批发商这句话带着明显的探测意思,他想知道面前的对手是新手还是老手。

≫（三）投其所好的技巧

了解对方的喜好和顾虑,在有利于己方利益的前提下,抓住人们的心理,言语表达要投其所好。客户的心理是复杂的:爱占便宜,爱打折货,怕卖方不守信用,怕价格继续上涨,怕质量没有保证,怕维修困难等。了解了客户心理,谈判时用语言消除客户的心理障碍,这是促成谈判成功的关键因素。

在某汽车制造厂召开的年度订货会上,汽车制造厂的销售科长向 100 多位用户代表明确地表示:"我厂产品的质量经国家鉴定为一级品,由于钢材原材料涨价和职工工资上涨等因素,成本已大大高于原销售价格。但是,考虑到顾客是老用户,我们决定凡在本订货会期间签订定货合同的,每辆汽车按 27 万元计价,在此会后订货者,每辆汽车的价格为 28 万元。我代表厂方,言而有信。"这时,在我国价格体制改革和各类商品价格多有调整的形势下,使这个普普通通发言极富诱惑力。于是,这次年度订货会的成交额达到了创纪录的水平,其中仅某矿山一家便签订了每年订货十辆,连续三年的保值合同。

这个案例,就是把握客户心理的前提下,谈判语言有的放矢,投其所好,如强调"商品价格频频上涨,早买比晚买好,多买比少买好,签订货合同比不签订货合同好"等,再加以"优惠""保值"等诱人的条件,所以谈判取得成功。

≫（四）舍小求大的技巧

谈判的目标是实现双方利益的最大化,所以,善于谈判的人坚守"统筹计算"原则,统筹全局,理顺大小利益,做到有条件让步,舍少取多、让小得大,这就是舍小求大技巧的妙用。

第二次世界大战结束后不久,美方卡耐基等与英方史密斯等举行了一次会谈。谈判还没有进入正题时,英国一位先生说:"'谋事在人,成事在天'这句话出自圣经。"卡耐基纠正说:"这个成语不是出自圣经,而出自莎士比亚的《哈姆雷特》。"结果争得面红耳赤。美方的葛孟在桌下用脚踢了卡耐基一下,说:"卡耐基,你弄错。英国朋友说得对,这个成语出自圣经。"在回去的路上,葛孟说卡耐基因小失大,争一个成语,丢下了谈判的主题,破坏了气氛,这是得不偿失。他又说:"真正赢得优势,取得胜利的方法决不是这种争论,这样的驳论有时能获得优越感,但是却永远得不到好感。"

这是一个反面案例,争论者忘记了谈判者的身份,意气用事,在无关紧要的问题上纠缠不休,以致因小失大。所以,谈判者要牢记:营造一个良好的谈判气氛和追求一个双赢的谈判目标,除此之外,都可以退为进,舍小求大。

≫（五）虚张声势的技巧

虚张声势技巧常被用于打破谈判僵局,谈判者在让步时常常虚张声势,或拉虎皮扯大旗,或虚拟对手的竞争者,再配以恰当的表情、逼真的情节,往往收到很好的效果。

1. 虚拟对手的竞争者

在谈判进入僵局时,虚拟很多对手的竞争者,迫使对手放弃僵持,恢复谈判。

如美国一外商想投资五千万美元在中国建一个化肥厂,他以为靠磨、缠等手段能弄个最好价钱,故而使谈判一度陷入僵局。这时,中方代表突然说:"有许多厂家在联系我们,您若没有诚意的话,我们的谈判到此结束。"说完,中方代表愤怒地把手提包往桌上一扔,愤然退席。很多厂家的竞标材料散落在桌面上,这让外商既吃惊又害怕。于是,美商立即改变态度,要求恢复谈判。

2. 让步时的夸张技巧

谈判者在让步时,总要配以夸张的表演,使对方觉得自己占了大便宜,而实际上,这也是一种虚张声势。

云南一家私人玉器店,其中一对玉镯报价1.2万元人民币。一位台湾太太看中了,拿在手里把玩很久才问:"这对玉镯能降到多少?"店员说:"您开个价吧?"那位太太试探性地说:"对半"。店员假装很吃惊,说:"您压得太低,我做不了主"。进里屋把店主请出来。店主一脸不情愿地说:"您真是好眼力,这对玉镯质量是上乘的,看在您实在喜欢,给您优惠到7000元,不能再少了。"说完转身回了里屋。台湾太太犹豫了一会儿,最后以6500元成交。据了解实情的玉器厂的师傅说,国营商店中的这种玉镯明码标价仅 4 000 元。

这家店报价时的狮子大开口，店员故作惊讶的表情和权力有限策略的运用，店主大幅度降价时的一脸不情愿，这些表演使得买方心甘情愿地购买高价商品，这就是虚张声势技巧的妙处。

知识链接

商务谈判策略：九战四十五策

一、攻心战

基本思想是从对手的个体和群体的心理活动出发，通过影响其情感与欲望，软化其对抗力量，增加亲和力，从而实现谈判目标的策略。

典型的有：满意感、头碰头、鸿门宴、借恻隐、奉送选择权。

二、蘑菇战

这类谈判策略是以耐心、韧性为武器，在相持中拖垮对手的谈判意志，从而达到预期谈判目标的做法。

常见的代表策略有：疲劳战、扮菩萨、挡箭牌、磨时间、车轮战。

三、影子战

这是以信息见长的一类策略。谈判人员利用信息的非对称，利用人造的符合逻辑的假象，制造谈判优势，迷惑或迫使对手放弃自己的主张，实现既定的谈判目标。

代表性的策略：稻草人、空城计、回马枪、欲擒故纵、声东击西。

四、强攻战

这是在谈判中以决不退让或以高压的态度迫使对方让步的一类策略。这类策略在谈判中随时可以发生，又随时可以死而复生。"置之死地而后生"是强攻战策略的本质精神。

代表策略：针锋相对、故扮疯相（虎啸计）、最后通牒、请君入瓮（最大预算）、绝地逢生（说绝话）。

五、蚕食战

蚕食战是以韧性为特征。只要时间允许，即坚持以小胜多、步步进逼，逐步达到预期谈判效果的一类策略。

代表策略有：挤牙膏、小气鬼、连环马、减兵增灶、步步为营等。

六、擒将战

擒将战系谈判中针对谈判主要负责人、主谈人及主要助手而采取的一系列制服的手法。因为谈判中的主体是人，人的因素对谈判进展结果影响很大，古今中外的商战中，擒将战一类的策略应用极为广泛。

典型的策略有:激将法、宠将法、感将法、告将法、导将法等。

七、运动战

运动战是指结合实际谈判情况,以灵活变换谈判议题、组织形式、谈判态度与地点为特征的一类策略。商务谈判中该战因不受谈判阶段和双方地位的限制,应用较广。

典型的策略有:货比三家、预备队、扮红白脸、化整为零、易地效应等。

八、外围战

外围战是指为实现某个预定谈判目标,或保证全局谈判效果,有意针对影响达到所述目标的各种因素而采取的预备性、预防性的一类策略。

这类策略变化较多,用的也多。基础的、代表性的有:打虚头、反间计、中间人、缓兵计、过筛子等。

九、决胜战

决胜战是指在谈判终局时,为进行谈判的最后交锋,以决定成交与否而采取的代价最小而效果最好的一类策略。其特点是在谈判的最后时刻,进行最后一击,故有决胜战一说。

代表性的策略有:抹润滑油、折中调和、好坏搭配(一揽子交易)、放线钓鱼、谈判升格等。

(丁建忠.商务谈判(第二版)教学案例【M】,北京:中国人民大学出版社,2005.)

思考与练习

1.设想你是一位顾客,在一家商场看中了一件标价2 000元的大衣,你不知该衣服是否货真价实,请你设计一段探测虚实的话询问营业员。

2.专家小王为一家工厂检修机器,事先商定酬金为2 000元。检查后,小王只有榔头对准主轴承敲了一下,机器即运转正常了。厂方代表反悔:“难道只敲一下,就值2 000元?”小王应如何机智地斥责厂方代表的反悔,并拿到这2 000元酬金?

3.李太太在一家服装店买了一件特价处理的外套,回家后发现衬里破了一个洞。第二天,她把外套拿到店里,要求店员退货,店员却说本店有规定:特价处理物品,概不退货。请模仿这场谈判。

4.请运用谈判技巧进行模拟谈判,主题不限。

5.小王认为自己的工作业绩很好,想加薪水。你作为她的主管上司,碍于公司目前的财务状况,无法满足她的这一要求。试模拟这场谈判,要求运用谈判语言技巧,上司说服小王打消这一念头。

第五部分
批评　劝说

学习目标

1. 学会批评、劝说的技巧，懂得如何选择正确的时间、地点、时机，采取正确的方法批评或劝说。

2. 培养顾全大局、团结协作、处事果断的良好品格。

3. 学会建立和谐融洽的人际关系。

　　批评就是对他人的缺点提出意见。劝说就是劝告他人改变立场，改正错误。从这个意义上讲，批评与劝说，就像一对亲兄弟。"人非圣贤，孰能无过？""千里之堤，溃于蚁穴。"遇事进言乃朋友之本分，这是对过失者最大的关心，最大的爱护。但批评有道，劝说有方。如何让过失者乐意接受批评与劝说，这正是本章要讨论的问题。

第一单元　批评

一、　批评的原则

所谓批评,现代汉语词典对此有两种解释,一是指出优点和缺点,评论好坏;二是专指对缺点和错误提出意见。它是管理中被运用得最多的手段之一,也是日常管理中很有效的一种管理手段。随着社会的不断前进发展,管理越来越人性化,越来越强调以人为本,管理人员在运用批评这种手段时就要适应形势的发展,最大限度地发挥这种手段的作用,达到最好的管理效果。

那么要运用好批评这种管理方法,就需要坚持以下几个方面的原则。

≫（一）适当适量的原则

批评是一种管理方法,它不是万能的,批评的范围要适当。在日常管理中,由于批评对管理工作很有效,所以很多管理人员往往会产生一种错误想法,把它当作管理的主要方法来运用。批评范围太大,一扫一大片,从而导致员工创造力减弱,工作积极性下降,只是被动地按要求工作,缺乏主动意识,而这是任何一个管理人员所不希望见到的;批评范围太小则对单位中的其他人起不到应有的警示。因此,对原则性的问题或典型的错误可以在较大范围内进行讨论、批评,以引起大家的充分重视,明白其中的道理。我们要明白,批评对管理工作来说,它不是万能的,它只是管理方法中的一种,更确切地说,它只是管理的一种辅助方法;管理中要多用表扬和鼓励,而少用批评,把它当作表扬与鼓励的一种补充,只有适量的批评才会对员工起到激励的作用。

≫（二）因人而异的原则

哲学家莱布尼茨说过,世界上没有两片完全相同的树叶。我们知道,谁也不想被批评,谁也不想挨骂被训。但人与人是不一样的,有的人你批评他,他丝毫不为所动,跟没事人似的不当一回事;有的人你批评他,他脸皮薄,会感到很不自在,会觉得抬不起头来,对工作失去信心。因而基层管理人员在批评一个人时一定要因人而异,只要达到管理效果,纠正错误就行,不要在形式上搞一致,要把握分寸,适可而止。正如《圣经》中所罗门谚语所说:"那种在合适环境中讲的话,如同在银盘子里放上一些金苹果那样恰到好处。"

≫（三）实事求是的原则

首先要求管理者要进行调查,广泛收集信息,弄清错误发生的事实:什么时间,什么地点,什么人说了什么,做了什么,犯了什么错误。对事实的掌握越准确越好。批评时既不能夸大错误,上纲上线,也不能掩盖错误,轻描淡写,更不能捕风捉影,主观臆断。批评的目的是要有助于问题的解决,只有实事求是才有助于解决问题,否则只能使矛盾进一步激化。批评要本着正确的态度和目的,"惩前毖后,治病救人"是毛主席对批评所作的精辟论述。在现在以人为本的管理环境中,这仍然是我们运用批评这一管理手段的原则。要本着真诚的态度去准确地批评,一切为着解决问题、提高单位管理水平而批评。

》》(四)对事不对人的原则

批评的应是这一件事,而不是这一个人,更不能进行人格攻击。不能对当事人不容反驳劈头盖脸地一顿批评,批着批着就由"事"上升到"人",进而上升到人格的侮辱,最后得出结论:你真是无可救药。这就犯了一个最基本的错误,批评的目的不是要打击、惩罚某人,而应该是阻止、纠正错误,寻找补救措施。错误发生后正确的思维应该是在广泛了解信息的基础上分析错误,分析其性质、程度、已产生的和将产生的危害,指出错误的主观原因和客观条件,更重要的是指明改正的方向。可怕的并不是错误本身,而是不能正确认识、处理错误。批评要对事不对人,"金无足赤,人无完人",这个世界谁也不能保证他是完美的、万能的,不会犯任何错误,同样也没有一个一无是处的人,人都有优点,同时也存在一些缺点。管理者一定要弄清一个概念,我们批评的是他做错的事、他的缺点,而不是他这个人;批评他的错误,可以帮助他改正错误,却并不否定他的成绩,这才是科学的观念。而如果批评他的人那就表示对他这个人的否定,这样不仅于事无补,反而会伤害他,同时也会间接地伤害其他员工,这是需要避免的。

》》(五)标准一致的原则

批评某人错误时,批评的标准一定要一致,要一视同仁,不能出现有的人犯了这一错误就被批评,而另外一个人犯同样错误却又能得到管理者的原谅的现象。这会严重影响批评的效果,严重伤害员工的感情与积极性,他们会认为管理者不能做到公平公正管理,不能一碗水端平,从而对管理者失去信心,对单位失去信心,最终对单位的整体管理不利。

》》(六)不数罪并罚的原则

批评的应是当前这件事,而不是过去已经发生、解决了的其他相关事件。有的人一听说别人犯了错,马上罗列一大堆错误,一一道来,喋喋不休,让对方在错误面前抬不起头来。如果犯过一次错就背一辈子黑锅的话,那改正又有什么用。为了给对方一个重新塑造自我的机会,对他人过去的错误还是健忘一点好;应关注他的现在,关注他犯错误被批评后的表现,一出现好的行为应及时表扬,起到强化作用,增强他良好行为的倾向性。

≫（七）重"评"轻"批"的原则

批评中重点在评价错误原因、特点、影响等,使被批评的对象深刻认识错误,而不在于批得对方自惭形秽。其实细细想来,每个人犯错误的时候都有一定的原因,如果能设身处地地站在对方的角度思考问题,就能心平气和地、理性地解决问题,这也是心理学上特别强调的共情能力。罗杰斯说:"共情是能体验他人的精神世界就好像那是自身的精神世界一样的一种能力。"管理者只有从被批评对象的角度来思考问题,才能触及他人的心灵。

≫（八）双方互动的原则

批评应是双方交流思想的桥梁,而不是单一地指责。如果在批评时目空一切,处处显示自己的优势,或者以长者的权威教训,都会受到对方的反感和厌弃,产生逆反心理。一位顾客到饭店吃饭,饭中沙子很多,顾客把它们吐出来一一放在桌上,服务员见状抱歉地问:"净是沙子吧?"顾客摇摇头,微笑着回答:"不,也有米饭。"这种幽默式回答对服务马虎的作风提出了委婉的批评,同时在批评中互换了一种轻松的积极的情绪,有助于问题的解决。

俗话说"美言一句三冬暖,恶语伤人六月寒"。"批评"这个词总是与"严肃认真"相搭配,总使人联想到毫无表情的脸,严厉逼人的目光,声嘶力竭的吼声。"批评"是可怕的,可又是一剂苦口的良药,所以不得不吃。有的人虽然也知道这是良药,但因为太苦,宁可倒掉也不愿尝一口,于是病情越来越重。我们能否在良药中加点糖,或换一种吃法呢? 说到底,批评的总原则就是要让良药不苦口。让他起到激励人、鞭策人、教导人的积极作用。

二、 批评的基本技巧

先讲一个四块奶糖的故事。当年陶行知先生任育才学校校长,一日他看到一男生要用砖头砸同学,将其制止,并责令男生到校长室。等陶先生回到办公室,见男生已在那里等候了,陶先生掏出第一块奶糖送给他说:"这是奖励给你的,因你比我按时到了。"接着又掏出第二块奶糖给男生:"这也是奖给你的,我不让你打同学,你立刻住手了,说明很尊重我。"男生将信将疑接过奶糖。陶先生又说:"据我了解,你打同学是因为他欺负女生,说明你有正义感。"陶先生遂掏出第三块块奶糖。这时男生哭了:"校长,我错了,同学再不对,我也不能采取这种方式。"陶先生又拿出第四块奶糖说:"你已认错,再奖你一块,我的糖已分完,我们的谈话也该结束了。"伟大的教育家陶行知先生短暂的施教,没有批评、没有训斥,只有对学生的赏识,学生就已经意识到自己的过错了,并承认了错误,还使学生懂得怎样去尊重别人,怎样处理问题。也就是说,既教给了学生怎样做事,又教给了学生怎样做人。

这做法看似简单,可它包含了陶先生对学生的爱与尊重,对学生的理解和宽容。这种和风细雨式的"软着陆",决不是姑息迁就、好人主义,而是一种教育机智,一种教育技巧,一种教育艺术,它很好地反映了陶行知的教育方式和教育思想:教育必须循循善诱,以正面鼓励、引导、启发学生自我教育为主。正如苏霍姆林斯基说:"只有激发学生自我教育的教育才是真正的教育。"陶行知先生"四块奶糖"的故事给人的启示是深刻的。一件事百样做,做最得体的;一句话百样说,说最服人的。

既然批评是一门艺术,那么,我们在工作和生活中应该如何运用这门艺术? 先以企业为例,不妨可以采用以下手段。

1. 公开表扬,私下批评

中国人向来都是非常好面子,如果领导人在公开场合批评员工,就会使员工感觉很没面子,也许员工会对领导怀恨在心。其实员工在听取领导对其批评时,更多的是关注同事对自己的看法和反应。我们也常常能够见到很多领导在会上点名批评员工,其实这种做法是不妥的,缺乏人性化。在众多员工面前批评一位员工,不但会打击士气,更会打击人心。他们会想下一个对象也许就是我,怀着忐忑不安的心开完会之后就有跳槽的想法了。

表扬可以用文件的形式来表扬员工,而批评只需要一个电话就足够了,这样既能够尊重被批评的人,也能促进被批评人反省自己的缺点。

2. 明修栈道,暗渡陈仓

"明修栈道,暗渡陈仓"这个典故大家都很熟悉,领导人批评员工其实也可以采用这种方式进行。避开与员工直面交锋而引起员工的反感,通过间接的途径来提醒员工,同样能够达到批评的效果。比如有一次一个企业举办了一个大型的活动,邀请了很多有名的专家,而活动的策划者(第一次策划活动)由于工作的疏忽没能将桌签(与会专家的姓名台卡)带到会场,而会议再有十分钟就要开始了。恰巧这个企业老总是在会议的前一天晚上最后一个离开办公室,他看到留在办公室的桌签,于是就将其收好,放到自己车子的后备箱里,第二天带到会场来了。就在该策划者在准备到商务中心打印时,老总将桌签递了过去,并对其笑着说:"我现在是跟班的了,下次可要注意了。"从此以后该员工再也没有犯过类似错误,并且后来的两年中多次为企业策划出重要的、具有影响力的活动,取得了很好的业绩。

3. 促其反省,留有余地

画家在画花时常常是只画一枝,而不是全部,也会在花枝上添一只小鸟,让人品位其中意境。诗人写诗同样如此,寥寥数字就能将一幅画面展现在我们眼前。就拿辛弃疾的词《元夕》来说:"东风夜放花千树,更吹落,星如雨。宝马雕车香满路,凤箫声动,玉壶光转,一夜鱼龙舞。蛾儿雪柳黄金缕,笑语盈盈暗香去。众里寻他千百度,蓦然回首,那人却在,灯火阑珊处。"他先描写了一番元宵佳节动人热闹的景象,最后三句才是:"众里寻他千百度,蓦然回首,那人却在灯火阑珊处。"从字面上看,极为平常普通,但是,透过字面,却将我们带入到多么富有感染力量的爱情场面中去:主人公寻找所爱的人已经千百遍了,心情的急切可想而知,正在绝望之中,却在意外的回首时发现了自己的爱人,正独自孤零零地站在灯火稀落的地方,惊喜之情自然是难以描述的了。尽管整首词中,没有任何"爱"呀"情"呀之类的话,它给人的感受实在要强烈得多、深刻得多,因为这情景启发了我们的想象,细细想来,回味无穷。这种言有尽而意无穷的效果,是需要我们管理者领会个中的含义,要善于让员工自己反省自己,就像上面的例子一样,而不是某老总对员工直接批评说:"你怎么搞的,这点小事都办不了,丢三落四的,以后不许再犯类似的错误了。"那么该员工要是听了这样的批评,一定会带着情绪去做事,并且心里会惴惴不安的想:老总是不是不重视我,所以说领导人批评员工,要点到为止,让其去思考、想象和反省。

4. 鼓励为先,鞭策为后

比如说某位员工没有按照工作进度完成工作,领导人于是找其谈话说:"我对你很是失望。"这位员工听后,第一感觉是领导对我的工作不满意了。如果我们换一种方式来处理,让其了解你的意图和想法,这样效果会更好。因此,你可以说:"你做事向来都是很积极的,从来都是按时完成的,这次出现这样的情况一定是有别的原因吧?"让其作出回答,这样双方才能够解决问题。然后你再转到一个愉快的话题上来。相信这样既可以很好地解决问题,也不至于把领导与下属的关系搞得很紧张。

总之,好的批评方法能够促进企业的生产力提高,不好的批评方法会使企业的生产力下降。在企业里表扬的声音一定要远远大于批评的声音,企业才能够散发出人性的光辉,企业的绩效才能提高。

下面,我们再以学校为例,老师批评学生也应该掌握批评的艺术。

≫(一)班主任如何批评学生

1. 引而不发式

饭堂里,有位来自农村的学生将一只肉包一掰两半,啃掉肉馅,"咚!"随手扔在桌上,扬长而去。

班主任找他个别谈话:"这个周的周记你就写你丢包子这件事。如你感到难写,我建议你想想下面几个问题再下笔:第一,你当时是怎么想的,过后有没有想过这件'小事';第二,这个肉包子是你花钱买的,但这买包子的钱是哪来的;第三,你父母是农民,如果他们看到了你刚才丢包子的情景,将会作出什么反应;第四,我今天建议你写这篇周记,你认为是否必要。"

引而不发,引导批评对象思考反省,进行自我教育,不包办代替,不乱扣帽子。学生在扪心自问时,就会感到老师对他的爱护和教诲,领悟到老师相信他有自我认识的能力。

2. 设问诱导式

学生偶有缺点错误,班主任切忌简单训斥,刺伤学生自尊心的做法是愚蠢的。人人都要面子,青年学生也是如此。所以,有时明知学生不对,班主任也不宜开门见山,特别是在大庭广众面前批评。设问诱导则不失为一种批评教育的好方法。

比如:针对一位学生的化妆问题,班主任先后找她谈了两次话,由于两次谈话所遵循的要求不同,效果也就不一样。

第一次谈话。班主任:"今天要你站办公室是为什么?"学生:"……"班主任:"你看看你,烫一脑壳的卷毛,还涂口红……"学生:"口红怎么样? 也有老师涂口红、画眉毛、烫发。"班主任:"老师是老师,学生是学生!"学生:"学生就不是人?"班主任:"学生是人,但你化妆化得人不人,鬼不鬼的。不好好学习,一天到晚画眉毛、打口红有什么用? 人漂不漂亮也不是靠化妆化出来的。"学生:"你……漂不漂亮不要你管! 呜呜……"

第二次谈话。班主任:"为您服务的节目看了吗? 有味吗?"学生:"有味。"班主任:"那个要大家看四张妇女的化妆像,然后要大家评论好坏的节目,你觉得怎样? 你能讲出她们的优缺点吗?"学生:"这还不晓得! 第一个脸长却梳高发型;第二个年纪好大还化浓妆;第三个脸大画细眉,脸就更大了,丑死啦……"班主任:"为什么丑死了?"学生:"那些妆不符合她们的身份和特征。"班主任:"哦……要是她们都是学生,应该怎么化妆?"学生:"我不晓得,老师讲讲。"老师:"我看,青年学生应该朴素自然、整洁大方、健康活泼。化妆切忌乱学别人的浓妆艳抹。"学生:"为什么呢?"班主任:"因为学生接触的主要是同学和老师,浓妆艳抹会在同学之间、师生之间造成隔阂,青年学生应有自然朴素的美,过分地化妆会掩盖住你脸上的青春活力和红润的肤色,让人觉得你是矫揉造作、不伦不类。"学生:"哦,有道理。"教师:"还有,青年学生应有蓬勃向上的气质,浓妆艳抹,会让人以为你是几十岁的妇女,把少女天真活泼的自然美都糟蹋了。"学生:"想不到化妆还有这么多的学问!"班主任:"是啊! 穿着也是一样,要注意自己的身份、体型、肤色等特征。"学生:"老师,我明白了,作为一名学生,奇妆异服是不合适的。"

可见,宜疏导,不宜压制。要针对青年学生爱美心理,他们对美的理解、要求以及不同学生的审美意识和情趣进行疏导、劝诱,才能奏效。否则,只能引起学生的反感、抵触。

3.激发勉励式

我们先来比较下面两段话:

"期中考六门功课,你竟有三门不及格! 上课开小差,作业不肯交,我看你根本不是读书的料。如果期末仍然考不好,那你就干脆不要再读下去了!"

"这次你三门功课没有考好,真出乎意料。有人说你天资低下,我认为并非如此。恰恰相反,你反应很快,就是舍不得用功。一次考试失败了并不可怕,可怕的是无动于衷,自甘落后。我相信你一定能吸取这次的教训,发挥你的聪明才智,在期末考试时打个翻身仗,让事实证明你是好样的!"

这两段话表达的基本意思是相同的,都是批评这位学生学习不努力,希望他期末能考好。但由于语气、措词的大相径庭,效果也就完全不同了。第一段话对学生进行了全面的否定,冷若冰霜,犹如最后通牒。这种批评不可能产生积极效果,甚至会引起学生反感。第二段话则既有批评又有肯定,既有冷静的分析,又有热情的勉励和殷切的期望,言辞恳切,感人肺腑。这种批评使学生感到老师是信任他,尊重他,是真心实意为他的前途着想,怎么能不激起学生自强自尊,奋发向上之情呢? 通情自然也就达理了。

4. 分析利弊式

一位成绩优秀的学生,一次考试竟得了零分。原因是他帮同桌作弊,同样以作弊论处。他当时的想法是:"同桌要我帮助他,我怎能拒绝呢?"

班主任找他谈心,跟他一起分析如此"帮助",对同桌对自己各有哪些利弊。分清利弊之后,老师做了简短的小结:"从根本上说,这种'帮助'对人对己都有百弊而无一利。这种害人害己的蠢事以后千万不能干。"

分清利弊,实质是分清是非,帮助学生提高认识。认识提高了,学生会自觉地改正缺点错误,其效果是任何训斥和处分所不能比拟的。

5. 自我批评式

清晨,班主任走进教室,发现玻璃黑板碎了,说:"现在学校实行财产保管责任制,一块玻璃黑板96元,损坏东西要赔。谁打碎的,课后向我讲清楚。"

快放学了,不见有人来承认错误。为了查个水落石出,班主任将全班同学留下来进行教育。最后决定:"如果没有人承认,就集体赔偿。不交款,下星期一不准上课。"第二天,又找来一些同学谈话,但仍一无收获。怎么办?

后来,经过分析:问题不在于学生不愿承认错误,而在于黑板价格太高,一下把学生吓呆了。采取集体赔偿这种简单化的做法,只能激起家长对老师的不满,不利于以后工作的开展。当天下午就召开了一次临时班会,老师撤销了原先"不交款不准上课"的决定,作了自我批评。末了,班主任说:"我相信,黑板是被无意打碎的,也许,打碎黑板的同学为难之处是现在有困难。如果这样,我非常乐意帮助他解决困难。"

后来,一切都清楚了,黑板是一位同学无意打碎的。当他得知黑板价格那么高,因而几次想向老师承认过错,都没有勇气。

这是一次进行集体主义教育的好机会。班主任在全班表扬了勇于承认错误的同学,并建议大家帮助他解决困难。自己当即拿出十元资助这位同学。第二天班主任收到同学们的捐款,你两元,他三元,一共收到102元。这么多同学伸出了援助之手,这位同学流下了激动的泪水,老师的两眼也模糊了,他为有这么好的学生而感动,同时也看到了一个良好的集体在成长。

老师诚恳的自我批评、深情的话语、与人为善的态度扣开了学生心灵的门户,使一件棘手的事情顺利解决了,并且收到了意想不到的效果。

》》（二）科任老师如何批评学生

①用微笑来暗示。用微笑的方式去批评学生，实际上是动之以情的批评法，常能收到"润物细无声"的教育效果，这种方法适用于学生的细微的违纪行为或偶尔的过错。譬如，学生上课迟到一二分钟，或上课时思想开了小差，这时，教师对其微微一笑，他就会意识到自己不对，并能告诫自己：老师注意到了，下次千万别重犯。

②用表扬来反衬。表扬除了可以"促假成真"外，教师还可以通过表扬大多数学生的优点，来反衬出少数学生的缺点和不足，营造一种积极进取的心理氛围，促使少数学生转入"正轨"，赶超先进。有位教师授课时，发现有几位学生昏昏欲睡，本应批评，但教师并未这样做，而是讲道："今天，一、二、三组的同学听课注意力非常集中，四、五组大部分同学听课也比较认真，值得表扬。"教师的话犹如兴奋剂，令大多数学生受到鼓舞，那几位睡意蒙眬的学生听后也为之一振，打起精神来。

③用商讨来提醒。当学生出现不良表现时，教者不应居高临下大声训斥，而应以平等的姿态，心平气和地与之商讨，使其认识错误，这比以势"压人"更能为人所接受。譬如，有位数学教师在讲解习题时，有两位学生在窃窃私语，影响了其他同学听课。这时，教师并未大声训斥，而是轻声问道："你们在谈论什么呀？我讲解有什么差错吗？"两位学生听后为自己没能认真听讲而深感羞愧。

④用沉默来责备。面对学生的不良表现，教师若微露不悦，且沉默不语，就给学生一种心理暗示，学生就会领悟到教师的不满和责备。这种无声的批评可以达到"此时无声胜有声"的效果。例如，上课时，有些学生思想开小差，如果教师突然中断讲课，沉默一会儿，学生自会警觉起来，思想马上集中到听课上来。这比大发雷霆更有利于维持教学秩序。

⑤用严词来说服。如果学生严重违反了课堂纪律，又并非初犯，教师就必须对其进行具有说服力的严厉批评，决不能姑息迁就。但是必须注意，采用这种方式时，批评内容一定要准确集中，切忌目标不明；批评的语言一定要清楚明了，切忌含糊其辞；批评的态度一定要诚恳端正，切忌威胁鄙夷。总之，不能使受批评的学生以为自己受到了不公正的待遇，不能伤害其自尊和人格，要让其充分地认识到自己的错误和教师的良苦用心。

⑥用故事来感化。当学生犯了错误，或出现某种不良倾向时，教师可以通过讲述相关的生动故事来启发学生认识错误。如可以通过讲述名人的奋斗史，使那些遇到挫折的学生热爱生活，重新振作起来；通过讲述"浪子回头"的故事，使那些犯了错误而破罐破摔的学生勒马回头、改过自新。好的故事可以挽救一个人，教师如果善于用故事感化学生，则胜过你千百次的批评。

⑦用幽默来感召。幽默的语言既能活跃气氛，又能发人深省。教师的批评如果也运用幽默的话语，则会胜过空洞的说教。有位地理教师在介绍长江时，说到李白赞美长江的诗句，学生顿时兴致勃勃，普遍要求教师朗诵其诗。这时，教师发现有一位学生

在看课外书，因此顺理成章，幽默地说道："上课不便吟诗句，恐惊看书一学生。"本来诗句是"夜深不便吟诗句，恐惊星斗堕江河"。这一变用，使那位学生马上收起课外书，脸一下涨得通红。这时老师又若无其事地开始了其抑扬顿挫、节奏铿锵的朗诵，课堂上洋溢着活泼的气氛。

那么，在工作中应该如何运用批评的艺术呢？

首先澄清角色。了解自己在跟一个什么样的人沟通，是领导还是下属，是同事还是客户，是朋友还是对手，如果角色混乱，就会说出不合适的话，批评的效果不仅达不到，反而伤了和气。有很多话本身没有问题，问题出在不分对象。对领导无论何时何地批评只能以提建议的形式出现，而且还要委婉，尽量采用暗示，暗示就如同苦药丸外面的"糖衣"，用含蓄的、间接的方式达到你的目的。对下属要真诚，真诚永远能够打动人。"我也犯过这样的错误。""这件事情你也尽力而为了，尽管结果还是出了错。""或许你也不知道什么地方出错了？"切勿指责。指责的时候会让人陷入恶劣的情绪中，从而影响理智判断力。"我跟你说了多少次了？""你为什么犯同样的错误？""你真是无可救药！"这样的话是很伤人的。对客户的批评要重在理解。没有人愿意犯错误，尤其内心已经很自责的时候，更需要别人的心理支持。"我想你可能很难受。""找个时间我们一起分析一下失误的原因。""我相信你下次肯定会做好。"对一个很自卑的人，犯错时，他本身就很自责，这时适当的安慰会胜过千言万语；对一个很爱面子的人，一边批评一边给个台阶，他会及时纠正自己的失误；对于一个心服口不服的人，不必抓住不放，看他的行动就可以了。很多沟通失误，其症结在于角色不清。

其次要适度，点到为止，既往不咎。"事已至此，从中吸取教训最重要"，这样的话语能安慰和提醒犯错的人。批评别人时，对事不对人，时时刻刻反问自己："我是不是针对当事人了？""我是不是忽略失误本身了？""我是不是在人身攻击了？"等。同时，要十分注意批评的场合和时机。

一个人在工作、生活中，更重要的是学会接受批评。

受批评是让人很尴尬的事。生活中，有因自己犯了错误或有了缺点而受到批评的情况，也有因误解而受到批评的情况。对于前一种情况，人们在接受批评时也许能够好受一点，而对于后一种情况，人们往往难以接受。还有一种带有恶意的批评，批评者不是为了帮助人们认识问题、积极改进，而是为了发泄自己心中的不满，这种批评更不能令人接受。碰到这样的情况该如何应付呢？

首先，应该控制自己的情绪，仔细倾听，弄清批评你的人说什么。当听到批评时，很多人的反应是生气、否认、反唇相讥或委屈流泪。遭人批评，会伤及自尊，这是很自然的反应。若想控制情绪，你得反复提醒自己这是对做的事情的批评，并非对你的人身攻击，或全盘否定。在受到批评的时候，一旦发现自己声调升高就应马上停止说话，尽最大努力给自己充分的思考时间，一句话出口之前要斟酌再三。

不管你对批评有多反对，也不要打断。因为制止只会加强对方的责难立场，甚至演变成激烈的争论场面。如果有必要，可记录下来，这样听时就不显得尴尬。

　　当对方批评完后，要复述或摘要批评的重点，这样可确定你已领悟对方批评。如有不明白处，一定要仔细问清楚究竟对方所指为何。以冷静且不带判断的态度提问题，可让对方了解你已敞开心胸，接纳有建设性的评语。如需要，应要求对方提供更多的资料，"你能说得更具体一些吗?"是个很好的询问方法。

　　其次，判断批评是否有道理，根据情况，作出反应。弄清楚批评内容之后，你就可以判断出这个批评是否有道理，是否富于建设性，是否有助于你改进。不管你是接纳或拒绝接受批评，都要采取对策进行回应，接下来的回应得视批评者为何人。可以对批评不做答复或不予辩解。即使批评本身确属无理无据、荒诞不经，但被批评者仍可从改善信息沟通或重塑自身形象着眼，尽力加以补救，避免今后重蹈覆辙。你有三种方式可供选择：

　　(1)直截了当地接受批评。"你说得对! 我明白了你的意思，下次我不会再那样做了。"

　　(2)拖延。批评你的人已经制造了一个对他(她)有利的对立形势，但是在绝大多数情况下，你是可以不必立刻答复的。"我需要时间考虑你的意见"这类话语是较合理的应付方法，而且能使你取得一定程度的控制权。

　　(3)不同意。如果你不同意，那么你的态度要委婉些，比如说："我明白你的意思，但很抱歉，我的想法和你的不一样。"或者你可以提出不同意之处，但尽量接受一部分批评。

　　对批评不要不服气或牢骚满腹，批评有批评的道理，错误的批评也有其可接受的出发点。有些聪明的下级善于"利用"批评，也就是说，受批评才能了解上级，接受批评才能体现对上级的尊重。批评的对与错本身有什么关系呢? 比如说错误的批评吧，对你晋升来说，其影响本身是有限的，你处理得好，反而会成为有利因素。可是，如果你不服气，发牢骚，那么，这种做法产生的负面效果，足以拉大和领导的感情距离，恶化关系。当领导认为你"批评不起""批评不得"时，也就产生了相伴随的印象——认为你"用不起""提拔不得"。

　　受到批评时，最忌当面顶撞，当面顶撞是最不明智的做法。既然是公开场合，你下不了台，反过来也会使领导下不了台。其实，如果在领导一怒之下而发其威风时，你给了他面子，这本身就埋下了伏笔，设下了转机。你能坦然大度地接受其批评，他会在潜意识中产生歉疚之情或感激之情。受到上级批评时，反复纠缠、争辩，希望弄个一清二楚，这是很没有必要的。确有冤情、确有误解怎么办? 可找一两次机会表白一下，点到为止，即使领导没有为你"平反昭雪"，也完全用不着纠缠不休。这种斤斤计较型的部下，是很让领导头疼的。如果你的目的仅仅是不受批评，当然可以"寸土必争""寸理不让"。可是，一个把领导搞得精疲力尽的人，又何谈晋升呢?

　　由此，我们可以看到，学会接受批评比学会批评别人更为重要。

思考与练习 |

1. 用"你好厉害呀!"开头,按照下面的要求说话:

(1)说的话含有表扬的意思:"你好厉害呀!"

(2)说的话含有批评的意思:"你好厉害呀!"

2. 生活中,学会相互欣赏、赞美,能融洽老师、同学之间的关系,增进感情。请你说说:

我的老师曾经这样赞美我:

同学也曾这样赞美我:

我也曾这样赞美老师:

我还这样赞美同学:

3. 下面是一组生活中的现象,如你遇到了,该怎样应对?

(1)小明是一个比较胖的同学,平时不爱参加体育锻炼,但他很为自己的肥胖烦恼。为了减肥,他买了一台跑步机放在家里,这样每天早晨可以在家里"跑步"了。你是他非常要好的同学,你怎样劝说他进一步参加体育锻炼?

(2)你坚持要报考外地院校,你的爸爸持反对态度,总觉得作为爸爸唯一的女儿,报考本地的院校比去外地院校要好些。你该怎样说服你爸爸呢?

(3)小强是一位性格比较内向的男同学,一天早上,教室里就小强和你两个人,他怯怯地对你说:"我想跟你做个朋友,你看怎么样?"你怎么拒绝他呢?

(4)你的同桌有一天在你的桌子上画了一幅画,你当然不高兴,但你如何委婉地批评他这一行为呢?

第二单元　劝说

一、　劝说效果

劝说效果会产生五种状况:

(1)使被劝说者对劝说者的劝说内容产生共鸣和关心。

(2)使被劝说者依照劝说者的劝说内容采取行动。

(3)使被劝说者与劝说者采取同一步骤。

(4)使被劝说者赞成劝说者的意见和行动。

(5)使被劝说者重视劝说者的立场和信念。

20 世纪二三十年代,在劝说问题上曾风行一种"枪弹论",认为被劝说的对象只是一群毫无防御能力的"固定靶",只要劝说者去瞄准他们,就会说服他们。事实上被劝说者有思想、有感情、有信念,如果在劝说过程中不考虑被劝说者的因素,这就像"飞去来器"这种武器一样,抛出去仍会飞回来,就会产生社会心理学上所讲的"飞去来器效应"。因此说服首先要有正确的动机和出发点,恰当选择话题和组织话语,实事求是地提供信息,使劝说保持健康的情调,把握好劝说对象的心理状况,讲究劝说的方法和技巧。

二、 影响劝说效果的因素

》》（一）劝说者

劝说者要具有权威性。劝说者在某些领域要具有一定的学识水平和资历条件。著名法官比一般法官更能影响人们对少年犯的看法;著名语言学家比一般人更能影响人们对语言的评价;德高望重的政治家更能影响人们对海湾战争的看法;国家防汛指挥部的水利专家更能影响人们对讯情和灾情的见解,这些就是权威效应在起作用。人们对权威人士往往具有崇拜心理,一些厂家利用著名演员、著名运动员来做广告,就是利用了权威效应。亚里士多德说得好:"与其他人比较,人们更容易和更坚定地相信完美的人。无论在什么问题上都是这样,而且为一个问题意见分歧又不能确切断定时更是这样。"亚里士多德讲的"完美的人"虽然是不存在的,但权威人士最接近"完美"的人,因此,劝说者具有的权威性会起作用。

劝说者要具有信赖价值。劝说者能否给人以公正无私的印象,会直接影响劝说效果。如果劝说者的劝说并非出于私利,他就具有信赖价值;反之,说服力就会明显下降。

劝说者要具有吸引力。吸引力是指劝说者应具有讨人喜欢的内外特质,即劝说者和被劝说者具有相似的性格特征、生活经历和价值观念,使劝说者对被劝说者产生吸引力。吸引力取决于相近因素、相似因素、互补因素、互悦因素。俗话说,远亲不如近邻,这是指空间距离上相近。在人际关系的初期,相近因素会起一些作用。如果劝说者和被劝说者处于相近关系,且交往不太深,劝说者就具有一种天然的吸引力,易于产生"邻里效应"。相似因素、互补因素是指劝说者和被劝说者的文化背景、民族、年龄、学历、修养、地位、职业、兴趣、观念、性格等不同,形成互为补充的关系。互悦因素是指劝说者和被劝说者在谈话中产生愉悦感,劝说者的真挚性和技巧性都会影响互悦因素。

劝说者要能使对方产生归属感。归属感来源于群体或团体,团体会使被劝说者产生归属感。如果被劝说者对他所属的团体十分信任,团体的代表作为劝说者会影响他的态度,如果不改变态度,就不符合团体的标准和规范,就失去归属感。事实上,团体也是一种特殊的权威,和团体的一致可以获得一种安全心理和认同心理,最终获得归属感。

》》（二）被劝说者

被劝说者是劝说的对象，他能否改变态度，也与他原有的信念强度和人格因素有关。

影响信念强度的因素主要有以下四种：

（1）既成事实。假定你看中并买下了一本喜爱的书，尽管有人说该书太贵，劝你别买，但也无济于事。

（2）公开声明。自己的态度是否公开声明过，对自己的信念强度会产生很大影响，变更公开声明过的态度有很大困难，因为这意味着否定自我。

（3）自由选择。自由选择的信念比被迫选择建立的信念更难改变，改变自由选择的态度，也意味着自我否定。

（4）涉及程度。指个人在某种观念中涉足的深浅，对某种观念涉足越深，就越难被说服。

被说服者的人格因素包括性格和智能两个方面：

（1）性格。性格与年龄、个性等相关，不同年龄组的人性格不同，不同的个性如胆汁质、多血质、粘液质的人在性格上也存在差别。据研究，缺乏判断力、依赖性强、容易信服权威的人，很容易接受他人的劝告而改变自己的态度；自我防卫机制强烈的人，其态度很难改变，他会尽力保护自己已有的态度以增强自尊。

（2）智能。智能水平高的人理解力强，决定了他的态度难以改变，如果态度改变了，也往往是主动的；而智能水平低的人缺乏判断力，易受团体态度的压力，经说服会被动地改变自己的态度。

三、劝说的方法和技巧

1.巧用数字

心理学的研究表明，数字可帮助人们形成可信度，劝说时可以利用数字来增强可信度。一位教授乘飞机出差，听说前不久发生了劫机事件，后悔没有乘火车。航空公司的一位职员笑道："先生胆太小了，统计学家计算过，劫机事件的成功率只有百万分之一，就好像是中彩票一样。"教授反驳说："即使是买彩票，还是存在中奖的机会呀。"职员又劝说道："我告诉你一个大大减少劫机成功率的方法。现在我们假定这架飞机上有一个劫机者，它的可能性为百万分之一，现在你认为自己也是个劫机者，两个劫机者不约而同碰到一起的机会就变成了十亿分之一，这是一种微乎其微的可能，可以说是一生中也难中到的一张彩票。"经过职员略带诙谐的论辩式劝说，一串串的数字终于使教授悬起的心又放下了。在劝说过程中，我们可以用数字作为论据，但这种数字既要精确，又要信手拈来，必要时可作数字对比。人们对数字有一种"迷信"心理，劝说过程中我们可以有效地加以利用。

2. 借助权威

为了增强说服力,我们可以借助于权威的言行来加强劝说效果。某大学生物系在进行爱国主义教育时,有的学生提出"科学没有祖国"的观点。为了让学生全面地认识这个问题,老师引用了法国微生物学家巴斯德的名言"虽然科学没有祖国,但是科学家是有祖国的",并讲述了巴斯德在普法战争中把德国科学院颁发的荣誉证书退回去的故事,使那个学生有了醒悟。在引用名人名言时应考虑与话题的紧密联系,以及劝说对象的可接受性,切忌拉大旗作虎皮,以权威吓唬人。

3. 事实说话

事实胜于雄辩,在劝说中运用无可辩驳的事实,可以收到较好的劝说效果。先秦时,由于韩国实施的"疲秦计划"被揭发,秦王嬴政下逐客令,驱逐所有六国籍贯客卿,李斯亦在其列。李斯上书秦王说:"泰山不拒勺土才能成其高,河海不择细流才能成其深,王者不却庶众才能明其德。过去秦穆公称霸,是从西方的戎得到由余,从东边的宛得到百里奚,迎来宋国的蹇叔,从晋国求得公孙支和邳豹,而秦孝公采用商鞅之法,惠王用张仪破坏六国合纵,昭王用范雎远交近攻的谋略,这四位国君都是依仗客卿才取得成功的。客卿有什么对不起秦国的,大王一定要驱逐他们? 这样一来,客卿一定离开秦国为他国所用,再想求得为秦国效力的人恐怕就难了。"李斯在《谏逐客书》中用一件件历史事实,使秦王醒悟,下令废止逐客令,找回被逐的客卿,李斯的劝说收到较好的效果。

4. 情理相济

"感人心者莫先乎情",情理相济是很好的劝说技巧。情理相济就是将情感的劝说和理论的劝说糅合在一起,动之以情,晓之以理。比如劝说戒烟,可以将吸烟对健康的危害和短命结合在一起加以宣传,再加上情绪的感染:抽一根烟,缩短六分钟的寿命,为了您的身体健康长寿请戒烟! 同时还可以分析香烟所含的各种化学成分,从医学的角度使吸烟者在理性上认识吸烟的危害性。

5. 间接劝说

要想说服对方,有时可以间接努力。比如,售货员热情地向顾客介绍某个新产品,有时顾客反而会拒绝接受。如果这位售货员当着顾客的面,巧妙地电话通知自己的知心朋友赶快来买这个新产品,那位顾客可能会立刻改变原来的态度而买下原先不想要的商品。这种间接说服的方法如能运用恰当,往往会产生意想不到的效果。

6. 征服其心

"攻心为上"是《孙子兵法》的谋略之一,征服其心就是攻心术在劝说中的运用。诺贝尔奖获得者、美国医学家卡雷尔到欧洲讲学,欧洲医学界极力劝他留下。法国里昂大学专门为他兴建了研究所,卡雷尔动心了。可卡雷尔的美国同事却正等待他返美,同事们给他发了一封电报:"几颗心还活跃在玻璃瓶子里,等待着你的归来。"卡雷尔收到电报的第二天便返回美国,原来同事们抓住了卡雷尔的心,采用的是一种攻心术:卡雷尔当时正在研究心脏移植,"那几颗心"是为了做试验用营养培养素泡在试验瓶里的鸡心。电报抓住了卡雷尔的心,产生了神奇的劝说效果。

7. 层层剥笋

劝说时为了减轻对方的心理压力,可以将劝说者的观点产生的副作用或危险性用"微分"的办法逐一加以排除。例如,美国兵役局心理学家说服那些不愿服兵役的青年:"战争期间当兵,的确会给生命带来一定的威胁,但是危险性究竟有多大呢? 一个青年一入伍,便有两种可能:一是被派往作战部队,一是被派往后勤部队。派往后勤部队的人可以说没有什么危险。派往作战部队的人也有两种可能:一是被派往前线,一是被派往后方。留守后方的人便没有什么危险,即使派往前线也有两种可能:一是战斗中受伤,一是战斗中没有受伤。没有受伤当然没有什么危险,即使受伤也有两种可能:一是受轻伤,一是受重伤。受轻伤的人住院一段时间就会康复,受重伤的人也有两种可能:一是救得活,一是救不活。救得活的当然就没有什么危险了,救不活的,由于已经没有知觉,所以也就不存在什么安全和危险的问题了。"这种劝说似乎荒谬离题,但采用了由大到小的剥笋式劝说术,富有一定的启发性。

8. 得寸进尺

如果说层层剥笋是由大到小的"微分"法,那么,"得寸进尺"就是由小到大的"积分"法。要说服对方,应该分阶段分步骤提出要求,一步一步地有顺序地说服对方,不能急于求成。这种方法被行为心理学派称为系统脱敏法,这种心理治疗的手段,也可以用于劝说。一位社会心理学家曾做过一项对比实验:以家庭主妇为被试对象,向一组家庭主妇先提出在她们家门口挂块牌子的要求,获得同意后,又提出在她们家院子里竖一个架子,而向另一组主妇同时提出挂牌子和竖架子的两项要求。结果,前一种做法比后一种做法更易于为家庭主妇所接受。这是因为,劝说者劝说的内容和态度,要经过被劝说者认知判断。劝说者的态度即外在定锚点与被劝说者原来的态度即外在定锚点有一个差距,差距越小就越会被同化,差距越大就越不能被同化。被劝说者对劝说者的态度有一个接受或容忍的范围,即"接受纬度",也有一个不愿接受或排斥的范围,即"拒绝纬度"。对被劝说者的劝说应控制在"接受纬度"之内,两步法的好处就在于,将有可能达到"拒绝纬度"的劝说信息分两次纳入"接受纬度",让被劝说者分步接受。

例如,小明与部门同事一起去附近的餐馆吃饭,每个人点一道菜。小明点了一道"水煮鱼"……

服务员:"先生,您很有眼光! 您刚点的这道菜,是我们的畅销菜。这道菜口味偏辣,我想您平时比较喜欢吃辣一些的食品吧?"

小明:"是的。"

服务员:"我们还有一道菜,口味也偏辣,叫'毛血旺',是我们的镇店精品菜。我们这里的客人吃了都说很不错,昨天有个客人吃完了还特意打包一份回去,您不妨也可以尝尝。"

　　小明："我还是想吃鱼。"

　　服务员："这道菜的主料就是鳝鱼段,除此之外,还有牛百叶、河虾、豆芽、血豆腐等。有菜、有鱼、有虾,还有豆腐,搭配更丰富,营养更全面,非常适合工作辛苦的上班族! 而且,这个月是我们店的店庆,这道精品菜还可以打八折。"

　　小明："那就点这道菜吧,我尝一尝。"

　　服务员就是采用的得寸进尺的劝说法,一步一步引君入瓮。

9. 退后一步

　　美国独立战争以后在费城召开了历史上著名的制宪会议,在宪法草案表决前,对条文发生了激烈的争论,第一部宪法有可能流产。独立战争中卓越的领导人富兰克林焦虑万分,他用平静的语气劝说道:"老实说我也不赞同这部宪法。我想出席这次会议的各位也都和我一样,在一些细节问题上还有争议。但我认为这是正常的,正如我富兰克林活了这么大还有许多缺点一样,我们怎么要求刚诞生的宪法就完美无缺呢? 假如不完善就不能签署,那么我得认真考虑一下,我是否应该在草案上签名,因为我本身就不是一位完人。"富兰克林平静的劝说,终于促成了美国宪法的诞生。富兰克林的劝说采用了退后一步、承认自己有错的做法,"人非神仙,孰能无过",以此类推宪法,产生了一定的说服力。

10. 变换角色

　　有时为了使被劝说者理解和接受劝说者的观点,可以让被劝说者变换角色,充当劝说者来理解劝说者的观点。假如被劝说者比劝说者的地位高,这种劝说方法效果较好。一位美国陆军上将回忆说,青年时期他报考西点军校,按规定,申请读西点军校必须要持有当地社会名流的推荐信,他没有这样的人脉关系,于是,只好硬着头皮去劝说名人帮忙。他设计了许多劝说辞,最后选中了"先生,如果您也是一位渴望进入西点军校的优秀青年,您会怎样呢?"这样的一句话,使他的劝说获得了成功,他所崇拜的名人都欣然为他写了推荐信。这种变换角色,让被劝说者设身处地站在劝说者的角度来思考问题的方法就是"将心比心",它最能引发双方的心理沟通。

11. 反问劝诱

　　反问劝诱是通过一连串的提问,让被劝说者放弃自己原来的态度和观点。药剂师走进附近的书店,从书架上拿下一本书问道:"这本书有趣吗?"书商说:"不知道,没读过。"药剂师说:"你怎么能卖你自己未读过的书呢?"书商说:"难道你药房里的药你都尝过吗?"书商用反问劝诱的方法使药剂师放弃了原有的看法。

　　以上劝说方法和技巧都需要巧妙运用语言。语言是劝说信息的载体,要准确得体地传达劝说信息,就必须字斟句酌、灵活恰当地使用语言。例如,少用"我"多用"我们",强调伙伴关系,使被劝说者产生归属感;说话要留有一定的余地,不把话说死,等等。使用劝说技巧时运用恰当得体的语言,才能收到理想的劝说效果。

思考与练习

1. 在菜场调查时发现，仍有一些卖菜者在"热情地"帮顾客用塑料袋装菜。一位同学问："不是禁送塑料袋了吗？"卖菜者指着旁边的摊位说："大家都在送，我不送，你会买我的菜吗？"如果你在现场，你会怎样劝说这位卖菜的人？

2. 一个人在高山之巅的鹰巢里，抓到了一只幼鹰，他把幼鹰带回家，养在鸡笼里。这只幼鹰和鸡一起啄食、嬉闹和休息，它以为自己是一只鸡。这只鹰渐渐长大，羽翼丰满了，主人想把它训练成猎鹰，可是由于终日和鸡混在一起，它已经变得和鸡完全一样，根本没有飞的愿望了。主人试了各种办法，都毫无效果，最后把它带到山顶上，一把将它扔了出去。这只鹰像块石头似的，直掉下去，慌乱之中它拼命地扑打翅膀，就这样，它终于飞了起来！

①读了这则材料，你明白了什么道理？

②班上一位同学娇生惯养，好逸恶劳，结合这则材料，你打算怎样劝说他？

3. 坐公共汽车真不容易！有人开过这样一个玩笑，说是要过几个国家才能坐上车——先是越南（越过栏杆），再是朝鲜（朝里掀），接着是几内亚（往里挤往里压），然后是老挝（恼火）。这次，陶亮有事去坐公共汽车，车一来，大伙蜂拥而上……看到这情景，陶亮想劝劝大家，可怎样才能让语言幽默而大家容易接受呢？请你替陶亮想一段话。

4. 假如你是救助残疾儿童募捐活动的志愿者，抱着募捐箱正在路口向行人募捐，这时走过来一位拉着女儿的三十岁左右的妇女，你会怎样委婉、得体地劝说她献出爱心。

第六部分
面试　推销

学习目标 ··

1. 在求职面试时能恰到好处地介绍自己。
2. 掌握推销口才的技巧，学会行业语言行为的一般规律。
3. 具有较强的交流沟通能力和社会融合能力。

　　在竞争激烈的现代社会中，面试是我们求职必经的重要一环。"百闻不如一见"，企业把面试作为最直观的人才判断手段，通过测试，试图获得求职者的素质信息。对于求职者而言，如何展现才华和潜力，突出自己的优势，使自己在竞争中脱颖而出，至关重要。实际上，面试就是自我推销，只要我们掌握一定的面试沟通技巧，就能成功地展示自己，让面试官刮目相看，获得职位。推销自己是一门艺术，推销产品是一种才能，推销对于企业非常重要。西方企业家说："没有推销，就没有企业。"对于成功推销来说，最需要的是好口才，据说推销的奇迹80%是由口才创造的。好的口才不仅能够充分地展示一名销售人员的个人魅力，同时还能够给自己的顾客带来愉悦的享受，从而快速高效地将产品和服务销售出去。

第一单元　面试

一、　面试概述

　　面试是一种人员招聘的选拔考试,被用来测试和评价面试者的能力素质。面试是通过测试方的精心设计,安排特定的场境,借助于交谈与观察,面对面地科学测试应试者的综合素质。面试给测试方和应试者提供了进行双向交流沟通的机会,能使双方相互了解,是一种测试者与应试者之间互动的可控测评方式;测评的主动权主要控制在测试者手里,具有很大的灵活性、调节性和针对性,可以灵活而具体地考察应试者的知识水平、经验能力和个性品质。

　　面试与其他测评手段不一样,其他测评即使有存在面对面的观察与交谈,但那是在自然场景下进行的,没有经过特定的情景安排。面试也与其他语言测试有所不同,如口试强调口头语言的测评方式及特点,而面试还包括对非口头语言行为的综合分析、推理与判断;再如交谈强调面对面地直接接触的形式与情感沟通的效果,而面试则是经过精心设计问答过程,观察分析判断应试者的价值理念、进取意识、求职动机、兴趣爱好等多方面的情况。当然,面试并非去测评一个人的所有素质,而是有选择性、有针对性地去测评最能测评的内容。

　　由于面试的针对性不同,不同的面试侧重点也不同,但总体而言,面试主要测评的基本内容如下:

　　首先是外在风度气质。一般情况下,一个人的体态、姿势、谈吐、衣着打扮等都在一定程度上反映出这个人的内在素养和其他个性特征。作为应试者,其体型、外貌、气色、衣着、举止、精神状态等都给招聘者留下了最初的印象。一项针对上海浦东新区30家外企的专题问卷调查结果表明,90%的企业会把第一印象作为用人标准。在面试过程中,一些职位如企业管理人员、教师、国家公务员、秘书等,对外在风度气质的要求相对较高。因此应试者仪表端庄、衣着整洁、举止文明,会提高面试的成功几率。

　　其次是专业知识水平。面试很重视应试者专业知识水平的考查,考查应试者是否具备相应的知识深度和广度、知识的更新是否符合职位的需要。相比笔试而言,面试的专业知识考查更具灵活性,测试方所提问题更接近应聘职位对专业知识的需求。

　　再次是实践工作经验。不少用人单位表示他们非常看重工作经验和实际工作能力,甚至表示,即使某些职位空缺,也不愿降低标准任用没有工作经验的应聘者。实际的工作经验和工作能力会为面试添加不少成功的筹码。面试时会提问关于应试者的工作阅历情况,查询应试者有关的背景及过去工作的情况,用来补充、证实其所表明的实践经验。通过了解应试者的工作经历与实践经验,还可以考查应试者的责任感、主动性、思维力、口头表达能力等。

　　最后是职业态度。职业态度是一个综合概念，包括一个人的求职动机、自我的职业期望以及认真自觉工作进而达成工作目标的态度和责任心。面试时会设计一些问题，对应试者的职业态度加以考量。通过了解应试者应聘本单位本职位的原因、工作追求，判断本单位所能提供的职位或工作条件等能否满足其工作要求和期望。面试过程中，测试者考察应试者对过去工作和欲应聘工作的态度，了解应试者的工作态度和责任心。在过去工作中态度不认真，对工作没有责任心的人，在新的工作岗位也很难说能勤勤恳恳、认真负责。

　　其他如综合分析能力、应变能力、人际交往能力、自我控制能力与情绪稳定性等都是面试要了解的内容。

二、　面试沟通的特点

》》（一）借助面谈进行沟通

　　面试一般借助于面谈来完成考察的。面谈时，测试方会向应试者发问，提出各种问题，这些问题可能是技术问题，也可能是询问经历，或者并没有明显的意图。应试者则根据测试方提出的问题有针对性地进行回答，而应试者的回答将成为测试方考虑是否接受他的重要依据。调查显示，求职失败50%源于面试交谈的错答，因此，在面试过程中，应试者正确地把握回答技巧十分重要。有时测试方会提出诸如"你为什么要选择我们公司？"之类的问题，这是测试方对求职动机的提问，应试者在回答此类问题时一定要认真思考后再回答，最好能结合公司的管理和发展情况进行回答。如果只是简单地将原因归结为"待遇高"或者"离家近"等回答，势必会影响回答的效果。有时测试方可能会提出问题故意刁难应试者，特别是对于应聘管理或销售等职位的应试者，这种刁难可能更经常发生，这主要是为了考察应试者的反应能力。此时应该沉着应对，对于实在难以回答的问题，可以直截了当地讲明原因，或者以一些幽默的方式应付过去。如果此时不知所措，则恰恰说明了应急能力和反应能力较差。除了积极地回答测试方的提问，谈话时还要注意营造良好的面试沟通氛围。如果沟通仅限于呆板的一问一答方式，有时会让面试陷入僵局，特别是应试者需要避免回答过于简短，如果回答比提问还要简短，测试者需要绞尽脑汁来思考如何提问，这时面试往往会显得非常尴尬。作为测试方，通过谈话可以直接地、有针对性地了解应试者某一方面情况或素质。

　　测试方需要注意把握面谈的主题、驾驭谈话的进程、设计谈话的提问、营造积极的氛围等。当应试者回答问题偏离主题时，可利用提问控制或调整话题。当应试者回答完后，可以经过短暂的沉思后进行补充性的追问，这将激发应试者的回答，取得新的意外收获，更好地转移到下一个话题。测试方可以利用应试者的擅长之处，提出一些启发性问题，调动其进一步思索，展示应试者的才华。谈话中测试方不同的提问方式也会有不同的效果,比如谈话中最常见的封闭式提问,如"你是否能在压力下工作?"答案只有"是"或"否"两种;开放式提问,如"你如何做到在压力下工作?"不能以"是"或"否"来回答,而要进行解释。开放式提问优胜于封闭式提问,能够让应试者尽可能地发表观点和想法。

》》（二）观察是沟通不可缺少的手段

"观"重在表象,要求察言观色、由表及里,也就是从主观上给人一个初步评价,再由主观逐步转向客观;"察"重在实质,如果说"观"是主观上给人一个初步印象,那么"察"就是用客观来对其验证。面试沟通中,测试者通过"观察"应试者的言谈举止,经过判断,进一步了解应试者的行为类型,进而透过人的表象层面推断其深层心理。作为测试者,沟通中的观察主要体现在"看"应试者的面部表情和身体动作,"听"应试者的谈话。

面试沟通时,不同的心理特征、素质、状况,所体现的面部表情和身体动作都各不相同。比如,测试方常常会问到一些应试者预料不及的问题,如果应试者神色大变,则其不是对背景有所隐瞒,就是对工作无能为力。优秀的应试者即使遇到一时不能处理的难题,在短暂的神情波动之后,会很快镇定下来;而心理素质较差者则很难平复心境。应试者在沟通时,如果两肩微微下垂,双手持续地做着某个单调的动作,身体以较慢的速度移动,说明其情绪抑郁;如果双手不断颤抖,无休止地快速运动手脚,说明其性格急躁;如果双手紧靠身体某个部位,头部下垂,说明其不够自信,缺乏创新精神;如果手指不停摆动手里的东西或身上的衣服,膝盖或脚尖抖动,说明其紧张或焦躁不安。

"听"对于测试者是十分必要的,听应试者的谈话,巧妙引导沟通不偏离主题,思考分析应试者的回答,归纳整理其关键实质之处,准确把握对方的真实意图,获取尽可能多的信息。测试者要时刻关注应试者的思维变化、谈话内容的要点,以及语音、语气、语调、节奏的变化等各种信号,准确进行分析判断,然后采取合理有效的应对措施,比如是否听懂了提问,是否抓住了问题的要害,语言表达的逻辑性、层次性、准确性等;还要根据应试者讲话的语音、语速、语调等来判断应试者的性格特征等。沟通中听的关键在于,先不要抱有什么成见或决定,应密切注意应试者所要表达的内容及其情绪,这样才能使应试者畅所欲言,无所顾忌,而作为倾听者的测试方才能得到比较真实而完整的信息,以此作为判断和行动的依据。

》》（三）灵活性

面试是一种很灵活的测评方法,沟通的方式和内容具有较大的变通性。不同的职位因职位内容、职责范围、任职资格条件等不同,对应试者的要求不同,面试可以根据不同职位的特点,灵活地采用不同的方式,有侧重点地考察应试者的不同方面。在考查过程中,对于拥有不同工作经历和专业背景的应试者,需要灵活地调整提问的内容和形式,有区别地询问有关情况。

面试的问题往往是事先经过精心设计的,但在具体的面试沟通中,由于各个应试者的具体情况和表现不同,测试者可以有针对性地提问,不必拘泥于预设的题目。不同的应试者回答问题的情况不同,提问的方式和内容也应随之适当变化,如果应试者回答问题时引发出与拟定的题目不同的问题,测试者就可以顺势追问。不同的应试者回答问题所显出的信息量不同,因此测试者可以根据获得的信息是否足够来决定问题的数量。如果应试者的回答已经充分显示了某方面的信息,那么沟通过程可以适当缩短;反之,可以继续向应试者多提出一些问题,甚至延长沟通过程。

》》(四)互动性

面试的沟通对象由测试者和应试者组成,二者之间是双向互动的。沟通过程中,测试者通过观察和倾听,判断、评价应试者,同时应试者也可以通过观察和倾听,判断测试者的价值观点、判断标准以及自己在面试中所取得的满意程度等,并根据这些调整自己的面试行为。当然,应试者还可以通过沟通了解自己应聘单位和职位情况,判断自己是否适合该职位、是否可以接受该工作。所以说,面试不仅是测试者对应试者的一种考查,也是主客体之间的一种沟通、情感交流和能力的较量。测试者通过面试,从应试者身上获取尽可能多的有价值的信息;应试者也可以主动地抓住面试机会,捕捉到与应聘单位及职位有关的、自己感兴趣的信息,这些都对面试成功提供了帮助。

面试沟通的互动是直接的,应试者的语言及行为表现与测试者的评判是直接相连的,中间没有任何中介转换形式。应试者与测试者之间的接触、交谈、观察是相互的、面对面的,信息交流与反馈是相互作用的。面试沟通的直接互动使应试者与测试者之间的沟通效果更好,真实性更强,从而体现出面试较其他测评方式的优越之处。

》》(五)平等性

面试是最常用和最普通的招聘手段,98%的用人单位都将面试作为招聘新员工的主要手段。有效设计的面试可以得到充分的用于评估和权衡的信息,提高成功选用人才的几率。面试是一场选拔赛,也是雇佣双方所共同遭遇的探险经历,更应该是可能雇员与未来雇主的平等对话。在传统的观念中,面试的双方似乎是不平等的。测试者总是掌握着主动权,有权选择应试者;而应试者也总是抱着被选择的心态,争取自己的最佳表现,以得到测试方的赏识。英国未来管理学会顾问、执行教练简妮·罗杰斯曾经说过,"面试实际上是一个追逐过程,你追逐公司的同时也正被公司所追逐",面试的双方应该是平等的。抱着双方平等的沟通心理可以取得良好的效果,展现自己的个性,真诚自信应对,和测试方之间形成一种平等的对话,这才是一个成功的应试者正确的做法。反之,就会缺乏自信、表现过分拘谨、讲话结结巴巴、语言夸张恭维,不能很好地展示自己的才能,也让测试方感到不够尊重,导致面试的失败。所以,面试应该是一个双向选择的过程,应试者在被选择的同时,也在选择测试者所招聘的职位,面试是一场应试者和测试者之间的平等博弈。

三、 面试沟通的基本技巧

有这样一则消息:某公司面试时,问所有的应试者什么时候可以开始工作,大部分都答了一些具体的时间,只有一个应试者回答说:"现在,现在就可以,我的盒饭都买好了。"于是这个人立刻就被录用了。

该应试者的回答只是很一般、很平常的语句,却在所有应试者中脱颖而出,获得了面试的成功。这是由于在面试这样特定场合下,一些看似普通的话语却具有特别意义上的延伸或内涵。面对测试者的提问,若能在回答时心领神悟,切中要害,定能收到意想不到的效果。上面这位被录用者正是进行了合理的发挥,避实就虚,不仅婉转地回答了测试方的提问,而且也表现出自己的敬业精神和时间观念,最终成功地获得该公司的认同。面试如同其他考试、考查一样,既与平常知识经验的积累有关,也同相应技巧的使用、临场的发挥分不开,提高面试成功率,必须注意面试的特点,掌握面试的基本技巧。

》（一）面试的语言技巧

1.语言表达要精练准确

面试中语言技巧使用的优劣,直接反映了应试者的知识和修养。良好的语言表达技巧,会推动面试的顺利进行,协调应试者与测试者的沟通,使测试者能够全面了解应试者的能力和素质。应试者需简洁、精炼,谈吐流利、清楚,以中心内容为线索,展开发挥,但不要将主题漫无边际地外延。为了突出自己的中心论点,应试者可采用结构化的语言,注意层次性与逻辑性。回答问题时,开宗明义,先做结论,然后再做叙述和论证,条理清晰地展开主要内容,避免议论冗长。

针对某一问题能否发表合理的、深刻的、有建设性的观点,是面试中一项重要的测评项目。为了争取测试方的认可,应试者除了要具备真才实学能够发表真知灼见,也要掌握表达自己观点的艺术,以此来促进对方对自己观点的理解和接受。

接受提问时应试者需注意听,抓住测试者提问的要点,同时合理组织自己的语言,对方未说完,绝不能打断其话头,静待对方说完后再从容不迫地发言。回答提问时,需保持与测试方的及时沟通,一定要密切观察测试方的反应;对方未听清楚,要及时重复;对方表示困惑,要加以解释或补充说明;如果对方流露出不耐烦的情绪,自行结束话题,而不要等到被打断;当问题属于中性或不易引起争论时,可直接坦率地提出自己的观点。

2.准确掌握语音的强弱

说话声音的强弱,是一个人自信心的最直接体现。测试方对一个声音低得难以听清的应试者是绝不会有耐心的,这样的面试只会留下这样的印象:胆怯,不敢表达自己的思想或不愿和他人分享自己的经历。反之,说话声音过大也会影响测试者的情绪,使对方觉得不尊重他。因此,准确掌握语音的强弱非常重要,一般面试中,应试者可以参照测试者的声音并略微低于对方即可。

3.语调要强弱起伏

语调的高低轻重会直接体现出应试者的情绪和心境。面试的表述应当语调强弱起伏,适时抑扬顿挫,情绪适当。有的应试者可能由于紧张或者自信心不足,在回答提问时,神色紧张,语言呆板,言之无味,给测试者留下不好的印象。综观那些在面试中脱颖而出的应试者,无一不是在对问题进行短暂的理性思索之后,将个人的情感融入见解之中,声情并茂地将自己的观点抑扬有力地表述出来的。要做到这点,需要乐观向上的自信心,不自信会造成情绪紧张,思维迟钝。另外,还要注意营造情境,以情带声,善于从生活化的事例或个人的主观感受入手,努力做到晓之以理、动之以情,使测试方产生强烈的共鸣,从而使他们看待你的眼光由审视到欣赏,由评判到认同。

4.使用多种手段加强语势

应试者的语势往往反映应试者的逻辑思维能力和语言表达能力。良好的语势可以很好地掌控沟通的节奏,引导沟通向着利于自己的方向发展。使用各种修辞如形象化的比喻、拟人或有气势的排比等是加强语势的最佳途径;名人名言、谚语俗话或眼下较为流行的话语都可以用来论证或阐述自己的观点;还可以用带有精确数字的事例、不起眼但很有意义的轶闻趣事或经典的历史掌故对自己的观点加以补充和升华。要做到这些,需注意平时积累一些名言警句或历史典故;对他人较为新颖的表达方式,要结合自己的兴趣和习惯,灵活地加以借鉴和运用;要能把不同性质、不同类别、不同层次的事物,通过巧妙的提炼和组合,用来为自己要表达的思想服务。

此外,面试结束前,测试方一般会问这样的问题:“您对该职位还有什么问题?”一方面测试方会根据问题解释前面未提到的问题,另一方面其实是在考查应试者沟通中语势的应用,也就是将沟通的方向引向己方的能力。这时候一定不要说“没有问题了”,而是最好提出一些尖锐、敏感并有深度的问题,将语势重新夺回。

总之,在实际的面试沟通中,语言、语音、语调和语势的技巧往往被同时运用。精练准确的言语、洪亮适度的声音、抑扬顿挫的语调和节奏鲜明的语势,能使面试走向成功。

≫（二）求职面试中的语言禁忌

面试是求职的一个重要环节,如同其他考试一样,既要有经验的积累,也要有临场的发挥,语言的技巧尤其显得重要。恰当得体的语言无疑会增强竞争力,更易应聘成功。反之,不得体的语言会损害你的形象,削弱你的竞争力,甚至导致求职面试的失败。因此,在求职面试中更要注意语言的禁忌。

1.忌问“你们要不要……?”

“你们要不要外地人?”“你们要不要女性?”“你们要招聘多少人?”“你们对学历

的要求有没有余地?"等。

"你们要不要外地人?"一些外地人出于坦诚,或急于得到"兑现",一见招聘人员就说这么一句,弄得人家无话可说,因为一般情况下,招聘方总是希望多用本地人,但也没有理由说不用外地人。这要看你的实际情况能否与对方的需求接上口,让人家觉得很有必要接纳你。"你们要不要女性?"这样询问的女性,首先给自己打了"折扣",是一种缺乏自信心的表现。面对已露怯意的女性,用人单位正好"顺水推舟",予以回绝。你若是来一番非同凡响的介绍,反倒会让对方认真考虑。"你们要招聘多少人?"对用人单位来讲,问题不在于招几个,而是你有没有一无二的实力和竞争力。"你们对学历的要求有没有余地?"本来,研究生、本科生、大专生,甚至于中专生,在学历上肯定是有差距的,但在能力的竞争上却是平等的,任人唯贤的例子是很多的。如果这样一问,招聘方回答没有余地,那么,你也就没有余地了。这些都是缺乏自信的表现,没有自信的人也是不受用人单位欢迎的人。

2. 忌说"我与××相熟"

"我与你们单位的××认识""我和××是同学,关系很不错",等等。有熟人这种话主考官听了会反感,他会觉得你根本没有实力,就喜欢拉关系,或者是想"拉大旗作虎皮"。如果主考官与你所说的那个人关系不怎么好,甚至有矛盾,那么,你这话引起的后果就会更糟。

3. 忌急问"你们的待遇怎么样?"

面试时尽量不要问工资待遇。一般的单位都有固定的工资标准体系,对于应届大学生,单位一般不会在工资上破例,而且很多时候用人单位会提前公布这方面的信息,面试时不适宜过多问这方面问题。这很容易让面试官反感,"工作还没干就先提条件,何况我还没说要你呢!"。

4. 忌直说"我不同意""我不赞成"

某些面试可能是讨论式的,由于个人的经历不同或者所处的社会地位不同,对一些问题的看法必然会有所不同。面试官与求职者讨论问题,双方的观点可能有很大的差异,求职者在发表自己的见解时,要注意避免和面试官的直接交锋,不要直接对抗对方观点。

5. 忌直说"我适合……,不适合……"

如果面试官说:"我们的管理人员很多,一线工人不足,愿意到一线吗?"你该怎样回答? 假若你说"我适合做管理人员,而不适合去一线工作",这样直接地反对,无疑面试很难进行下去;假若你说"愿意",而不强调自己一定要向高层次发展,对方会觉得你碌碌无为,即使在一线,无上进心也不能很好地完成工作。对此可以说:"发展有难度并不等于不可能,我将尽最大努力去争取最适合我同时对公司有益的工作,并且能做好。"

6. 忌怕说"我不懂""我不知道"

面试中常会遇到一些不熟悉、曾经熟悉现在忘了或根本不懂的问题,面临这种情况,知之为知之,不知为不知是上策。回避问题是失策,牵强附会更是拙劣,诚恳坦率地承认自己的不足之处,反倒会赢得面试官的信任和好感。

7. 忌不敢说"您问的是不是这样一个问题?"

面试中,面试官提出的问题过大,以致不知从何答起,或求职者对问题的意思不明白是常有的事,但许多求职者碍于面子,或者胆怯,不敢问,结果是糊里糊涂,答非所问。应该是确认提问,敢于说"您问的是不是这样一个问题?",将问题复述一遍,确认其内容,才会有的放矢,不致南辕北辙,答非所问。

8. 忌说"我从没失败过""我可以胜任一切"

这种说法是自诩,自诩是一种以自我为中心的不切实际的言语辐射,它往往使交流对象感到失去了自己的交际价值。自诩有自我吹嘘和借夸两种表现形式。自我吹嘘者往往言过其实地突出自己的某些情节、某项成就、某种特长。比如,考官问:"请你告诉我你的一次失败经历。""我想不起我曾经失败过。"又如,"你有何优缺点?""我可以胜任一切工作。"这常常会让面试官产生逆反心理,对你的才能乃至人品产生怀疑,故反倒破坏自己的形象。借夸则不同,它是故意搬出与自己相似相近的某个人,把他品行才干方面的一些与自己相关的杰出表现大肆渲染,作一番夸耀;或者大言不惭地吹嘘自己与某些名人、大人物的交往,借此抬高自己的身价,这也是一种变相的自夸,同样令人生厌。

》》(三)副语言沟通的基本技巧

副语言沟通是指通过身体动作、体态、语气语调、空间距离等方式交流信息、进行沟通的过程。在沟通中,信息的部分内容往往通过有声语言来表达,而副语言则作为提供解释内容的框架来表达信息的相关部分,副语言沟通对沟通的有效性有着重要意义,而面试由于其在招聘环节中的地位和自身的特点,更加突显了副语言沟通的重要性。

1. 身体语言

身体语言又称行为语言,是指通过人体各部分动作来传递信息、沟通交流的非语言符号。它既可以是动态的,也可以是静态的;可能是有意识的,也可能是无意识的。换句话说,你的身体任何时候都会"说话"。根据人体的部位,体态语言又可细分为首语、面部表情语、手语言、臂语言和脚语等。在面试中,正确地传递和接收头部、脸部、手部、臂部、脚部等的信息,有助于增加成功的概率。

头部语言,简称首语,是指运用头部动作、姿态来交流信息的非语言符号。在面试中,测试者根据应试者的头部动作,常常就能了解应试者的态度、情绪等,而且可以对应试者是否自信进行推断。而对应试者来说,及时捕捉测试者通过头部语言透露的信息,也有利于找到测试者对自己看法的蛛丝马迹。

面部表情语是指运用面部器官,如眉、眼、鼻、嘴来交流信息和表达情感的非语言符号。而在面部表情语中,最有表现力的当属眉眼语和微笑语。眉眼语,顾名思义指运用眉毛和眼睛的动作、姿态所表达的副语言符号,眼睛的微观动作具有显示内心情感的语言功能。在面试中,应聘者如果不注视对方或回避对方的视线,一般会传递出负面的信息,如不诚实、有所隐瞒、不自信等;如果长时间注视对方,则有向对方挑衅或施加某种压力的嫌疑;而注视时间太短,则又会让对方觉得你对谈话内容不感兴趣或厌恶。因此,在面试过程中,最好保证注视时间占谈话时间的30% ~60%。视线的角度和视线停留的部位也有不同的含义。在面试中,应试者可以采用视线向上,表示尊敬、敬畏,也可用平行视线表达出理性与冷静,但视线停留的部位最好是在对方以双眼为上线,以嘴为下顶角的三角形区域。

手语言是指通过手的动作和姿势表达信息、传递感情的非语言符号。面试沟通过程中,手势语使用的频率和幅度也值得关注,过多的手势语和幅度过大的手势,往往会给人造作之感,而且过多的信息也容易被对方曲解。另外臂的动作也可以显示出一个人的心理状态和性格特征。应试者如果采用"握臂"或"局部臂交叉姿势",则会显示出内心紧张并竭力掩饰的自制信号。

脚语言则是指通过脚的动作和姿势来表达信息、传递感情的非语言符号。应试者的脚步沉稳,表示其沉着、踏实;脚步轻快可反映其内心的愉悦;脚步小且轻,表示其谨慎、服从。此外,脚语还能透露出人的心理指向,二郎腿则可能表明不服输的对抗意识,或是有足够的自信,或是有强烈的显示自己的欲望。

2.形象语言

形象语言,指通过相貌、穿着、打扮等来传递信息、表达情感的非语言符号。作为一种非语言符号,形象语言具有交际功能,能够表明主体的身份、地位和职业,而且也可以表现情感和价值观念。在面试中,应聘者应根据面试的公司、应聘的职位、面试的时间、面试的地点等,选择得体的衣着服饰。一般情况下,面试场合以正式、职业、稳重的形象为宜,太过休闲和放松易给人以轻浮之感。面试者可以选用深色的制服、套装、套裙,因为深色调的服装能给人成熟、稳重、权威的感觉,套装也能传达出成熟、干练等素质,从而能向测试者传递出精明干练、办事可靠、对工作负责等信息,有助于应试者在面试中脱颖而出。

思考与练习

1.毕业求职时需注意运用哪些面试技巧?

2.你要去参加一次重要的面试,可因为走得太匆忙,快到了才发现自己穿了一双拖鞋。如果回去换,已经来不及了,想再买一双呢,自己又没有带钱。你发现一个人刚买了一双比较高档的新皮鞋,你估计能穿,而你身上只带了一个特地为爸爸买的价值20元的打火机,于是你打算用这个打火机来换取穿一次他的皮鞋的机会(只是穿一次),可是对方说了不愿意跟你换的三个理由:①鞋是新买的,他自己都还没有穿呢;②他不用打火机;③害怕你穿了不还。你怎么说服他?

3. 面试时,某公司对应试者提问:"你了解我们公司吗?"假如回答说"了解",那么了解有多深?若被问及"公司在什么地方,有哪些产品"时你回答不上或不完整,岂不难堪?假如说"不了解",无疑是自己跟自己过不去,你到不了解的公司面试,只能说明你的轻率和对该公司的不尊重,又怎能通过面试呢?对此你该怎么回答?

4. 假如测试方请你简要评价一下前几位应试者的表现,作为应试者的你该如何作答?

5. 面试过程中,应试者可以主动问测试方一些问题,但以下有些是不应当问的,请选出可以问的一项,并说明原因。

A. 请问贵单位所招的是笔试的前两名吗?

B. 贵单位能够在工作后分我一套房子吗?

C. 这个问题我刚才没说清楚,请问我可以补充一下吗?

第二单元 推销

一、推销概述

从商品经济角度看,推销是指商品交换范畴的推销,即商品推销。它是指推销人员运用一定的方法和技巧,帮助顾客购买某种商品和劳务,以使双方的需要得到满足的行为过程。推销作为一种社会经济活动,是伴随着商品经济一起产生和发展的,是商品经济活动中一个必不可少的组成部分,对推动商品经济的发展起着积极的作用。推销是现代企业经营活动中的一个重要环节,推销作为一种企业行为,更是决定着企业的生死存亡。当今社会充满竞争,企业要生存,要在强手如林的竞争者中脱颖而出,离不开成功的推销。在商品经济发达的国家,推销被认为是经营的命脉。

任何形式的推销都少不了推销员(推销主体)、推销品(推销对象)和推销客体(顾客)。推销的核心是说服,推销员的主要工作就是说服顾客接受自己推销的产品或服务,没有一定的表达能力和说服技巧是很难奏效的;整个推销活动,从接近顾客到解除疑虑,直到最后成交,都离不开推销口才。口才是推销成功的关键所在,是推销员创造销售业绩的有力武器。

二、 推销口才的原则和策略

》》（一）推销口才的原则

1. 目的是关键，口才是手段

手段是为目的、结果服务的，推销员的口才是为推销目的服务的手段。中国古代有"一言可以兴邦，一言也可以误国"之说，道出了说话举足轻重的作用。口才是人类生活中最难能可贵的艺术或手段，没有口才的人，犹如发不出声音的留声机。

推销员遇到的顾客各不相同，在谈话过程中，从顾客的谈话中了解对方是说话取胜的关键。谈话如同上阵打仗，只有知己知彼，才能百战不殆。只有侦察了解顾客，考虑他们的性格、经历、背景、知识层次，等等，根据对方不同的特点"对症下药"，才能达到自己推销的目的。例如，对于性格沉稳的人，要用道理说服他；而对于好冲动的人，激将法会很起作用。

2. 有理、有据、有节

口才是手段，但不能为了获得好口才的称赞，或为了营造融洽的谈话气氛，而一味地让步。无原则地让步，如牺牲自己利益，丧失自己的尊严，不坚持自己的立场，等等，都是不正确的。说话也要讲究有理、有据、有节。

有理，指的是要讲真话。在推销时，与顾客有时在认识上、感情上会产生不一致；有时对顾客说的话、提出的问题是自己所不能接受的，这时要敢于表达自己的真实立场、观点或想法。在任何时候，都应得体地表达自己的真实想法，站在"理"字一边儿。

有据，指的是要说实话，反映真实情况，而不是歪曲事实，顺风说好话。真诚，就是真实诚恳，不论对推销员还是顾客来说，这都非常重要。与人相处，追求成功的目标和准则应该是自己、他人和社会三者都是获益者，交际的实质是给予和索取。如果精神上的给予没有真诚，顾客就不可能得到；如果是物质上的给予缺乏诚意，对方只能视其为恩赐，即使出于无奈，不得不接受，内心也会有怨恨。

推销员在与顾客谈话时，要有自我控制能力，即"有节"。每个人都有自己的利益、立场、观点和看法，也许顾客的讲解、主张与自己不同，这时一定要保持冷静，寻求沟通，以达到互相理解。当然，也有顾客故意贬低或挑衅，这时更要保持冷静，思考反击之策。一定要控制自己的情绪和语言，否则很容易在"心不平、气不和"的情况下，口不择言。推销中，要控制自己不必因顾客的一句话或某种态度而怒，要镇静地、理智地思考对策，通过温和得体的态度表达自己的观点。说话要有节制，还要知道什么时候说，什么时候保持沉默。与顾客谈话时，不要只自己说，还要学会听，学会观察。顾客话只说了一半儿就抢话，这样会造成没了解清楚对方的意思，自己要说的话也没有经过深思熟虑，如此，就很容易表达失误；而且，抢话还是不礼貌、没有信心的表现。会说话的推销员和不会说话的推销员有一点最大的不同：那就是会说话的推销员能控制自我，掌握说话的主动权。

3. 说赢顾客不等于你有好口才

推销的最终目的在于成交,不在说赢顾客。不要对顾客提出的任何问题、想法,都抱着要说赢顾客,才能说服顾客的心理。有经验的推销员都懂得要赢得胜利,不妨忍让小处。小的地方应该顺着顾客,略做让步,不要对顾客提出的任何问题、想法,都咄咄逼人、尖锐地反驳回去,不要以为说赢顾客,顾客就会购买。须知抵抗越大,反弹就越强。顾客购买东西,并不一定非要所有的条件都完备才购买,往往只要是最重要的几项需求能被满足就会决定购买,因此没有必要对顾客提出的任何异义都想说赢他,在小处无论有无道理都可以考虑顺从客户。

每个人都有自己的想法与立场,在推销说服的过程中,若想要顾客放弃所有的想法与立场,完全接受你的意见,会使对方觉得很没面子,特别是一些关系到个人主观喜好的问题,例如颜色、外观、样式,千万不能将自己的意志强加到别人身上。没有经验的推销员,对顾客提出的异议都千方百计地想要证明自己是对的,往往让顾客在被推销的过程中经历一段不愉快的处境。而成为真正推销专家的人从不会想到说赢顾客,他们只会建议顾客,他们都会在顾客感受尊重的情况下进行推销的工作。

4. 说话要条理清楚

条理清楚指的是说话时要注意因果关系、前后联系和善于归类。在表达不同的思想时,要注意使用过渡、转折。如果一次谈话中要表达多个观点、见解,要注意使用"另外……""还有一个问题……""更重要的是……"等句式,这样,顾客可以根据你的语言调整自己的思维,理解你所表达的要点。

关于说话要条理清楚的反例可以说比比皆是。有的人一个问题说到一半儿,开始说第二个问题,第二个问题没说完,他又回到了第一个问题,甚至还有第三个问题、第四个问题……结果哪个问题都没说清楚,顾客听得稀里糊涂,满头雾水。说话条理不清,还可能是喋喋不休、啰唆、废话连篇,只有一个问题,却翻来覆去地说,越说废话越多,越说离题越远,结果顾客不知你所言为何事。

条理清楚是说话的基本功,只有条理清楚,才能清楚地表达自己。

5. 突出主题

推销交谈时,推销员经常会用一些信息作修饰,以突出或充实自己的语言。如果使用正确,这会使语言显得丰富,但如果使用不当,容易适得其反,令人抓不住你谈话的主题。在交谈时,传递的信息要简明准确,不要让多余的信息增加对方理解上的困难。在一些毫不相干的事情上兜圈子,会使听者迷惑不解,无法理解你要表达的意思。

》》(二)推销口才的策略

1. 避免命令式语句,尽量采用请求式语句

什么是命令式语句,什么是请求式呢?举个例子,搭乘公交车时,假如一个人上来

后,对坐着的人说:"喂！过去一点,这里我要坐!"这是命令式语气,其结果是即使坐位很宽松,对方也不见得乐意空出地方。如果换个口气说:"对不起,能不能让我也挤一挤?"这是请求式语句,由于他说话客气,所以对方是乐意帮忙的。

命令式语句是说话者单方面的意见,没有征求别人意见就勉强别人去做。请求式的语句是尊重对方,以协商的态度,请别人去做。

假如,顾客问推销员,有没有他们需要的一种货,推销员答:"没有了,到下个月再说。"这会令顾客不舒服而转向别的厂。但若是回答"这种货暂时已全部被订出去了,不过已经在赶货,您愿意等几天吗?"则会挽留住一个顾客。

2. 少用否定语句,多用肯定语句

对推销人员而言,讲否定语句应视为一种禁忌,要尽量避免。在很多场合下,肯定句可以代替否定句,且效果往往出人意料。

例如,顾客问:"这样的衣料没有红色的吗?"推销员答:"没有。"这就是否定句,顾客听后反应是既然没有就不买了。但若回答:"目前只剩下黄色和蓝色的了,这两种颜色都很好看。"便成为一种肯定的回答。虽然两种回答都承认没有红色衣料,但否定似乎是拒绝,而肯定给人一种温和的感觉。

3. 要用请求式的肯定语句说出拒绝的话

例如,当顾客提出"降价"要求时,推销员说"办不到",那么会立即挫伤顾客的心境而打消购买欲望。如果推销员对顾客的要求经过分析后,认为应该拒绝的话,可以说:"对不起,我们的商品不二价,价钱都是实实在在的,绝不会多要你一元钱。"这实际上是用肯定的语句请顾客体谅。总之,如能做到拒绝顾客而不使之反感,才可称掌握了说话技巧。

4. 边说话,边注意顾客的反应

推销员切忌演说式的独白,而应边说边注意顾客的反应,提一些问题,了解顾客需求以确定自己的说话方式。英国心理学家奥格登说:"说话的意义并不像字典上所查的那么固定,因为现实情况的差别,话语便会呈现不同意义。"

例如,某天张先生走出家门,抬头望了望天空,嘴里便自言自语说:"天上有乌云呢!"他的意思并不单指"云",而表示"要下雨了,出门需带伞"。此时张太太也同样望着天说:"天上乌云密布了!"但这并不表示出门带伞,而是说"天要下雨了,我就不能把衣服晒到外面了"。同样的道理,推销员对不同顾客谈话,虽然语句一样,由于顾客的理解力、想象力不同就会产生不同结果,所以推销员要时常用话试探顾客的反应。推销员在同顾客谈话中不能用自己的销售方式进行推销,而是要使用顾客想购买的方式来吸引他们。

真正的推销对话,应该是相互应答的过程,自己的每一句话应当是对方上一句话的继续。对顾客的每句话作出反应,并能在自己的说话中适当引用和反复,这样,彼此间就会取得真正的沟通。

5. 用负正法讲话

什么是负正法呢？看下面两句话：

①"价格虽然高一点,但东西很牢固。"

②"东西虽然很牢固,但是价格稍微高了一点。"

这两句话除了前后颠倒外,其余都相同,但是顾客听了却有截然不同的感受,一般认为①较好,为什么？

因为二者侧重点不同,前一句把重点放在"牢固"上,顾客理解这东西是因为牢固才这么贵,于是认定其质量好,而增强购买欲。即：

①价格高一点,但东西牢固。

缺点→优点=优点

②东西虽然很牢固,但是价格稍微高了一点。

优点→缺点=缺点

缺点→优点的推销法,称之为负正法,是推销口才中的一种好方法,能够较好地化解顾客对商品的异议,赢得顾客的好感和信赖。

6. 加强语言细节

语言的影响力不可低估,一句话可以让对方感动、豁然开朗,也会使对方生气,推销员就是要巧妙利用语言这种不可思议的魔力达成自己的目的。

(1)含蓄幽默。在与顾客交谈过程中,可以穿插些含蓄、幽默的话,增添语言的生动性。推销员过分露骨地推销会引起顾客的反感,而公开地表露在交易中给对方"好处",有时会适得其反。如果含蓄一点表示出来,不但体现了说话者的语言技巧,也表现了对顾客想象力和理解力的信任。此外,在推销过程中含蓄还能起到弥补误会的作用。要做到含蓄,可以利用同义词,可提示、暗示,还可以利用比喻、双关、反语、对比等多种修辞格表示。

幽默可以使推销过程中紧张的气氛变得轻松,使对立冲突变得和谐宽容,还能制造长期有利的影响。推销员应学会幽默,注意提高自己的修养素质,平时注意收集一些有趣的事件,谈话时巧用夸张、想象等多种手法把本来平淡无奇的事实发挥得妙趣横生。

(2)注意说话的停顿和重点。调查表明,谈话中的停顿、重点、语调和说话速度对于成功的推销非常重要。在说话停顿时,顾客自然会对前后谈话的内容进行回顾,当你需要强调谈话的某些重点时,停顿是非常有效的(注意,在报价时是例外)。推销员还可以使用加强语气来强调某些重点问题,这比一长串形容词的效果好。

(3)语言通俗流畅。说话不能跟文章一样可以反复斟酌,它是一说即过,故推销员的语言一定要流畅而易懂。中国地域广阔,南北语言差异很大,所以推销员讲话需要看语言环境,不能千篇一律照搬。说话要自然,可以在一定的场合,适当地穿插一些诗词、顺口溜等,会收到很好的效果。字词是思想感情传达的主角,而辅之以表情、动作、姿势等,更能体现推销语言的说服力。

　　（4）掌握谈话的主动权。推销过程中提问题的一方总是掌握销售对话的主动权。推销员提问是了解对方的需要、获取所需信息的手段，也是沟通双方感情的一种比较好的方法。在交谈过程中，要善于结合不同的环境、不同的交谈阶段提出不同的问题。向顾客提出的问题应简单明确，使对方一听就能明白，并便于回答。每次提出的问题不宜太多，一般只提一到两个，以免顾客记不住提问的内容或感到紧张，不知先回答那个问题好；同时提的问题太多，顾客会产生厌烦的情绪，不利于推销的进行。当顾客对某些问题故意避而不答时，推销员应采取迂回战术，耐心追问，或变换角度继续提问，直到顾客满意为止。

三、　推销口才的技巧

　　在这里，先讲一讲销售奇才乔·库尔曼的故事。

　　乔·库尔曼幼年丧父，18 岁那年，他成为一名职业球手，后来手臂受伤，只得回到家中做了一名寿险推销员。29 岁那年，他成为美国薪水最高的推销员之一。在 25 年的推销生涯中，他销售了 40 000 份寿险，平均每日 5 份，这使他成为美国金牌推销员。

　　作为一名成功的推销员，既要吃苦耐劳，也要能说会道，库尔曼可谓两者兼备。凭借自己的勤勉和出众的口才，库尔曼把寿险推销给了一个又一个客户，与此同时，他也把成功"推销"给了自己。

　　一般而言，人们对陌生的推销员总是心存戒备，往往以没有时间为由将其打发走。遇到这样的情况，库尔曼总是用一句具有魔力的话来改变局面。这句有魔力的话是："您是怎么开始您的事业的？"库尔曼告诉我们："这句话似乎有很大的魔力，看看那些忙得不可开交的人吧，只要你提出那个问题，他们总是能挤出时间来跟你聊。"

　　罗斯是一家工厂的老板，工作繁忙，很多推销员都在他面前无功而返，而库尔曼却成功地让这个大忙人接受了自己的推销。下面是两人的对话记录。

　　库尔曼："您好。我叫乔·库尔曼，保险公司的推销员。"

　　罗斯："又是一个推销员。你是今天第十个推销员，我有很多事要做，没时间听你说。别烦我了，我没时间。"

　　库尔曼："请允许我做一个自我介绍，10 分钟就够了。"

　　罗斯："我根本没有时间。"

　　库尔曼低下头用了整整一分钟时间去看放在地板上的产品，然后，他问罗斯："您生产这些产品？"在得到肯定回答后，库尔曼又问："您做这一行多长时间了？"罗斯答，"哦，22 年了。"库尔曼问："您是怎么开始干这一行的？"这句有魔力的话在罗斯身上发挥了效用。他开始滔滔不绝地谈起来，从自己的早年不幸谈到自己的创业经历，一口气谈了一个多小时。最后，罗斯热情邀请库尔曼参观自己的工厂。那一次见面，库尔曼没有卖出保险，但却和罗斯成了朋友。接下来的三年里，罗斯从库尔曼那里买走了 4 份保险。

　　俗话说,君子不开口,神仙也难下手,作为推销员,最怕对方三缄其口。如果遇到这种情况,你可以像库尔曼那样,说出那句有魔力的话。

　　推销的秘诀还在于找到人们心底最强烈的需要。那么,怎样才能找到客户内心这种往往深藏不露的强烈需要呢? 有一个办法就是不断提问,你问得越多,客户答得越多;答得越多,暴露的情况就越多。这样,你就一步一步化被动为主动,成功地发现对方的需要,并满足它。

　　库尔曼有位朋友是费城一家再生物资公司的老板,他是从库尔曼手中买下今生第一份人寿保险的。一次,他对库尔曼说:"我突然想起来,我是怎么从你那里买下今生第一份人寿保险的。你对我说的那些话,别的推销员都说过。你的高明之处在于,你不跟我争辩,只是一个劲地问我'为什么'。你不停地问,我就不停地解释,结果把自己给卖了。我解释越多,就越意识到我的不利,防线最终被你的提问冲垮。不是你在向我卖保险,而是我自己'主动'在买。"朋友这番话提醒了库尔曼,原来,不断提问会如此重要;原来,一句"为什么"竟像一架探测仪,让你在一番寻寻觅觅之后,终于发现客户内心的需要。

　　有时候,即便客户自己也不一定了解他内心的需要,那么,作为推销员,有必要通过不断提问来帮助对方发现这种需要。如果你能帮助对方发现自己内心的需要,那么,你的推销就变得易如反掌。斯科特先生是一家食品店的老板,库尔曼通过一番提问,向他推销了自己所在保险公司有史以来最大的一笔寿险:6 672 美元。下面是两人的对话记录。

　　库尔曼:"斯科特先生,您是否可以给我一点时间,为您讲一讲人寿保险?"斯科特:"我很忙,跟我谈寿险是浪费时间。你看,我已经 63 岁,早几年我就不再买保险了。儿女已经成人,能够好好照顾自己,只有妻子和一个女儿和我一起住,即便我有什么不测。她们也有钱过舒适的生活。"

　　换了别人,斯科特这番合情合理的话,足以让他心灰意冷,但库尔曼不死心,仍然向他发问:"斯科特先生,像您这样成功的人,在事业或家庭之外,肯定还有些别的兴趣,比如对医院、宗教、慈善事业的资助。您是否想过,您百年之后,它们就可能无法正常运转?"

　　见斯科特没说话,库尔曼意识到自己的提问问到了点子上,于是趁热打铁地说下去:"斯科特先生,购买我们的寿险,不论你是否健在,您资助的事业都会维持下去。7 年之后,您应该还在世,您每月将收到 5 000 美元的支票,直到您去世。如果您用不着,您可以用来完成您的慈善事业。"

　　听了这番话,斯科特的眼睛变得炯炯有神,他说:"不错,我资助了 3 名尼加拉瓜的传教士,这件事对我很重要。你刚才说如果我买了保险,那 3 名传教士在我死后仍能得到资助,那么,我总共要花多少钱?"库尔曼答:"6 672 美元。"最终,斯科特先生购买了这份寿险。

　　一般而言,人们买保险是为了让自己和家人的生活有保障,而库尔曼通过不断追问,终于发现了连斯科特自己也没意识到的另一种强烈需要——慈善事业。当库尔曼帮助斯科特找到了这一深藏未露的需要之后,购买寿险来满足这一需要,对斯科特而言就成了主动而非被动的事。

还有一次,库尔曼向一家地毯厂的老板推销寿险。老板态度坚决地对他说:"无论如何我们都不会买。"库尔曼问:"能告诉我原因吗?"老板说:"我们赔钱了,资金短缺,财政赤字。而你的保险每年至少花我们 8 000 到 10 000 美元,所以,除非我们财政好转,我们绝不多花一分钱。"在谈话陷入山穷水尽之际,库尔曼追问:"除此之外,还有别的什么原因吗? 换句话说,到底是什么原因使你这么坚决?"老板笑了,他承认道:"确实有点别的原因。是这样的。我的两个儿子都大学毕业了,他们都在这个厂工作。我不能把所有的利润都给了保险公司,我得为他俩着想。对吧?"当真正的原因浮出水面,问题将迎刃而解。库尔曼为他设计了方案,向他保证财产不会流失,当然,这个方案也使老板的两个儿子有了保障。既然儿子有了保障(老板最关心的),老板没有理由不购买库尔曼向他推销的寿险。

如果你能分清什么是表层原因,什么是深层原因,那当然好;如果你无法辨别,那么,你就像库尔曼那样问一句"除此之外,还有什么原因?"相信你不会空手而归。

库尔曼的成功告诉我们,在推销过程中语言技巧是何等重要。下面,我们介绍几种推销中的语言技巧。

》》(一)诱导式语言技巧

诱导是推销过程非常重要的一种技巧。一般说来,推销员推销商品,需要在尽可能短的时间内完成。在短短几分钟里,如果你的话能留得住顾客并打动他,生意就成交了;留不住,一笔买卖就告吹了。在市场竞争中,如何突出自己的商品,把顾客吸引到自己的商品旁边,并诱发顾客的消费欲望,需要既与众不同又鲜明生动的语言,这就要求推销员的话应具有强烈的诱导性和感染性。推销中进行诱导的方式很多,最常用的有层层诱导和定向诱导两种。

1. 层层诱导

这是指推销员根据顾客的购买心理,层层引入推销导向的一种口才艺术。人们逛商店、看商品,有时往往只是兴之所至,并非一定要购买什么物品。对这类潜在的消费者,如果推销员送上一句"看看吧,买不买没关系"或"试试吧,也许穿上很好看呢"之类的话,就会吸引顾客驻足,此时应立刻将商品递过去,激发顾客的兴趣。正当顾客观看或试穿时,再不失时机地说上几句恰当的夸奖语言:"您穿上这件衣服,显得真有风度。"从心理学角度看,人最喜欢受到他人的尊重与赞扬,推销过程中,适时的奉承,会使顾客感到一种满足。这时,伺机告知价格或优惠措施,激起顾客的购买欲望,最后成交时,再说上一句:"先生,真有眼力,很识货啊!"顾客会很高兴地买下原本不打算买的商品。注意,层层诱导的推销语言艺术,是在不让对方感受压力的原则下,一层一层地推进,把顾客诱入推销的导向,促其完成购买行为。

2. 定向诱导

这是指推销员有目的地诱导顾客作定向回答的说话艺术。如卖煎饼的小商贩,常常有这样两种问法:"要不要加鸡蛋?""请问,您是加一个鸡蛋还是加两个鸡蛋?"不同的问法,鸡蛋的销售量是不同的,第一种比第二种要少得多,第二种发问就属于定向诱导。"要不要加鸡蛋"这一问话的定向是不确定的,而"加一个还是加两个鸡蛋"问法的定向是确定的,而且巧妙地把顾客诱进了必加鸡蛋的消费导向。

>>>（二）激发式语言技巧

当客户产生购买商品的欲望,但又犹豫不决的时候,适当激发对方的好胜心理,促其迅速做出决断,这就是激发式语言技巧。激发式语言的技巧要求推销员既要有对顾客细致入微的观察能力,又要有灵活的思维能力,能迅速抓准顾客的心理变化过程,然后确定从哪里打开缺口进行"激发"。

一般地说,推销员先要问一句使顾客不会产生戒心的话,这句话看上去无关痛痒,但实则为"激发"埋下伏笔。接着将顾客的视线引向商品,促使顾客接触商品,这时就要从商品的性能出发,讲出此商品如何适应顾客的需求和爱好,顾客买了它的好处是什么,可以获得什么样的特殊意义。讲解中使两者之间的关系越直接越密切越好,直到"激发"出顾客的独特兴趣、最终被说动了心、购买了商品为止。这种攻其一点或投其所好的激发式语言技巧是很有效果的。

"激发式语言"技巧的要领,一是要掌握好"激"的火候,不可操之过急,更不可强买强卖。例如有的推销员看到顾客犹豫,就会说:"是不是嫌太贵呀,那边有便宜的。"这种看似激发式的语言是"逼"着顾客承认自己没钱买,就算顾客真的想买也不买了,因为他觉得伤了自尊。二要先以询问的方式探明买方的底细,同时用弦外之音表明自己商品的优良,再启发顾客发现自己与商品之间的密切关系,然后循循善诱地感染顾客,激化顾客,做到恰到好处,否则会弄巧成拙,让顾客产生反感。

>>>（三）比较式语言技巧

俗话说:"不怕不识货,就怕货比货。"推销员在推销商品的时候,常和其他同类产品进行比较,让客户在对比中发现差别,自己判明优劣,选择商品,这样会增强推销的说服力。任何一种商品都有其优点,也有其弱点,因此在采用对比手法推销自己的商品时,首先要注意以事实为依据,不能言过其实。推销中对自己商品实事求是的评价,特别是与其他商品比较后对本商品特点的强化,能使顾客看清购买后的直接利益,也可增加顾客对推销员的信任感。

其次,在和同类商品作比较时,很多推销员大肆攻击同类商品的弱点,这是非常愚蠢的行为,它会让顾客对推销员甚至所属公司的信誉产生一种不信任感。对同类商品的弱点可以采取从另一角度进行解说的办法,即不去刻意宣讲同类商品的缺陷,而是用对比的方法讲自己商品在多处有针对性地改进了这些缺陷,多讲改进的原因和改进后的效果,使顾客相信该商品的优越性而决定购买。这样既符合事实,又没有攻击同类产品的嫌疑,还达成了推销的目的。

>>>（四）问话式语言技巧

推销是推销主体与推销对象双向交流的过程。在推销过程中,我们经常发现有的顾客会不假思索地拒绝推销,因此,"推销是从拒绝开始的"这句话一点不假。遇到这种情况,推销员不应退避三舍,而应迎难而上。这其间,巧妙设问是关键,会提问才会妙答——恰到好处的提问在推销中会产生让人意想不到的作用:它可以消除双方的对立感,缓和气氛;可以摸清顾客的心理,也让顾客了解推销员的想法;可以确定推销计划;可以了解顾客的障碍所在,寻找应对措施;可以留有情面地反驳不同意见……总之,提问是推销应对口才中最有力的手段,一定要熟练掌握、运用它。

>>>（五）演示式语言技巧

有的问题如果仅凭劝说还难以让顾客明白,那就要采用实物、图片、模型等来加以说明和演示。小的商品可以随身携带,以便在顾客面前充分展示,而大的商品如房子、电器、汽车、机床等,或抽象的商品如证券、劳务、服务等,因无法随身携带,需要将其好处具体化、形象化。必要时请顾客亲临现场,将商品的功能、特点、使用方法逐一演示,并配合生动有趣的说明,充分展现商品的魅力,这比单靠言辞说明更有吸引力和说服力。例如,一位推销员走进客户的办公室,向主人打过招呼以后,指着一块粘满油污的玻璃,有礼貌地说:"请允许我用带来的清洁剂擦一下。"结果,由于不用水就毫不费力地把玻璃擦得干干净净,从而引起了客户的兴趣,于是生意便很快做成了。

>>>（六）贴心式语言技巧

俗话说:"一句贴心话,招来万户客。"在推销商品中,一句贴心话,会使顾客"忘记"你是推销员,而把你当作他们的知心朋友;一句贴心话,可以缩短你与顾客之间的距离。这样,既为产品打开了销路,又交了朋友,帮助了顾客,最终也帮助了自己。贴近顾客要注意以下语言表达技巧。

1. 捕捉顾客购买欲望,为顾客当好参谋

在商场内或其他交易场所,人山人海,川流不息,但看热闹的人多,购买商品的人少,这是商家共同的感受。此时此地的推销员不能等顾客上门,而应主动贴近顾客,与顾客亲切攀谈。此时不能单刀直入地询问顾客要买什么,而应先从感情上贴近顾客,与顾客亲切交谈,力求言语相通,爱好相投,使顾客对推销员产生好感,从而对产品产生兴趣。推销员这时可趁势为顾客当好参谋,绕道进入正题,使顾客高兴地接受其推销的商品。

2. 不用命令式语气,多用请求式语气

要想贴近顾客,必须用热诚去打动顾客的心,唤起顾客对你的信任和好感,让顾客

感到你是在帮助他,而不是仅仅想赚他的钱。要做到这一切,应当注意语言表达技巧,多用"请您等一会儿,好吗?"的请求式语气,不说"你等一会儿"的命令式语气。

一位美国书籍推销商在推销书籍时总是向顾客提出这么三个问题:"如果我送您这套十分有趣的有关效率的书,您会读一下吗?""您如果读了后非常喜欢,您会买下吗?""如果您发现对这些书不太有兴趣,您把书回寄给我,行吗?"这些语气设计亲切,措词谦恭,顾客几乎找不到说"不"的理由。在展销会上,如果顾客听了你的商品介绍以后,仍然举棋不定,沉默不语,在商品前徘徊,遇到这种情况,你应主动说一句"请您先试用一下",这样会打破沉默气氛,使顾客产生认同感,交易也就有了成功的可能。

3."见什么人,说什么话"

从某种意义上讲,营销活动是一种心理战,要想贴近顾客,首先要掌握顾客的心理,主动迎合顾客的心理变化,选择恰当的对话方式,也就是"见什么人,说什么话"。面对随和型顾客,要热情、有耐心,满足他们的自尊心;而对严肃型顾客,要真诚、主动、以柔克刚,设法使他们开口;面对慎重型顾客,要不厌其烦,耐心解答,不要言语唐突、刺激对方;面对情绪型顾客,要摸准其心理,通过言行取得对方信任,消除其心理压力,使他有一种安全感。总之,熟练地把握推销的口才技巧,会使推销人员在"硝烟弥漫"的商场无往不胜。

思考与练习

1. 有句名言:"拒绝是推销的开始。"优秀的推销员不会因被拒绝而烦恼,他们总是从拒绝中体会推销的规律,在不断承受拒绝中增长才干。太平洋保险公司有一位推销员原是下岗工人,他给自己定一条规矩:每天必须完成向十个人推销之后才回家。有一次,当推销完八个人之后已经是晚十点多钟了,他上了末班车,思考向谁推销第九个? 他决定向售票员推销。与售票员谈了半个多小时,汽车到达终点,他给售票员留了一张名片下了车。这时已经近十一点钟了,可给自己定的任务还差一个没完成,他就决定去向值班的警察推销,又与警察谈了半个多小时,认为自己完成了任务,这才回家。长此以往坚持下去,他最后终于成为优秀推销员,业绩名列前茅。根据案例,结合实际谈谈如何寻找顾客并对待顾客的拒绝。

2. 当客户说出他的需要后,你立即介绍产品或服务的特性,但是,有时候客户对你所说的话并不全然相信。为了使客户相信你及你的产品,应该怎么做?

3. 给你一本黄页,上面有上万个号码,你准备怎么找客户?

4. 情景:有一天,你到客户那儿拜访,这是你第二次上门。敲开客户的门后,见到客户正低头看资料,你轻声打招呼:"李总,您好!"李总抬起头,说:"你怎么又来了? 我不是跟你说过了,我跟你联系的吗?"

你认为客户的态度属于下列哪项,理由是什么?

(1)客户对你有意见,不想见到你;

(2)客户对你的产品没有意向购买,因为性价比太低;

(3)客户受到别的供应商的误导;

(4)客户现在可能正在忙其他重要的事,没有时间招呼;

(5)客户现在心情不好。

5.小赵是蓝山糖果食品公司新进的推销员,他在约见中天超市集团采购部的王经理时,对方不是说要出差就是说要出去办事。小赵觉得这都是借口,于是他准备下星期一早晨一上班就到中天超市王经理的办公室去"堵"王经理。你认为小赵的这种做法合适吗?为什么?

6.小马是长虹化工工程设备公司新进的推销员。前天,他接到山西金煤化工厂设备科谭科长的询价电话,因为他当时不知道谭科长是不是真正的客户,就以"新的报价单还在打印"为由,未给谭科长报价。这两天通过电话交流和上金煤公司网站查寻,证实金煤公司是个真正的客户,而且是个大客户。应该怎样给谭科长报价呢?如果按照通常的报法先报一个高价(当然不高于同行的报价),就有可能把谭科长吓跑,最终被对手抢走;如果一开始就报实价,又担心将来没有讨价还价的余地。如何给谭科长报价,小马有些犹豫。如果你是小马,你会怎么办?为什么?

第七部分
听—说策略

学习目标

1. 了解倾听的重要意义和基本技巧。
2. 全面掌握与他人交流的沟通技巧。
3. 培养敏锐的观察力、正确的分析和判断力。

听和说是口语方面的交际行为，是直接的交际活动，它们互相影响，互相促进；听是听其声，悟其义；说是用其声，表其义。听和说这两种能力是互相影响互相促进的。在正常情况下，听话能力很高的人，说话能力也比较高；说话能力很强的人，听话能力也比较强。一般说来，一个听话能力强的人应该是有敏锐的听音辨调的能力，能理解话语的内容并体会说话人流露的感情，有丰富的联想猜测的能力，有较强的分析归纳和概括总结的能力。在听话时能够抓住中心，区分主次，理解谈话人的言外之意和深层含义。一个说话能力强的人应该是语音语调正确自然，善于运用声音技巧；选词造句准确、明白、规范，能够自由表达思想。话说出来流利、通畅，有条有理，恰当得体。所以，学会听和说也是口语交际中的一门学问。

第一单元　倾听策略

一、倾听的重要性及其意义

　　"倾听"就是"细心地听取"。倾听与言说是人们言语交际的两种基本行为,二者构成了日常言语交际的基本前提和基本结构。所谓倾听就是通过视觉、听觉来接受、理解说话者信息、情感和思想并伴随着充分尊重和积极回应态度的一种情感活动过程。它既是一种言语交际行为,也是一种心理情感活动。美国语言学家保尔、兰金等认为,人们在日常交往中言语实践的使用情况是:听占45%,说占30%,读占16%,写占9%。也就是说,人们有近一半的时间在听。倾听不但是人们获取知识、信息的重要途径,而且也是人们交流思想、情感的有效方式;倾听不仅仅是用耳朵听,而且是要用全部身心投入到说话者的话语情境中,既能理解其言语信息的意义,又能理解其手势、体态、表情等非言语信息的含义。倾听的重要性及其意义主要体现在以下几个方面。

≫（一）倾听是人的一种本能

　　人人都需要被倾听和了解。心理学理论揭示:没有人能控制住不让自己的心声从话语中流露出来。心理学家的实验统计表明,一般人思考的速度为每分钟 1 000 到 3 000 字,说话的速度为每分钟 120~180 个字,而听话的速度要比说话的速度快约 5 倍,即如果一个人能在 1 分钟内讲 150 字,那么,他就可以在 1 分钟内听 750 字。《哈佛商业评论》说:"听,其实是我们有待开发的潜能。"说得越少,听到的就越多。只有很好地听取别人的,才能更好地说出自己的。倾听其实是一种幸福。倾听父母那喋喋不休的唠叨,这是一种爱意的释放;倾听晚辈的诉说,以朋友的姿态去感知那颗心灵,给予他们前行的信心;倾听朋友同事的喜悦和烦恼,真诚地为他们的进步高兴,为他们喝彩,成为他们雨中的一把伞,路上的一盏灯。

≫（二）倾听是人际交往中必备的重要素质之一

　　善于倾听比善于交谈更重要,善于倾听是衡量人际沟通成功与否的标志。"听"的繁体字为"聽",这个字由耳、目、心、王构成,可以看出汉文化背景下古人对"听"字的含义和"听"这一行为的理解:要用耳朵去听,要用眼睛去阅读说话者的手势、表情和体态语言,要用心去接受、理解、思考话语信息的含义,只有这样,才可"王"天下。圣人的"圣"字,繁体字为"聖",许慎《说文解字》解释为"通也,从耳",意思是听觉好、口才好,才可做圣人,"善听者为圣"。古希腊有一句谚语:"聪明的人,借助经验说话;而更聪明的人,根据经验不说话。"雄辩是银,倾听是金。美国著名的教育家、演讲家戴尔·卡耐基曾不止一次地告诉他的学员:"做一个听众往往比做一个演讲者更重要。"善于倾听是一种美德,善于倾听的人往往会给人留下礼貌、大度、尊重人、理解人、易相处的良好印象。"野马之父"亚科卡先生在他的自传中写道:"我只盼望找到一所能够教导人们怎样听别人讲话的学院。专心听别人讲话,是我们给予别人最大的尊重、呵护和赞美。会说,显示的是你的能力;会听,显示的是你的修养。"善于倾听是成功人士的重要标志。有关研究表明,商界60%左右的误会可以从不善倾听方面找到根源,而来自笔误的误会仅1%。日本经营之神松下幸之助从一个脚踏车店学徒,到指挥近百万人的跨国企业总裁,在接受哈佛大学教授的访问中,被问及"请用一句话概括经营诀窍"时,他的回答是:"细心倾听他人的意见。"国际倾听协会的统计数据表明,世界500强企业中,70%的公司设立了倾听训练课程。实践证明,大凡成功的电视栏目主持人或记者都是善于倾听的高手,如《面对面》的王志、《高端访问》的水均益、《艺术人生》的朱军、《小崔说事》的崔永元、《可凡倾听》的曹可凡、《鲁豫有约》的陈鲁豫等。

≫（三）倾听是了解别人的最好方式

倾听是表示对说话者的礼貌、尊重,说话者也会因此而喜欢、信赖并乐意与倾听者交往。倾听是了解对方需要、发现事实真相、减少误解、增进信赖与合作的最重要也是最简捷的手段与途径。比如商务谈判中,对方在陈述观点或回答问题时不可能没有漏洞,在一定程度上会暴露自己的需要,这时倾听能使你真实地了解对方的立场、观点、态度,了解对方的沟通方式、内部关系、对方成员间的意见分歧等,可以帮助你获得第一手真实资料和丰富的感性认识,修正可能存在的错误,甚至在谈判不利的情况下转守为攻。

倾听可掩盖自身弱点,避免不必要的误会;倾听能激发说话者的谈话欲,让说话者觉得自己有价值,会愿意说得更多;倾听能增进谈话双方的友谊和信任,善听才能善言。

二、　倾听的过程、方式和要求

1. 听的五个层次

有研究者将听由低到高分为五个层次:

第一层次,完全漠视的听。这是自以为是、对别人不屑一顾的听,也是最糟的听。

第二层次,假装在听。这是耳朵打开了,心却没有打开,左耳进、右耳出。

第三层次,选择性的听。这是只听自己认可的话题,只听自己想听的内容的听。

第四层次,积极换位思考的听。这是能精神专注、撇开成见,能站在对方立场来思考和理解的听。这就是我们平常所说的倾听。

第五层次,专业咨询的听。这是经过专业训练的听,如心理治疗师运用询问技巧使不愿意倾诉的病人开始说话,通过倾听病人的话语来探究病因,采取有针对性的治疗方法。

2. 倾听的过程

倾听的过程一般包括接受信息;识别、分类、扩充、浓缩、分析、记忆信息;搜寻已知信息,调动贮存的知识和经验,通过判断、推理获得正确的解释或理解,因此倾听的过程有四个步骤:

第一步,接受信息。不再讲话,既接受说话者的言语信息,也接受非言语信息。

第二步,选择信息。选择双方需要或希望得到、理解的信息。

第三步,整理信息。识别、记录、分析、处理信息。

第四步,解释信息。把经过接受、选择、整理的信息与倾听者的经验和期望联系起来,解释获得的信息。

3. 倾听的方式

(1)评议式倾听。指听取、理解、归纳、总结、述评说话者讲述的内容信息的倾听方式。这种倾听方式适应于听讲课、听讲座、听报告等。

(2)深入式倾听。指通过倾听者视觉、听觉、思维、情感的整体活动来接受、获取、理解说话者言语信息、非言语信息、思想情感并伴随着双方积极的回应态度的倾听方式。这种倾听方式既适应于一般的场合和对象,也适应于特殊的场合和对象。

4. 倾听的障碍

(1)唐突地打断别人。总是习惯于打断说话者的话,试图用自己的话去表达说话者要表达的意思,或者不注意说话者的各种非语言信息而急于发表自己的意见。

(2)对说话者抱有成见。情感和态度上不喜欢说话者,臆断说话者不可能了解情况、话语信息不可能真实,或介意说话者的语言习惯和动作特点,因而不会认真倾听。

(3)思维定势障碍。以自我为中心,喜欢听与自己观点一致的意见,不喜欢听不同意见。不论别人讲什么,总喜欢用自己的经验去验证,用自己的方式去解读。

(4)倾听内容失真。因各种主客观条件的影响,倾听者将主观理解和判断加入到倾听内容中去,使原有的信息发生失真和丢失,或只关注话语内容的细节而丢了主题思想。

(5)心理、生理障碍。倾听者兴趣不浓、情绪不好、精神疲惫、体力较差、身体疾病等心理、生理问题都会影响有效倾听。

(6)无法听清。主要指说话者表达不清,或者主观上缺乏表达欲望,或语速过快,或使用方言,或使用专业性很强的语言,或信息太多,或口语与体态语不符,导致倾听者没法听清楚,或不能正确理解话语的含义。

(7)外界环境分散注意力。外界环境中的声音、气味、色彩、光线、地点及一些相关语境都会影响倾听者的注意力集中、对事物的感知程度及信息接收的完整性。

5. 倾听的基本要求

(1)倾听前准备。要保证倾听的有效性,首先要与说话者建立信任关系,明确倾听的目的;排除外界干扰,选择和营造良好的倾听环境,选择不易受干扰的、沟通双方感觉平等的适当地点;保证沟通的足够时间;保持虚心、平和的情绪状态及正确的态度。

(2)注意力集中。集中注意力、保持良好的精神状态是倾听的基本要求。专心倾听是对说话者的一种尊重和鼓励,可以使其感到讲话的重要性和必要性。在倾听时,眼睛注视说话的人,不要东张西望,不要做小动作,不要打哈欠、伸懒腰、看手表,不要打手机、上网、看电视,不要干其他事,注意力集中在谈话的内容上;倾听者不仅思维要高度集中,而且要善于通过细心体察对方的神态、表情、姿势以及声调、语气等非语言符号传递的信息,全面准确地把握对方话语的真实意义和要点。

(3)反应积极。倾听者面无表情、目不转睛、一声不吭、毫无反应地盯着说话者,会使说话者怀疑倾听者是否真的在听,或认为自己的讲话有什么不妥而深感不安。因此,倾听时应根据话语情景,通过微笑、点头、应答、插入提问等方式,对说话者的信息内容作出积极反应,使说话者和倾听者之间形成心理和行为上的默契,产生良好的沟通效果。

(4)既要善于倾听言语中的基本信息和话语中心,又要善于听弦外之音。言语中的基本信息和话语中心包括描述的主要事件是什么? 表达了什么样的欲望和需求? 基本观点是什么? 代表什么样的思想状态和情绪? 等等;要善于从说话者的话语层次、手势体态、情绪流露中去抓住话语的要点和中心;还要善于倾听言语背后掩盖的内容和情感,了解讲话者的真实想法和感觉,真正听懂话语的意图。

(5)不要轻易打断对方讲话。在倾听对方谈话时,应该认真地听完,并正确领会其真实意图。如果没有听明白,或想进一步了解情况,或想提出不同意见,应该等对方把话讲完后再插话,而且应使用礼貌的语言,如"请允许我打断一下""请让我提个问题,好吗?"等。经常随意打断对方谈话是不礼貌的表现;经常随意打断对方谈话的人,只能让人生厌。

(6)不要轻易得出结论。不要中间打断说话者,急于发表自己的观点或下结论;不要当场批评,更不要和说话者进行争辩。善于倾听的人,等对方讲完才会表达自己的观点。

(7)倾听的回顾与反思。回顾倾听前的准备、倾听过程中技巧的运用,整理记录相关信息,验证倾听结果与讲话者真实意图及观点的一致性,反思在倾听过程中哪些方面做得较好、哪些方面必须改进、哪些方面必须进一步提高等。

三、 倾听的基本技巧

倾听的技巧不是自发形成的,它是在言语交际活动中逐步获得,在严格训练中逐步提高的。

≫(一)创造倾听的机会

指倾听者不讲话、少讲话,尽量多给说话者说话的机会,尽量减少倾听者个人的反应,真正关注说话者,使其保持积极的讲话状态。可以采用以下三种技巧:一是通过鼓励说话者创造倾听机会。倾听者可以使用表示赞同和鼓励的口语化语言:"嗯",通常表达"我在听呢,请继续说吧";"对""是""是啊"等,表示"你说得对,往下说吧";"哦""真的啊""还有这事儿"等,表示"原来是这样,我还不知道呢,请你说吧";"呃""对""是的""噢""讲得好""真有意思""增长了知识"等,表示赞同说话者的陈述;"说来听听""我们一起来讨论讨论""我想听听您的想法"等,表示鼓励说话者谈论更多的内容;"你可以再多介绍一些吗?""你是否觉得……"等,表示追问或确认某些问题,鼓励说话者继续说下去。尤其是面对没有经验、不善言说的说话者,还需要用微笑、目光等肢体语言表示呼应,显示出倾听者对谈话的兴趣,鼓励说话者讲下去。二是通过理解说话者创造倾听机会。倾听时要适时做出反馈性的表示,例如欠身、点头、摇头、摆手、重复一些较为重要的句子或提出能启发说话者思路的问题,使说话者产生被重视、被理解的感觉,形成融洽的沟通氛围。三是通过暗示说话者创造倾听机会。有时倾听者在简明地表达自己的意见以后,可以暗示说话者转变话题,如"我很想听听您在这方面的高见""请问您在这方面的意见如何?"从而把发言的机会让给说话者。

≫(二)让说话者轻松

最好不要坐在说话者对面的椅子上,应坐在说话者旁边;用点头、微笑、目光注视、眼神、面部表情及前倾姿势,传递"我正在倾听"的信息,或表示理解和同意说话者的想法及观点;适当提问或稍加评论表明"我对话题很感兴趣"。一般而言,当表达关注、支持时,倾听者的视线应集中在以说话者眼睛为底线、胸口为顶角的三角区域内,目光温和亲切;当表达期待、鼓励时,倾听者的视线应集中在以说话者双眼为底线、嘴为顶角的三角区域内;当表达疑惑时,倾听者的视线应集中在以说话者双眼为底线,额头中心为顶角的三角区域内。倾听者的面部表情应符合谈话的内容及谈话情绪,语音语调柔和、坚定、有控制力,并尽可能与说话者语音语调一致。如资深记者在采访过程中,为了让被访者轻松,总是与被访者保持良好的目光接触,眼睛看被访者的时间占采访时间的 40% ~60%,一般只看被访者的眼部到嘴部的三角区域,不看被访者的额头,不抱臂、不跷腿,面对被访者,身体向前倾斜。

≫(三)注意倾听中的回应

倾听中有六种不同的回应方式。

1.评价式回应

倾听者能全面、公正、客观、中肯地评价说话人及说话人的话语价值和思想。比如某男士与美丽女士约会,男士认真倾听女士关于爱情的观点和看法,当谈话时机成熟时,男士应根据不同情形予以回应。

2.碰撞式回应

帮助说话者澄清想法、疏导感情、解决矛盾。有一位年轻人,去向大哲学家苏格拉底请教演讲术。他为了表示自己口才好,滔滔不绝地讲了许多话。末了,苏格拉底要他缴纳双倍的学费。那年轻人惊诧地问道:"为什么要我加倍呢?"苏格拉底说:"因为我得教你两样功课,一是怎样闭嘴,另外才是怎样演讲。"

3. 转移式回应

从说话者混乱的话语层次、复杂的手势体态、非理性的情绪流露中,抓住说话人的话语中心和要点,将谈话焦点转移到主题上来。如当说话者的谈话离题太远时,倾听者可以有礼貌地说:"这些问题的确很重要,是不是下次再详谈。现在,我想听清楚刚才你说的那个问题是怎样发生的。"又如当客户的谈话内容完全离开了沟通目的时,可以说:"某总,很高兴聆听您的高见,您看今天我们可以谈多久呢?(得知时间之后)我想在这一小时的时间里,谈两件事情:第一,我想先了解一下您的需求和实际的想法;第二,我想针对您的需求,介绍一下我们的产品将带给您的好处。您看可以吗?"

4. 提问式回应

说话者表达的信息不完全、不准确时,倾听者要采用提问方式予以回应,通过提问,澄清和确认信息内容。如某总经理在听完销售部经理关于市场拓展问题的汇报后,问:"你的部门有发展规划吗?是几年的发展规划?你的规划有专家的可行性论证吗?按你的规划实施赢利的可能性有多大?存在哪些风险和困难,你打算怎样克服这些困难?"

5. 重复式回应

倾听者没有完全听清楚说话者的意思或产生了歧义,这时倾听者要把听到的话重复或解释一遍,并询问说话者这样理解是否正确。例如说:"我尽心尽力地工作,总想使业绩大幅度提高,但公司领导总是什么事都不敢放手让我去做。"倾听者:"你似乎没有得到足够的支持。"又如说话:"我们的项目经理辞职了,市场竞争又非常激烈,短期内项目很难见效益,公司目前资金也比较紧张,让我们看看这个项目怎么办?"倾听者:"你的意思是说这个项目很难再运作下去了?"重复式回应常用的句型:"根据我的理解,你说的意思是……""所以你的观点是……""在您看来……""我听起来,您的意思是……""我不能保证已经理解您的意思,您的意思是……"等。

6. 平静式回应

当说话者表达某种感情或感觉显得很情绪化时,倾听者应积极给予回应,帮助其克服情绪障碍,降低感情强度。例如,说话者讲到兴奋之处,倾听者可用"太有意思了""真有趣"等语言来回应;讲到伤心之处,可用"真是太难为你了"等语言来回应;当说话者的观点与倾听者的看法基本一致时,可用"你说得没错""我也有同感"等语言来回应;当倾听者不赞成说话者的观点时,可用沉默或"你也许是对的""我不完全赞同你的观点""以后再交换看法"等语言来回应。如10年卖出500辆奔驰车、蝉联奔驰汽车销售前三名的业务员务邱次雪,有一次遇到一位下巴抬得高高的阔太太进店看车,她的同事亲切地上前问候:"您要来看车吗?"女客人不悦地答道:"来这不是看车,看什么?"这时,邱次雪一语不发为女客人送上一杯水。女客人开口说:"你们业务员服务态度很差,卖的车又贵。"邱次雪虚心请教:"那我们要如何改善呢?"她挽着女客人的手到贵宾室里坐下,听她抱怨了20分钟,等她气消了,开始与她聊起家庭生活的经验,30分钟后,一笔60万元的订单就到手了。

>>>（四）控制情绪

倾听者不要随意表决"这个意见很好""我同意这个方案";不要随便表现喜怒情绪,不要与说话者吵闹;不要轻易否定说话者的观点或陈述,可以说"您还有没有其他意见?""是不是大家都同意你的意见?",尽量表现中和、中间态度。如崔永元在2008年奥运会结束后就神舟号载人飞船采访航天专家,航天专家谈到出舱服时这样说:"中国的出舱服价值1.6亿人民币,美国登陆月球的出舱服价值10亿美元。"人们会有疑问,怎么相差这么大呢,中国的产品肯定不如美国的,崔永元笑着问了一句:"不会因为便宜就不好使吧?"不否定专家的陈述,而是用了一个看似轻描淡写的问句,问了大家心中想问的。专家马上说了一番非常精彩的话:"不会的,中国科技力量很强的,中国的出舱服若走出去的话,会像奥运会一样,拼搏、超越,它是奥运会的另一块金牌。"

>>>（五）关注说话者的非语言行为

倾听者不仅要注意说话者的语言,更要关注说话者的声音大小、音调、语速及面部表情、姿势等肢体语言所表达的含义,这些非语言符号所传递出来的大量信息,其含义远比单纯的语言信号要丰富得多。如叩桌子就是"没招了"的意思;抖腿表明情绪紧张、焦虑;摸座位扶手表示"我真想站起来""我真不想跟你谈了";摸鼻子表示"我不想说真话""我想遮住我的嘴";玩茶杯表示谈判想成功或急着谈成功;双臂交叉表示"我好怕";手插裤袋表示紧张不安,有顾虑和压力,不想讲话,想把秘密隐藏在口袋里;两手手心向上,表示留客;两手手心向下,表示送客;扬眉表示不太相信;耸肩表示无奈等。倾听者还必须与说话者保持适当的距离。人类学家王霍尔把人际距离分为四种:亲密距离,18英寸(1英寸=2.54厘米),可感觉对方体温、气味、呼吸,适应于父子、夫妻、情人之间;个人距离,1.5~4英尺(1英尺=30.48厘米),适应于朋友之间;社交距离,4~12英尺,适应于认识的人之间,多数交往发生在这个距离;公众距离,12~15英尺,适应于陌生人之间,上下级之间。倾听者应依据与说话者的人际关系选择适当的人际距离。

>>>（六）提高记忆能力

通过"重复"强化记忆,即通过请说话者复述或倾听者自己默默复述来强化对信息内容的记忆;通过"浓缩"巩固记忆,即把听到的内容浓缩成几个要点,方便和巩固记忆;通过"联想"促进记忆,即利用视觉联想、意义联想、情景联想来促进记忆;通过"比较"帮助记忆,即通过内容比较、形式比较、环境比较来帮助记忆。

思考与练习

1. 测试你的倾听指数。

①在倾听时,我会与对方保持目光接触。

□经常　□偶尔　□很少

②对方外表、品位和声音会左右我对他讲话内容的判断。

□经常　□偶尔　□很少

③我会试着站在对方立场,考虑他的谈话内容。

□经常　□偶尔　□很少

④我宁可听到具体明确的事,也不想听不切实际的话。

□经常　□偶尔　□很少

⑤我会留意台面话(客套话)背后的含义。

□经常　□偶尔　□很少

⑥我会要求对方再讲清楚一点。

□经常　□偶尔　□很少

⑦我会等到对方讲完话之后再下断语。

□经常　□偶尔　□很少

⑧我会用心检视对方所说的话是否有条理、前后一致。

□经常　□偶尔　□很少

⑨别人讲话时,我会想若有机会我要说什么。

□经常　□偶尔　□很少

⑩我喜欢当最后一个发言的人。

□经常　□偶尔　□很少

(提示:问题①、③、⑤、⑥、⑦、⑧"经常"计3分、"偶尔"计2分、"很少"计1分;问题②、④、⑨、⑩"经常"计1分、"偶尔"计2分、"很少"计3分。总分高于26分,你的倾听技巧很不错,但有少许地方需要改进;总分在22~26分,你的倾听技巧还行,但仍有要改进的空间;总分低于22分,你有很多地方需要改进,懂得"倾听"别人说话,对你还很遥远。)

2. 在与他人的平常交往中,你喜欢做倾听者还是言说者? 别人是如何评价你的?

3. 安顿在《绝对隐私》这本书的序言中写到:"有许多人找到我,把他们的故事告诉我,帮我完成这本书。其实我们素昧平生,他们需要的只是倾听,我没有帮助他们做什么,更谈不上解决他们生活上的困难,我只是默默地听,可他们讲完故事后都很开心,感激我。"从安顿的这段文字中你能得到什么启示?

4. 请你举例说明当一名倾听者曾经给你带来的意外收获。

5. 本单元所列倾听的障碍分析中,与你相关的有哪些? 你准备如何消除这些障碍?

6. 许多人在"抢夺"发言权畅所欲言时,常常事与愿违,你知道其中原因和改善的方法吗?

7. 小李最近情绪不好,她找到好友小杰倾诉,尽管小杰没有使用安慰性的语言,但是小李仍然觉得小杰非常体贴。你知道小杰是如何倾听的吗?

第二单元　沟通策略

一、　电话沟通的技巧

》(一) 打电话的技巧

1. 事先准备

每次通话前,要做好准备工作。如事先核对对方的电话号码、单位名称和通话人姓名、职务;写出通话的要点和询问的事项;准备好在应答中需要的纸、笔以及必要的资料和文件;考虑通话人的情况与反应等。

2. 慎选时间

打电话的时间具体分为两个方面:一是通话时间的选择。按照惯例,最佳通话时间有两个;即双方预先约定的时间和对方方便的的时间。除有要事必须立即通告外,不要在他人休息的时间打电话。一般在早上 7 点之前、晚上 10 点之后以及午休或用餐时间打电话,都是不礼貌的事情。在开始通话时,可以先问一下受话人,现在通话是否方便,倘若受话人不方便,可另约时间通话。二是通话时间的长短。在一般情况下,每一次通话时间的长度应有所控制,基本要求是"以短为佳,宁短勿长",遵循"三分钟原则",即在打电话时,发话人应当自觉地、有意识地把每次通话的长度限定在 3～5 分钟之内,尽量不要超过这一限定,以免过长的通话时间妨碍受话人休息,或者电话占线使得紧急电话无法拨进,耽误重要事情。如果通话时间较长,应先征求一下受话人意见,并在通话结束时表示歉意。如果在节假日、用餐或休息时间不得已打电话影响了别人,不仅要讲清楚原因,而且一定要先说一句"抱歉,事关紧急,打搅你了!",否则对方很可能会厌烦。

3. 注意选择空间

一般来讲,私人电话是在家里打的,公务电话是在办公室打的。在工作场合,拨打私人电话应该尽量用自己的手机;一般不在公众场所拨打电话;切不可不管有无必要,总是旁若无人地大声吆喝,令他人厌烦。

4. 注意起始语

接通电话听到对方声音后,首先应问候和问询对方,然后报出自己的姓名或单位,并说出要找的人。如果对方接电话时没有自报家门,应先确认对方的身份,再自报家门。通用的方式是:"您好!请问是×××单位吗?我是××单位的×××。"如果对方接电话时已经自报家门,就可以根据交往的性质,选择灵活的通话方法。通用的方式是:"您好!我是××单位的×××,麻烦您请×××先生接个电话。"如果要找的人有地位、有身份,在请求通话时应当更加礼貌。通用的方式是"您好!我是××单位的×××,我可以同×××先生通个电话吗?"等。

5. 注意应对意外情况

这里所说的意外情况主要是指打错电话或要找的人不在的情况。如果发现打错了电话,应该马上说一声"对不起,我打错电话了",不能不声不响地挂断电话,更不能因自己打错电话而抱怨。如果要找的人不在,一般可以采用以下几种处理方式:

①用"对不起,打扰了,再见"直接结束通话。这主要用于事情并不是很紧急,而且自己还有其他的联络方式的情况。

②请教方便联系的时间或其他可能的联系方式。通常在事情比较紧急的情况下使用,具体做法是:"请问我什么时候再打来比较合适?"或者"我有很重要的事情要找×××,不知有没有其他方式可以与他联系?"不管对方是否为你提供了其他的联系方式,都应以"谢谢,再见"结束通话。

③请求留言。一般在发话人与受话人关系比较密切,或发话人有资格要求受话人回话的情况下,可以请求留言。具体的做法是:"如果方便的话,麻烦您转告他,×××给他打过电话。"或"请问我可以留言吗?"(在得到肯定回答之后)"请他给×××号码回个电话。"如果不得不使用留言电话,要先说清姓名、电话号码和打电话的时间,讲话要点要慢而清晰,结束电话留言时最好重复姓名和电话号码。

6. 结束通话,礼貌挂机

首先,要暗示对方终止通话。其做法是重复要点,如:"李部长,那我们这次就说好了,请您下个星期一参加我们单位的专家论证会。如果没有记错的话,我应该让司机于下周一早晨8点到您家楼下,接您过来。"这就是重复要点的方法,以免对方记错了,或者忘记了。其次是电话交谈结束时,应说"谢谢,再见"等礼貌语。最后要熟知挂机的顺序。通话完毕听筒放置要轻,挂断电话时,一般应该由地位高者(上级、长辈、客户)先挂断电话,或打电话者先搁话筒,接电话者后搁话筒。如通话双方地位平等,性别相同,年龄相仿,此时一般就是谁先拨打谁先挂断。

》》（二）接电话的技巧

1.及时接听

遵循"铃响不过三声"原则，即当听到电话铃声响起时，一般要求在铃响三声内接听。如果铃声刚一响就接，很可能电话会掉线。如果工作繁忙或电话离自己较远等特殊原因，电话铃声响到六声以上才接，接电话的人应该首先向对方致歉："抱歉！让您久等了。"如果因工作忙暂时无法接听电话，可表示歉意："对不起，请您过十分钟再打过来，好吗？"不可接了电话就说"请稍等"，然后撂下电话长时间不理人家。

2.自报家门

拿起听筒，应先自报家门："您好！这里是×××公司公关部。"这样做，一是出于礼貌，二是表示有人正在接听，三是让对方验证是否拨错了电话或找错了人。如果对方没有马上进入正题，可以主动询问："请问您找哪位？"作为接话人，通话过程中要仔细聆听对方的讲话，并及时作答，给对方积极的反馈。如果对方请求代转电话，应弄清楚对方是谁，要找什么人，以便与接话人联系。转接电话时，请对方"稍等片刻"，并迅速找人。如果不放下听筒呼喊距离较远的人，可用手轻捂话筒或按下保留按钮，然后再喊接话人。如果接话人正忙，则请对方过一会再来电话，或请对方留下电话号码，切忌让对方莫名久等。如果代接的电话需要转到别的部门，应客气地告诉对方，准备将来电转到有关部门，如"十分对不起，这件事由财务部门处理，如果您愿意，我帮您转过去，好吗？"如果对方要找的人不在，应向对方解释一下："对不起，他现在不在办公室，你等一会儿再打来，好吗？"在不了解对方的动机、目的时，不要随便说出指定受话人的行踪和其他个人信息，如手机号等。如果接到拨错的电话，应礼貌地告诉对方"不好意思，您打错了！""对不起，我想您打错电话了"。如有可能，还应向对方提供帮助，对方若说"对不起"时，应礼貌回答"没关系，再见！"，不能以不耐烦的口吻说"你打错了"，然后粗暴地挂断电话。

3.积极反馈，认真记录

接听电话时，要聚精会神，仔细聆听对方的讲话，并准确、及时作答，如果没有听清楚或意思没有听明白，应该询问清楚。接听电话时，不要与人交谈、看文件，或者看电视、听广播、吃东西。接听电话时，还要给对方积极的反馈，如用"是""对""请讲""不客气""我明白了"，或用语气词"唔""嗯"等，让对方感到你在认真倾听。遇到电话中断的情况，要马上把电话打回去，打回去的时候第一句是道歉，并告知对方电话掉线了，或者说电池用完了。如另约其他时间通话，应该说好自己将按时主动拨打对方的电话。当听到对方有重要的事情时，要记录下要点，记录完毕后，应将主要内容向对方复述一遍，以确保准确无误。电话记录一般应包括来话人姓名、单位、电话号码、来电时间、找谁、有什么事等内容。对要求留言的电话，除了认真倾听、完整记录外还要注意保密并及时转交。

二、 与上司沟通的技巧

与上司沟通又叫上行沟通,是指下级向上级报告工作、陈述意见、提出问题和建议,甚至抱怨和批评的一种沟通方式,目的是下情上达。与上司的沟通大多数与工作有关,建立并保持良好的上下级关系,对一个人在组织中的成功与发展具有重要意义。与上司沟通时,要讲究方法、运用技巧,才能达到沟通的目的。余世维先生用六句话概括与上司沟通的要求:主动报告你的工作,让上司知道;对上司的询问,有问必答,而且清楚,让上司放心;充实自己,努力学习,了解上司语言,让上司轻松;接受批评,不犯三次同样的错误,让上司省事;毫无怨言地接受工作,让上司高兴;对自己的义务,主动提出改善计划,让上司进步。从沟通的技法上分析,以下六个方面可供借鉴。

≫（一）选择适当的沟通时机

与上司沟通的时间要由上司确定,并要有多个时间段供上司选择,基本要求是"出选择题不出问答题,出多选题少出单选题",如例1:

"何总,您看明天开会怎么样?"

"我明天没空。"

"那您什么时候有空?"

"看一下吧? 可能下周一、周二吧? 有空再说!"……（两人散去）

例2:

"何总,您看明天开会怎么样?"

"我明天没空。"

"那后天怎么样?"何总没讲话,便接着问:"您看后天早上怎么样?"

"后天早上恐怕有点困难。"

"那么,何总,您看后天下午3点怎么样?"

"那就后天下午。"

"何总,到了明天上午,我再提醒您一下,您看可以吗?"

"好的。"

在例1中,沟通时间安排唯一,且违背了上行沟通中"上司问问题,下属给答案"的原则,让上司有一种被要挟的感觉,或者感觉下属有越权的嫌疑。在例2中,将时间具体化,并有多个时间段供上司选择,很快就与上司达成了口头协议。

≫（二）选择适当的沟通地点

如果上司情绪好,沟通地点不一定在办公室,可以多样化,如车上、电梯里、餐桌上、上司散步或运动的地方等。一般要求:工作上的建议,可在公众场合或会议上提出;对上司的提醒或汇报上司交办的私事,则应在个别场合提出;对上司的劝谏、建议,应经过深思熟虑后预先约定地点提出,让上司有思想准备。

≫（三）要有良好的沟通态度

一是与上司沟通前要做好准备,不要忘记携带笔记本或其他可以写备忘录的工具,把要沟通的内容写下来,随身带着。二是以谦虚、平和、冷静的态度倾听上司的批评、教育和忠告,即使上司误会了自己,也宜在事后再说明,不推诿责任,与其辩解说"那是因为……","可是……",还不如说"抱歉""对不起,这件事我没有考虑周到,我会改正的"。三是充分准备和思考上司可能提出的疑虑和问题,做到心中有数。边沟通边作记录,数字、时间、地点、姓名等尤其要记录清楚。接受上司指示后应复述一遍,以保证正确无误。若要提问应等上司说完之后再进行,若提问事项很多,应依照顺序逐项列举。

≫（四）慎说意见、建议和方法

与上司沟通时,要慎说意见、建议和方法。子曰:"侍君子有三愆:言未及而言之,谓之躁;言及之而不言,谓之隐;未见颜色而言,谓之瞽。"意思是陪君子说话要注意三种毛病:没到说的时候就说,叫作急躁;到该说的时候不说,叫作隐瞒;不看对方的表情就说,叫作睁眼瞎。与上司沟通,要注意时间、地点、上司的情绪、自己的身份等。上司的情绪不好、不想听最好不说,情绪好、想听、要你说,一定要说;时机不对不说,时机好非说不可;地点不对不说,地点好非说不可。

一般而言,给上司提意见、建议和方法有三个步骤:第一步,提出可供上司选择的方法(方案、建议)2~3个;第二步,说一个你喜欢的方法(方案、建议);第三步,说出每个方法(方案、建议)的优缺点及可能发生的后果。具体而言,一要适事。这种事项指的是紧急的、重要的、上司需要知道的事;发生了错误需要纠正、补救的事;经反复思考确认合理的事。二要适时。指的是面对重大紧急事项,上司急需对策时,下属应快速提出执行措施;任务转化、变更时,下属要有高度的预见性和参与意识。一般的事,在上司空闲、心情好时说,否则不要讲话。英国莱斯特大学管理哲学博士曾仕强先生讲了这样一个真实故事。他受邀参加一个很有名气的公司战略扩张会议,公司总经理主持会议,说明了会议的议案是什么,请大家畅所欲言,不要有所顾虑。有一个资历较老的干部站起来发言,这位总经理在会上不停地与别人讲话。事后曾先生问总经理:"你是总经理、会议主持人,你要人家发言,人家发言你就讲话,不听,你是什么意思?"总经理回答说,他要给那个发言的人一个信息:"你少讲一点好,免得搞得气氛不好。"原来总经理在暗示他的下属,他不想听那些话。三要适度。显而易见的事,点到为止;上司一时接受不了的事,可过一段时间再提,让上司有个思考过程,不要一味纠缠不休;先说重点,简明扼要,讲上司最关心、最喜欢听的,不要讲上司不感兴趣、不喜欢听的。如商鞅少年时期喜好刑名之学,很有才干,他通过秦孝公宠臣景监求见秦孝公。商鞅用五帝之道劝说孝公,孝公不加理会,听得打瞌睡;用三王之道劝说孝公,孝公听不进,还责备引见人;用霸道劝说孝公,交谈了好几天孝公还不满足并准备采用;用帝王之道劝说孝公,孝公等不及就要实行;用强国之道劝说孝公,孝公大为高兴,立即任用商鞅变法,给予军政大权,封给他於、商之间的十五个邑,为秦国宰相十年。秦孝公想强国称霸业,商鞅摸透了秦孝公的心思,投其所好,为其所用这是商鞅与秦孝公沟通成功的关键所在。

≫(五)千万不要当面顶撞上司

与上司沟通,要尊敬和维护上司的权威和自尊,随时做好自己的意见被否决的心理准备。如果上司不同意你的意见,你必须服从上司的意见。从人际沟通的角度分析,当面顶撞上司是最愚蠢的人。上司错了本来就没有面子,你再当面顶撞他,他更没有面子,因此上司的错误要让他自己觉悟自己改。

听完上司的指示、意见或总结,不能说“我有几点补充意见”“领导讲得非常中肯、正确、很对,不过”,否则语气、态度上会令上司很不高兴。要站在上司的立场说话,如:“本来我们有许多困难、困惑、迷惑、难题,但听了您的这些话,我们的思路清晰了,方法更多了,干劲更足了,我们相信,有上级领导的支持,我们一定能够克服困难,取得更好的成绩。”

三、 与下属沟通的技巧

与下属沟通又叫下行沟通,是指上司向下属传达组织目标、计划、政策、命令或进行激励诱导、业务指导、教育培训等的一种沟通方式,目的是上情下达。习近平同志在浙江任省委书记时曾经说:“我们有些领导干部不会说话,主要表现在与新时代群众说话,说不上去;与困难群众说话,说不下去;与青年学生说话,说不进去;与老同志说话,给顶了回去。”因此下行沟通的基本要求是“看菜吃饭,量体裁衣”,即让下属“听得清、听得懂、听得进”。基本原则是“善听、慎说、会问”。善听,即尊敬和重视下属,倾听下属的建议、意见、不满,甚至牢骚,允许下属把话说完;慎说,即说具体的事,找原因,想办法,说出自己的意见,不评价下属的人品,不说“我真没想到你是这样的人,我当时真的是瞎了眼”。会问,上司是问问题的人,不是给答案的人,会问即上司问问题,让下属感觉上司问得自然、贴切。

≫(一)修身养性,公道正派,让下属愿意说

修身养性,公道正派,态度和善,以礼相待,尊敬下属人格,这是上司与下属有效沟通的基本前提。上司恃德不恃力,对下属坦诚相见,以诚待人;同甘苦、共患难,融身于部属之中;时时关心和体察下属的困难,处处营造相互理解、相互帮助的和谐环境,把下属团结在自己的周围,让下属感觉到有一个开放、自由、受尊重的工作环境,自然愿意与之沟通。如果上司人格卑下,多疑武断,态度粗鲁,对待下属有亲有疏、厚此薄彼,

下属就不愿也不敢与之交流沟通。

>>>（二）尊敬下属，平等交流，用语礼貌

孟子说："君之视臣如手足，则臣视君如腹心；君之视臣如犬马，则臣视君如国人；君之视臣为土芥，则臣视君如寇仇。"一位受人尊敬的上司，首先应该是一位懂得尊重下属的上司。上司给下属下达命令、指示或激励时，首先要态度和善，用词礼貌。"小张，进来一下""小李，把文件送去复印一下"这样的用语会让下属有一种被呼来唤去的感觉，缺少起码的尊重，不如说"小张，请你进来一下""小李，麻烦你把文件送去复印一下"。其次要告诉下属工作的重要性。如"小王，这次项目投标是否能成功，将决定我们单位今年在总公司的业绩排名，对我们来说至关重要，希望你能竭尽全力争取成功"。第三要信任下属，给予必要支持。如"这次展示会交由你负责，关于展示主题、地点、时间、预算等，请你做出一个详细的策划，下星期你选一天，我们要听取你的计划。财务部门我已经协调好了，他们会提供一些必要的报表"。第四要共同探讨，真诚鼓励。要给下属说话的机会，不要随意打断下属说话，上司不要单方面转移沟通主题；上司不要轻易下结论，要注意问题导向；下属遇到困难、问题和疑问，或提出意见、建议时，应该和他一起共同分析、探讨。可以这样说："小王，关于这个投标方案，你还有什么意见和建议吗？""关于这点，你的意见很好，就照你的意见去做。""小李啊，难得你为公司的产品想出了这个方案。我七年前是销售部门的主管，当初也碰到了这样的情况，我也拟订了一个跟你差不多的计划，不过后来发现这中间有些问题，没有执行下去。不过，现在情况不一样了，也许这个方案能够顺利实施。我先把当初碰到的问题讲给你听听，你看看你在操作的过程中有没有碰到这些问题，算是个借鉴，你回去也可以再研究你的方案，看看还有什么地方需要修改。""小李，你的调查报告中关于提升服务品质的建议，是一个能针对目前问题解决的好方法，谢谢你提出对公司这么有用的办法。""小李，你处理这次客户设诉的态度非常好，自始至终婉转、诚恳，并针对问题解决，你的做法正是我们期望员工能做的标准典范。""小李，前两天我和刘总谈到你，他很欣赏你接待客户的方法，你对客户的热心与细致值得大家学习。好好努力，别辜负了他对你的期望"等。

>>>（三）控制情绪

下属一般会根据上司的喜怒哀乐等情绪来调整与上司相处沟通的方式，因此，明智的上司一般都不会随便表露自己的情绪。如楚汉战争期间，刘邦屡次被项羽打败，处境艰难，而刘邦的下属韩信却捷报频传。随着军事上的节节胜利，韩信的政治野心也逐渐膨胀起来。他派人面见刘邦，要求封自己为代齐王。刘邦一听，怒不可遏，对前来送信的信使大声斥责。坐在刘邦身边的张良急忙用脚轻轻踢了刘邦一下，附耳说道："汉军刚刚失利，大王有力量阻止韩信称王吗？不如顺水推舟答应他，否则将会产生意外之变。"刘邦立刻心领神会，感到自己情绪失控，便话锋一转，改口道："大丈夫既

定诸侯,就要做个真王,何必要做代王?"不久,刘邦派张良为韩信授印册封。刘邦较好地控制了自己的情绪,稳住了韩信,为汉军日后十面埋伏、击败项羽作好了组织准备。如果刘邦当时为此事与韩信闹翻,后果将不堪设想。

≫（四）善用批评训导下属的方法

批评训导既是一种教育下属的方法,也是下行沟通的一种有效方法。

1. 批评训导下属的整体要求

（1）以赞美开头。对受批评训导者的优点和积极面给予认同、赏识、肯定、赞美。据心理学研究表明,被批评训导的人最主要的障碍就是担心批评会伤害自己的面子,损害自己的利益,所以在批评前帮他打消这个顾虑,甚至让他觉得你认为他是"功大于过",那么他就会主动放弃心理上的抵抗,对你的批评也就更容易接受。

（2）批评错误的行为,不评判整体的人。不要去批评整体的人,而应批评下属具体的行为、行动和表现。多用事实性语言,少用概括性语言。也许下属只是一次无意的过失,你若上升到了个人能力、道德、品质和素质的高度去批评他,很可能会使下属感觉到受到攻击而产生防卫心理,导致下属情绪变坏,沟通无法进行。

（3）不伤自尊与自信。批评训导时,为了不伤害下属的自尊与自信,可以采用如下技巧语言:"我以前也犯过这种错误。""每个人都有低潮的时候,重要的是如何缩短低潮的时间。""像你这么聪明的人,我实在无法同意你再犯一次同样的错误。""你以往的表现都优于一般人,希望你不要再犯这样的错误。"

（4）友好结束。每次批评训导都应尽量在友好的气氛中结束,这样才能彻底解决问题。在结束时,应该对下属表示鼓励,提出充满感情的希望,可以说"我想你会做得更好""我相信你",并报以微笑;让下属把批评训导当成是你对他的鼓励而不是一次打击,增强改正错误、做好工作的信心。

（5）适当地点,不要当着众人的面批评训导。心理学理论揭示,上司在下属的同事面前惩罚下属,等于对这个下属惩罚了两次,因此不要当着众人面批评训导下属。最好选择单独的场合,如独立的办公室、安静的会议室、午餐后的休息室、楼下的咖啡厅等,都是较好的地方。

2. 批评训导下属的基本方式

（1）基本型。直截了当地说出自己想法意见。这种方式适合于会前、会后沟通或单独沟通。

（2）谅解型。同情下属,但仍说明自己的需要。如某公司要裁员,小李被辞退了。"小李啊,别难受,反正大家早晚都要被裁掉的。"这是说风凉话。什么叫大家早晚都要被裁掉的?为什么不先裁你后裁我呢?应该说:"小李啊,公司的裁员计划我也很无奈,因为公司现在的情况不太好。但是,小李你别难过,我会想办法把你介绍到其他公司去,帮你找一个合适的机会。还有,如果你离开公司以后,生活真的有困难,请一定告诉我,我会尽力帮助你的。保持联系。"小李离开的时候心里肯定暖呼呼的,如果你以后有什么地方需要他,他一定会不遗余力地帮助你。

（3）提示型。指出下属过去的承诺与现在的情况有所出入。

（4）直言型。提醒下属,他的行为对单位和领导有不良影响。

（5）警戒型。告诫对方若不改邪归正,会有什么后果。

（6）询问型。希望了解他人的立场、感受或愿望。

≫（五）沟通语言要得体

上司与下属沟通时,要根据下属的文化素养、性格特点、习惯爱好等,做到情理交融,语言得体。如对性格内向的,使用的语言要柔和一些,使话语像春风化雨那样句句入心;对直爽开朗的,要一针见血地指出问题;对文化层次高的,语言可以文雅一点;对文化层次低的,语言应该朴实一点;对工龄长、资历深的同志,谈话时哲理可以深一点,以理说事;对年轻识浅、思想单纯的同志,可以多用朴实、通俗的语言,深入浅出,以事明理。

≫（六）重视非言语沟通

非言语沟通包括肢体反应和环境影响。上司要仔细观察和及时把握下属的非言语信息,适当利用非言语信息来强化自己的语言功效。如一个友好的姿势、一个鼓励的眼神、赠送给工作突出的下属小礼物等,都可能产生良好的沟通效果。

四、　与客户沟通的技巧

管理大师松下幸之助关于管理的定义很简单:"企业管理过去是沟通,现在是沟通,未来还是沟通。"专家研究表明,优秀经理70%以上的时间都用在了沟通上。经理如此,营销人员也不例外。

≫（一）自我定位准确, 让客户记住你和你的名字

1.凸显"我"独特的品质

每个成功的大人物,都有一个清晰的品牌定位,在国际舞台上,一提到周总理,就会想到他的睿智;一提到前南非总统曼德拉,就想到他的坚韧;一提到修女特蕾莎,就想到她的大爱。如果你什么都是,你将什么都不是。你必须要在客户的沟通中凸显自己的一两个品质。

（1）文雅。美国心理学家发现,有效的沟通,对话内容占8%,说话者的技巧占37%,说话者的人格占55%。要成为沟通高手,必须具备优良的人格品质。不论多么无趣的话题,只要是沟通高手说出,也能将听者带入有趣的境界。注意衣着、举止、礼仪,讲求礼貌待客。如只要客户走进窗口1米内,要在5～7秒打招呼,热情接待;不能说"那不是我们部门的事""我不是您要找的人",要说"咱们一起来看看是什么问题"。

有一个业务员费尽九牛二虎之力,客户终于答应与他合作,就在他拿出合同写好条款,将笔递给客户签字的一刹那,客户说:"等等,我需要再考虑一下!"这个订单丢失了。过了好久,这个可怜的业务员才知道,客户是看他的笔太破,然后联想到他的产品可能也一样,并由此而产生了很多负面的假象,所以临时决定不与他合作。

(2)真诚。面对客户,表现出足够的真诚,做真诚事,讲真诚话,真诚地帮助客户,而不是整天想着从客户那里赚到多少钱。

(3)认真。为客户认真做一件事,不会在客户脑海中留下多少感触,如果能始终如一为客户认真做事,在客户心目中的人格就会慢慢得到提升。人格一旦得到提升,销售便会水到渠成。

(4)自信。三个石匠在砌墙,有个智者分别问他们三个人在做什么,第一个石匠说:"我在混口饭吃。"第二个石匠一边敲打石块一边说:"我在做全国最好的石匠活。"第三个石匠眼中充满憧憬,仰望天空说:"我在建造一座世界上最有特色的大教堂,供信徒们礼拜、瞻仰。"十年之后,第一个石匠手艺毫无长进,被老板炒了鱿鱼;第二个人勉强保住了自己的饭碗,但只是普普通通的泥水匠;第三个人却成了著名的建筑师。生活就像一面镜子,你对它微笑,它就对你微笑;你对它哭泣,它就对你哭泣。你的思维方式决定你的行为方式,人们通过你的行为方式就能看到你的自信。你敢说你是在建一座伟大的教堂,那你肯定不是在混日子。你了解市场、了解产品、了解客户,你每天都希望自己能给客户带去更多的帮助,让他们能通过你的产品和服务获得更大的提升。当你想着这些的时候,你就会觉得自己活得很有价值、很自信。

(5)坚韧。客户没有给机会的时候,要有坚定的意志,坚持为客户提供服务。如果你的产品和人品都不错,客户可以拒绝你一次、两次、五次,但是客户一定不会拒绝你第六次。

2."我"是帮助客户买东西的专家,不是卖东西的业务员

了解客户需求,解决客户问题,满足客户需求,在这个过程中,你不是卖东西的推销员而是帮助客户买东西的专家。

(1)"我"是产品专家。熟悉产品基本知识,关注产品(服务)本身的功能、特征等。产品专家是成为产品应用专家的基础。

(2)"我"是产品应用专家。关注自己的产品(服务)如何帮助不同类型的客户发挥价值,以及自己的产品(服务)如何与外界其他产品配合使用。如果你在客户心目中不是专家,那么客户就不会信任你。客户不信任你,是不信任你的专业、产品、服务和品牌。客户说产品太贵,事实上是不相信你介绍的产品能值那么多钱;客户说没时间和你见面,事实上是不相信和你见面能够给他带去比他独处产生的更大的价值。

(3)"我"是卖思想的专家。俗话说"一流企业卖思想,二流企业卖标准,三流企业卖服务,四流企业卖产品,五流企业卖资源",意思是销售产品或服务的最高境界就是销售你的思想、思维方式、价值观。如果你只做客户一笔生意,你可以先从卖产品开始;如果你要做客户长期的生意,就不能单纯讲要卖什么,而应该将产品和你的思想、

思维方式、价值观结合起来卖。比如,如果一个外国人感冒了,你要向他推销中医的思想,而不要向他推销草药的功能;如果你要把冰箱卖给爱斯基摩人,你要推销冰箱是一种生活方式和生活品位,而不要推销冰箱的制冷功能很好;如果你要推销笔记本给客户,请先推销移动办公的乐趣,而不要告诉客户电脑的配置;如果你要推销4G手机给一位60岁的大爷,请先推销最近流行的老年生活方式是以科技和时尚为主,不要向他推销4G的功能多强大。

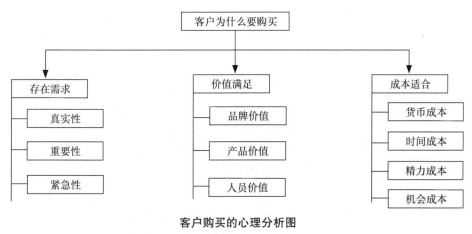

客户购买的心理分析图

≫（二）客户定位准确，知道客户为什么购买你的产品和服务

1. 明确客户购买三要素:需求、价值、成本

客户购买首先源于他有需求;客户只购买有价值的产品(服务);成本在客户预期范围内才会购买。

2. 找出客户购买动机

如一条街上有三家水果店。一天,有位老太太要买李子,她到了第一家店,问:"有李子卖吗?"店主马上迎上前说:"我这里的李子又大又甜,刚进回来,新鲜得很呢!"没想到老太太一听,竟扭头走了。店主很纳闷:"奇怪啊,我哪里得罪老太太了?"老太太来到第二家水果店,店主马上迎上前说:"老太太,买李子啊? 我这里的李子有酸的也有甜的,您想买哪一种?""酸的。"于是,老太太买了一斤酸李子回去了。第二天,老太太又来买李子。第三位店主一边称酸李子,一边搭讪道:"一般人都喜欢甜李子,可您为什么要买酸的呢?"老太太回答说:"儿媳妇怀上小孙子啦,特别喜欢吃酸的。""恭喜您老人家了! 您儿媳妇有您这样的婆婆真是福气。不过孕期的营养很关键,经常补充些弥猴桃等维生素丰富的水果,对宝宝会更好!"这样,老太太不仅买了李子,还买了一斤进口的猕猴桃,而且以后经常来这家店里买各种水果。因为让儿媳和孙子健康是老太太的购买动机,任何能满足孕妇和孩子营养的水果都是老太太的购买对象。第三位店主找到了老太太的购买动机。

3.懂得客户不会为产品、服务的特点和优点埋单,只为产品、服务带给他的好处埋单

能追求快乐和逃避痛苦就是给客户最大的好处,因此,与客户沟通时,要展示产品(服务)带给客户的利益和好处,而不是展示产品(服务)的功能和特征。要清晰而肯定地告诉客户,如果和你合作,你们的产品、你们的服务和你们的团队能给他带来什么好处。你可以说:"李先生,如果你采用了这个产品,员工工作效率低下的状况将得到彻底的改变。""李先生,如果你采用这个产品,员工的工作效率将是现在的两倍,他们一定会非常感谢你为他们带去工作上的乐趣。"

≫(三)正确选择沟通途径

与客户沟通的途径主要有电话、传真、短信、QQ、E-mail、通过第三方人物介绍、通过第三方服务机构介绍、面对面交谈等,每一种途径都有优点,也有缺陷,要根据沟通的环境变化、客户喜好及要求,正确选择沟通途径。

≫(四)正确选择沟通策略

1.把客户当伙伴

"伙伴"的意思是"在一起并互相帮助的人"。顾客不是上帝,上帝是一种精神偶像,是不食人间烟火、无所不能、无欲无求、救赎众生万灵的精神领袖,你的客户是实在普通、有欲有求的人。把客户当伙伴,即客户不再仅仅是产品或服务的使用者,而是"兼职雇员"或"合作生产者",是可供开发和使用的人力资源。如开发财务软件必须向各类财务人员学习;开发医药产品要向医生学习;开发金融产品要向消费者学习等。

2.展示自己阳光的一面

要展示你的活力、礼貌、仪表、知识、谈吐、真诚、实在、善良等,客户对你的第一印象应是:你是个礼貌之人、诚实之人、上进之人、有能力之人、好合作之人、能带来利益之人。

3.满足客户嗜好的一面

如果你接触的是高级白领,那么他们会对时尚、流行、品牌等感兴趣;如果你接触的是企业老板,他们对商业、管理、领导、股票、财经、政治比较感兴趣;如果你接触的是老年客户群体,他们会对健康、伦理、小孩教育比较感兴趣。客户感兴趣的,你必须感兴趣。有的客户性格比较活泼,喜欢讲话,喜欢听人赞美,你必须让他说个够;有的客户性格比较平和,不太喜欢讲话,你要引导其说话;有的客户很有主见,而且比较固执,做事非常认真细致,非常理性,喜欢看数字说话,喜欢自己做决定,不希望你过多打扰他,你就要少说话或不说话。

4.注意提问技巧

心理学研究表明,客户更愿意对简单的、容易回答的问题说"是",也愿意对不承担

责任或者承担很小责任的问题说"是"。例如：

序　号	业务员问的问题	客户的回答	分析与点评
1	我们有一款非常好的产品,你愿意购买吗?	那也不一定	"购买"这个词对客户而言责任太大,所以客户否定了
	我们有一款非常好的产品,你愿意了解一下吗?	好啊	"了解"这个词能很好地降低客户的防备意识,所以客户答应了
2	最近工作怎么样?	不好说	这是个不好回答的问题
	最近工作还好吗?	还不错	这个问题比较容易回答
3	你们公司今年的预算是多少?	不方便回答	这个问题不好回答
	今年的预算应该比去年多吧?	是,差不多	这个问题比较容易回答

5. 在不了解客户需求之前,不介绍产品

有研究表明,与客户沟通的时间50%花在了解客户需求上,30%花在产品介绍上,真正成交只需要20%的时间。

6. 学会使用神奇的关键词

（1）用"我们""咱们""我"代替"你们""你",可以拉近和客户的距离感,表明我们是一起面对问题,如下所示。

习惯用语：你的名字叫什么?

专业表达：请问,我可以知道你的名字吗?

习惯用语：你必须……

专业表达：我们要为你那样做,这是我们需要的。

习惯用语：你错了,不是那样的!

专业表达：对不起我没说清楚,但我想它运转的方式有些不同。

习惯用语：如果你需要我的帮助,你必须……

专业表达：我愿意帮助你,但首先我需要……

习惯用语：你做得不正确……

专业表达：我得到了不同的结果。让我们一起来看看到底怎么回事。

习惯用语：注意,你必须今天做好!

专业表达：如果您今天能完成,我会非常感激。

习惯用语：当然你会收到,但你必须把名字和地址给我。

专业表达：当然我会立即发送给你,我能知道你的名字和地址吗?

习惯用语：你没有弄明白,这次听好了。

专业表达：也许我说得不够清楚,请允许我再解释一遍。

（2）用"你刚提到""你曾经说过"等句式引用客户的话。

（3）用"我们刚才探讨过"的句式,把你的观点讲成是与客户共同探讨的观点。

（4）用"姓+职位（职称、尊称）"的句式，不断地称呼客户。

（5）用"肯定没有问题""当然没有问题"等自信的短句或词汇，赢得客户的信任。

（6）用"同时"取代"但是"。

（7）多用123。如，客户："你们如何保证能够在4小时内赶到我们公司来维护设备呢？"业务员："先生，你的这个问题问得非常好，我们有三个措施来保证服务到位。第一，我们有全天24小时的电话指导服务和在线网络服务；第二，我们公司有专门的客户服务部，有5位全职的技术工程师；第三，我们公司有3部售后服务车，接到电话，我们会在最短的时间内，开车到贵公司来进行维修。你对我们这个服务体系感觉怎么样？"客户："感觉挺好的。"

7.遵守交往礼仪的贯例

如接到客户名片，不要迅速放进衣袋里，要仔细阅读，一看单位，二看业别，三是头衔，四看姓名，五看地址，最好摆到桌上，把与业务有关的事记在名片的背面。

8.正确面对和处理异议

异议是客户的习惯性反应，是珍贵的情报。从心理学角度分析，客户在下决心购买产品或服务时，会处于高度紧张的状态。购买成本越高，风险越大，紧张度越强，异议就会越多。客户有异议是由于其隐藏在心底的问题和担忧没有解决掉，在这种情况下，如果你不解决问题而是用技巧去掩饰，则只会招致客户的反感和憎恶。处理异议一般可以采取三个步骤：第一步，自己不讲话，仔细倾听客户说异议（投诉），绝不能推卸责任说："这不归我负责""这不关我的事"。第二步，认清事实，判断异议（投诉）真假，如果异议是假的，直接要求客户成交；如果异议是真，找出原因和解决问题的办法。第三步，正襟危坐，不卑不亢，多用"多谢你的意见，我们会作为参考"等专业性表达。

五、 与同事沟通的技巧

与同事建立良好的人际关系不仅仅是工作的需要，也是生活和情感的需要。如果同事关系紧张，不仅工作会受到影响，个人身心健康也会受到损害。

≫（一）创造机会，建立良好关系

佛教讲"因缘生法"，缘生则法生，缘灭则法灭；佛家又讲"因缘相合则为果"，"因"是原因，"缘"是条件和机会，"果"是结果，意即任何事物都是一定原因和条件的产物。中国人重视"缘分""结缘""交浅不言深"，因此，同事之间的有效沟通，首先必须主动创造条件和机会，建立良好的关系。

≫（二）彼此尊敬，先从自己做起

美国心理学家托马斯·A.哈里斯指出，人们在交往中会表现出四种人生态度：我不行，你行；我不行，你也不行；我行，你不行；我行，你也行。对于一个成年人来说，只有"我行，你也行"的人生态度，才是健康的人生态度，因此，沟通的基本规律是彼此越互相尊重越容易沟通，越缺乏尊重越不容易沟通。尊重是一切沟通的前提。尊重的内涵是主动、体谅、谦让，考虑同事的状况与难处、需求与不便、痛苦与问题，不自私，不自满，不自大。尊敬同事从自己开始，"敬人者人恒敬之""己欲达而达人""己所勿欲不施于人"，己所欲也要慎施于人。在人际交往中，人们都有保持心理平衡的需要。如果你事先对同事有一种消极的看法，那么，这种看法就会有意无意地流露出来，并或多或少表现在你的语言和非语言的信息上，而同事觉察到你发出的信息后，也会做出相应的反应。你对同事的态度和同事对你的态度事实上是一样的，我们往往能够从同事的脸上读到自己的表情。心理学家曾做过这样一个实验：让两组参加者给同一位女士打电话。心理学家告诉第一组的人说，对方是一位冷酷、呆板、枯燥、乏味的女人，然后又告诉第二组的人说，对方是一个热情、活泼、开朗、有趣的人。结果发现，第一组的参加者很难与那位女士顺利地交谈下去，而第二组的人与那位女士的交谈非常投机，通话时间也明显比第一组的要长，这是为什么呢？道理很简单，第二组的参加者把那位女士想象成了一个幸运的"天使"，把她看成了一个"热情、活泼、开朗、有趣"的人，并以同样的态度与之交往，而第一组则相反。实验告诉我们这样一个道理：把别人想象成魔鬼，遇到的自然就是魔鬼；把别人想象成天使，你就不会遇到魔鬼。又如，有一天，英国女王维多利亚和丈夫吵架了，丈夫很难过，独自先回到卧室，把门锁上不出来。女王回卧室时，只好敲门。丈夫问："谁？"维多丽亚傲然地回答："英国女王。"里面既不开门也无声息，女王只好再次敲门。丈夫又问："谁？"女王回答："维多丽亚。"里面还是没有动静。女王再次敲门。丈夫再问："谁？"女王学乖了，柔声地回答："是我，亲爱的。我是你妻子。"这一次，门打开了，迎接她的是丈夫的热吻和温暖的怀抱。

≫（三）平等互惠，懂得分享

有一个少年去拜访一位年长的智者，他问智者："如何才能变成一个快乐的同时又能给予他人快乐的人呢？"智者笑着对他说："孩子，在你这个年龄能有这样的愿望，难能可贵啊！比你年长的人，无论给他们解释多少次，他们都无法明白这个道理啊！"少年满怀虔诚地听着，脸上没有流露丝毫得意之色。智者接着说："我送你四句话。第一句话是'把自己当成别人'。你能说说这句话的含义吗？"少年回答说："是不是说，在我感到痛苦忧伤的时候，就把自己当成别人，这样痛苦就自然减轻了；当我欣喜若狂之时，把自己当成别人，心情也会变得平和中正一些？"智者微微点头，接着说："第二句话，'把别人当成自己'。"少年沉思了一会儿，说："这样就可以真正同情别人的不幸，理解别人的需求，并且在别人需要的时候给予适当的帮助？"智者两眼发光，继续说道："第三句话，'把别人当成别人'。"少年说："要充分尊重每个人的独立性，在任何情况下都不可侵犯他人的核心领地？"智者哈哈大笑："很好，很好，孺子可教也！第四句话是'把自己当成自己'。这句话理解起来太难了，留着你以后慢慢品味吧。"少年说："这句话的含义，我的确一时体会不出，但这四句话之间好像有许多自相矛盾之处，我如何才能把它们统一起来呢?"智者说:"很简单,用一生的时间和经历。"少年沉默了很久,然后叩首告别。

懂得分享的人是幸福的。同事之间的沟通既要估算自己的利益,更要衡量同事的利益;要尽量站在同事的立场,不要只站在自己的立场;要懂得分享工作和生活中的快乐、幸福、痛苦与忧愁;跟同事讲话少讲"我",多讲"我们",不要说"这是我的",而要说"这是我们的"。

≫（四）应该说才说，不该说不说

同事想听或需要帮助,你该说的话一句都不可少。同事情绪不好、不想听或同事想向你倾诉,你说得越多,他越反感,这时你不说话所传达的意思,可能更能引起同事的认同和思考。

≫（五）控制情绪，避免争吵

当与同事为工作上的事情发生争论或争吵时,你可以说:"别着急,我们慢慢谈。"或者说:"我已经理解你的意思,大体上同意你的看法,现在需要的是补充详细资料。"当有些问题一时无法达成共识时,不如暂时搁置起来,把问题留到下次讨论。你可以说:"你的观点很新,我暂时还不能完全理解,下次我们再深入探讨好不好?"学会放弃,主动承认自己错了,是避免争吵的最佳方法。你可以说"可能是我错了",这既是宽容大度的表现,也是尊重同事的体现,这种方法一般能产生良好的沟通效果。

六、　见面寒暄的技巧

寒暄,"寒"是"寒冷","暄"是"温暖",寒暄即"嘘寒问暖"的意思,泛指人们在碰面时互相问候、打招呼,表示礼貌和关心。

寒暄是人际交往的起点。中国人最常使用的寒暄语是"吃饭了吗",外国人见面时则问一声"你好"。人们相互寒暄,常常并不是为了得到某些确切的答案,而是希望借助于寒暄语来给对方送去友好的信息,使见面时的气氛变得活跃,引起交谈的兴趣与感情上的共鸣,促进彼此的友谊与合作。

见面寒暄时要讲究技巧和方法。

≫（一）掌握几种常见的寒暄方式

1.问候式寒暄

这是两人相遇时经常使用的一种寒暄方式。或点头招呼、或微笑握手、或询问对话,互相礼敬,互相尊重,话语亲热得体,表现了一种亲善的关系。如果问候的对象是比较亲密的同学、同事、朋友、家人等,可根据具体的人和事进行有针对性的问候,寒暄的内容可以更丰富。

如甲、乙两人相遇。

甲:"你好!"

乙:"好啊,你还好吧!"

甲:"多日不见你了,忙些什么呀?"

乙:"哎,还不是跑跑跳跳,给公司搞推销。"

甲:"你现在要去哪儿呀?"

乙:"去××厂谈一份合约。你呢?"

甲:"开计程车,干老本行。"

乙:"好,再见!"

甲:"再见!"

2. 夸赞式寒暄

这是一方赞美另一方或双方互相赞美的寒暄方式,可以使一方或双方的心理得到满足,营造良好的沟通交往氛围。

甲:"小王,你昨天在大会上的发言很精彩!"

乙:"谢谢你,过奖了。"

甲:"小李,你这头瀑布似的长发好美呀!"

乙:"你这头高绾着的盘龙髻也很漂亮嘛!"

3. 描述式寒暄

这是针对具体的交际场景灵活运用的一种寒暄方式,对方正在做什么事、刚完成什么事或即将做什么事,都可以成为描述式寒暄的内容。

甲:"哟,最近这么忙呀,刚下班!"

乙:"嗯。您买了这么多菜,现在回去哪!"

4. 言他式寒暄

这是指谈论彼此感兴趣的事情的寒暄方式,可以轻松地架起沟通的桥梁,融洽双方的情感。

甲:"你听天气预报了吗? 今天的气温高达 39 度啊!"

乙:"真是太热了。你家里装有空调吧?"

甲:"有哇,你呢?"

乙:"我家也有。"

5. 幽默式寒暄

这是指话语幽默诙谐,气氛轻松愉快,关系友好融洽的一种寒暄方式。

甲:"哟,小张,今天怎么满脸放光芒呀?"

乙:"瞧您说的,不就是喝了两杯庆功酒吗!"

》》（二）正确使用见面客套语和称呼语

1. 见面客套语

二人见面称：你好、您好、久仰、久慕盛名。

回称：你好、您好、久仰。

久别重逢见面称：久违、别来无恙。

回称：久违、好久不见。

贺人荣归称：锦旋、凯旋、衣锦还乡、荣归故里。

回称：过奖。

贺人中榜：蟾宫折桂、金榜题名、榜上有名。

回称：多谢、侥幸。

贺人生日：福如东海、寿比南山、大寿、寿诞、华诞、芳辰。

回称：何劳挂齿、多谢。

贺人年高称：齿德俱尊、德高望重。

回称：年老无用。

贺人喜庆称：恭喜。

回称：同喜、谢谢。

询问姓名称：贵姓、尊姓大名。

回称：鄙姓……，免贵姓……

询问年龄称：贵庚、高寿、青春几何。

询问籍贯：府上、老家。

询问职业和工作：高就、供职。

受人之赐称：谢谢、感谢、破费、费心、拜谢。

回称：不谢、不客气、应该的、笑纳、不成敬意。

受人深恩称：雨露之恩。

回称：不敢当。

谢人帮助称：有劳、劳驾、多谢。

回称：不谢、不客气、举手之劳。

感谢救命之恩称：再造、再生父母、没齿不忘。

回称：应该做的、不敢。

感德难忘称：铭刻在心、铭心刻骨、永世难忘。

回称：不必、不必挂心。

知恩必报称：结草衔环、来日必报。

回称：不敢当、不必。

看望他人称：拜访、登门拜访。

回称：别客气。

客人到来称:欢迎、请进、赏光、蓬荜生辉。

回称:打扰。

招待远客称:洗尘、接风。

回称:不必。

望客亲临称:屈尊、惠顾、光临、驾临、莅临、俯就、赏光。

回称:尊命、恭敬不如从命。

陪同客人称:奉陪。

回称:不客气。

请客人不要客气称:请便、自便、请随意。

中途离去称:失陪。

回称:请便。

客人归去称:承蒙款待、告辞。

回称:怠慢、招待不周、失敬、对不起。

送客出门称:走好。

回称:留步。

与客握别称:再见、有空多来。

回称:再见。

请人看稿称:阅示、阅批。

回称:拜读。

请人改稿称:斧正、雅正、呈正。

回称:班门弄斧。

请人评论称:指教、指点、指正、高见。

回称:互相学习、互相切磋、不敢当。

请人指路称:请问、借问。

回称:请讲。

请人解惑称:指导、赐教、指点迷津。

回称:共商、商量。

受人教导称:茅塞顿开;受益匪浅;听君一席话,胜读十年书。

回称:过奖。

求人办事称:拜托、借光、劳驾、麻烦、请多关照、请多费心。

回称:应该的、照办、不麻烦。

向人提要求称:恳请、恳求、诚请。

回称:尽力、效劳。

请人原谅称:海涵、包涵、海量、抱歉、请勿见怪、对不起。

回称:好说、没关系。

自提意见称:浅见、肤见、管见。

回称:高见。

代人做事称:代庖、自作主张。

回称:劳驾、费心。

伴人受益称:借光、伴福、托福。

回称:没有没有、哪里哪里。

谢人致问称:多谢关心、有劳费心。

回称:应该的。

托人言事称:借重鼎言。

回称:过奖。

2.见面称呼语

(1)日常生活中的称呼语。称呼有以职务相称的"职务称",如"李处长";有以姓或姓名加"同志"的"姓名称",如"张同志";有不知对方职务与姓名的"一般称",如"同志";有"职业称",如"售票员同志";还有"代词称",如"您"。亲热的称呼也很多,可谓"亲热称",如在工厂里称"师傅";在学校称"老师";比较熟悉的可以称"老某""小某";对解放军应称"同志";对老年人要称之为"老大爷""老奶奶";对年纪较大的称之为"大叔""大娘",也可称为"叔叔""伯伯""阿姨";对年纪相仿的人,习惯称"大哥""大嫂""大姐";对低年级的学生和幼儿园的小孩子,可根据年龄称他们为"小同学""小同志""小朋友";对海外同胞,则可根据年龄、性别称为"先生""夫人""小姐"等。

(2)国际交往中的称呼。在国际交往中,一般对男子称"先生",对女子称"夫人""女士""小姐"。对已婚女子称"夫人",未婚女子统称"小姐";对不了解婚姻情况的女子,可称"小姐",对戴结婚戒指的年纪稍大的可称"夫人"。这些称呼均可冠以姓名、职称、衔称等,如"布莱克先生""议员先生""玛丽小姐""秘书小姐""护士小姐""怀特夫人"等。对地位高的官方人士,一般如部长以上的高级官员,按国家情况称"阁下",如"部长阁下""总理阁下""总理先生阁下""大使先生阁下"等,但美国、墨西哥等国没有称"阁下"的习惯,可称"先生"。对有地位的女士可称"夫人",对有高级官衔的妇女,也可称"阁下"。对医生、教授、法官、律师以及有博士等学位的人士,均可单独称"医生""教授""法官""律师""博士"等,同时可以加上姓氏,也可以加上"先生",如"卡特教授""法官先生""律师先生""博士先生"等。对军人一般称军衔或军衔加"先生",知道姓名的也可冠以姓与名,如"上校先生""莫利少校""维尔斯中尉先生"等。有的国家对将军、元帅等高级军官也称"阁下"。对服务人员一般可称"服务员",如知道姓名的可单独称名字,但现在有很多国家越来越多地称服务员为"先生""夫人""小姐"。对教会中的神职人员,一般可称教会的职称或姓名加职称,如"凯特神父""传教士先生""牧师先生"等,有时主教以上的神职人员也可称"阁下"。凡与我国有同志相称的国家,对各种人员均可称同志,有职衔的可加职衔,如"主席同志""议长同志""大使同志""秘书同志""上校同志""司机同志""服务员同志"等,或姓名加"同志"。

≫（三）见面寒暄的主要禁忌

1. 千篇一律

寒暄时切忌千篇一律。在老舍的名剧《茶馆》中有一位清朝遗老松二爷,他见了人就忙着打千儿,打一个千儿问一声"您老好""太太好""少爷好",僵化的打千儿动作再配上重复的语句,实在令人生厌,这是应避免的。

2. 刨根问底

有个小伙子非常不善寒暄,见了一位姑娘只会问:"你有阿姨吗?""你有姐姐吗?"一连串问题使姑娘十分生气,说:"哦,你是查户口哪,我告诉你吧,我还有叔叔和舅舅,省得你一个个问了!"结果当然是姑娘拂袖而去了。

3. 旁若无人

两个人在餐厅约会,一位先到,另一位晚到,老远就打招呼:"唉! 你先到啦!"旁若无人,声如洪钟。整个餐厅的宾客都被惊动了,齐刷刷地向他们行"注目礼",好像发现了什么怪物似的。

4. 动手动脚

身体之间的距离与彼此之间的亲密程度有关。彼此还不是亲近的朋友,在"寒暄"中拍拍打打之类的动作不但不能增进友谊,相反会使对方受惊或产生反感。

七、 拒绝别人的技巧

拒绝言语行为既是一种涉及"面子"问题的行为,也是人生的一门艺术。学会了拒绝的艺术,对人的生活和工作具有极其重要的影响。它既可减少心理上的紧张和压力,表现出人格的独立性,又能增进交际双方的理解和友谊,促进交际的顺畅进行。世界著名影星索菲娅·罗兰在她的自传《生活和爱情》中记录了世界艺术大师卓别林对她说的一段话:"你必须克服一个缺点。如果你想成为一个生活异常美满的女人,你必须学会一件事,也许是生活中最重要的一课,你必须学会说'不'。你不会说'不',索菲娅,这是个严重缺陷。我也很难说出口,但是我一旦学会说'不',生活就变得好过多了。"在日常生活和工作中,我们难免会遇到拒绝和被拒绝的场合,在实施拒绝行为时,要讲究一定的技巧和艺术。一般说来,在人际交往中凡违背自己做人的准则、不符合自己的兴趣爱好、可能深陷关系网有损自己的人格、助长自己的虚荣心、低级庸俗的交易、违法犯罪行为等情况,都应考虑拒绝。掌握拒绝的方法和技巧,可以从以下几方面来努力。

≫（一）避实就虚拒绝法

对某些违反原则、或可能损害公众利益、或难以满足的要求,采用似是而非、避实就虚的拒绝方法。如在 1966 年中外记者招待会上,有记者提问:"请陈外长介绍一下中国发展核武器的情况。"陈毅答道:"中国已经爆炸了两颗原子弹,我知道,你也知道。第三颗原子弹可能也要爆炸,何时爆炸,你们等着看公报好了。"陈毅的妙语赢得了满场掌声。对方的问题涉及了国家机密,所以陈毅外长避实就虚,一番似是而非的话语,巧妙地封住了对方的嘴巴。有时还可以用缓兵之计加以拒绝,如"你是不是让我再想一想?""这个问题我得向领导汇报请示才行。""这件事我得与某某商量后才能回答您。"

≫(二)另作选择拒绝法

在不能满足对方要求的情况下,可以和对方商量另外换个方案,从侧面来否定对方的要求。如,朋友邀请你参加一个约会,你不想去,可以说:"今天身体不太舒服,不如改天到我家听音乐吧。"或者说:"真对不起,刚接到开会通知,不能参加了。以后再找机会,好不好?"

≫(三)幽默拒绝法

以轻松、幽默的方式委婉回绝对方,让对方心领神会,从而避免了尴尬,改善交往气氛,收到较理想的沟通效果。美国总统罗斯福的一位朋友想从他嘴里打听一项机密,罗斯福当然不能泄密,但他也不愿伤害朋友。于是他悄悄地向朋友问道:"你能保守秘密吗?"那位朋友以为罗斯福要他保证不向别人说才肯将机密告诉他,于是便连声答应:"当然,我一定保守秘密,不告诉任何人!"这时,罗斯福说:"你能保守秘密,那么,我也能!"他的朋友一怔,然后抱着罗斯福的肩膀大笑起来。又如一个地方性组织邀请林肯总统参加报纸编辑大会,林肯不得已参加了这次大会。为了说明这类会议总统最好不出席的理由,林肯在会上给大家讲了一个小故事:"有一次,我在森林中遇到一位骑马的妇女。我站住让路,可她也停了下来,目不转睛地盯着我的面孔看。她说:'我现在才相信你是我见到过的最丑的人了。'我说:'你大概讲对了,但是我又有什么办法呢?'她说:'当然你已生就这副丑相,是没有办法改变的,但你还是可以待在家里不要出来嘛!'"大家为林肯的谦逊和幽默欢笑不止。林肯讲的小故事,暗示了他的拒绝,消息传出去之后,没有人邀请他参加这类活动了。一位英国女士读了钱锺书先生的《围城》后慕名求见,钱锺书说:"假如吃了鸡蛋觉得不错,何必还要认识那只下蛋的鸡呢?"又一次,他在谢绝了一笔高额酬金后说:"我都姓一辈子'钱'了,难道还迷信钱吗?"文学家萧伯纳曾经被一位电影明星追求,这位明星向他求婚说:"如果我俩结合,将来生的孩子头脑像你而长相像我,那岂不是一桩美事!"萧伯纳没有正面回绝,而是作出了一个假设:"要是我们结合,将来生的孩子头脑像你而长相像我,那岂不是太惨了吗?"这位明星当然不会接受这样的假设而只能接受拒绝。意大利音乐家罗西尼过 72 岁生日时,一些朋友来告诉他,他们集了两万法郎,要为他立一座纪念碑。他听了以后说:"给我这笔钱,我自己站在那里好了!"罗西尼不同意朋友们的做法,但他没有正面回绝,而是含蓄地指出朋友的做法太奢侈,点明其不合理性。

≫（四）寻求谅解拒绝法

这是一种给出拒绝对方合情合理的理由,或态度诚恳地向对方表示歉意,或设身处地为对方着想并理解对方难处、为对方提供别的解决问题的办法的拒绝方法。运用这种拒绝方法,首先应有诚恳的态度和确实存在不能满足对方要求的理由,突出"恳求",力求得到对方谅解,态度上要谦让;同时还要尽量让对方理解自己拒绝的原因,在不伤害友情的情况下,道理上可以坚持原则。比如你向朋友借来一架很好的照相机,在校运会上为运动员照相。某同学要借用,你又无权转借,那么,你就应该耐心地解释,请他谅解,可以说:"不是我不够意思,是借的时候人家说明不让转借才拿来的。咱俩关系不错,你可不能让我为难哪。"也可以说:"你爱摄影入了迷,我比谁都清楚。可今天这事只能委屈你了,算我对不住你,请多多包涵。"

≫（五）赞美拒绝法

即先赞美后婉拒,或明显拒绝而听来舒服的方法。如你的朋友要你加入某个科研小组,而你没有这个兴趣和愿望,可以说:"我很佩服你们的协作和钻研精神,今天邀我参加,是对我的信任,我感到非常荣幸。可惜我太忙了,一点儿时间也没有,以后再说吧。我会主动与你们联系的。"又如上司要求你承担一项你认为无法胜任的工作,你可以这样说:"这项工作确实很重要,您要我做这件事,是对我的信任,我非常高兴。但我觉得我无能为力,肯定无法做得让大家满意,您能不能再考虑一下,有没有其他更适合的人选?我恐怕难以胜任。"

≫（六）暗示拒绝法

暗示是一种更有礼貌的言语行为,使得受话人有可能从别的角度理解话语的含义,从而避免造成潜在的面子损伤。例如,天色不早了,主人担心客人离开时间太晚不安全,但又不便直接请他离开,于是暗示客人:"你上班要转乘几趟汽车吧? 真不容易。早睡早起、精力充沛才不会影响你的工作。"这种暗示比直截了当地说"不好意思,很晚了,我不留你了"或"对不起,我想你该走了"更为明智和为人所接受。

≫（七）反守为攻拒绝法

在明知对方目的及其提出请求前先向对方提出类似的请求,反守为攻,从而达到婉言拒绝的目的。如张先生听说某位朋友要向他借一大笔钱。他知道钱借出去,可能要不回,但又不想得罪这位朋友。于是他灵机一动,在朋友刚一进他家门,就说:"你来得正好,我正想找你帮忙呢,这两天可把我急坏了,有一批货非常便宜,可人家要求一口吞,我一下子凑不齐这笔资金,正想找你拆借几万呢。"对方一听这话,赶紧搪塞几句,一走了事。

≫（八）分析利弊拒绝法

　　站在对方的立场思考问题,帮助其分析利弊得失,让其心平气和地接受意见,从而达到婉拒的目的。如1949年底,年逾80高龄且德高望重的商务印书馆董事长张元济先生找到陈毅市长,要借20万元,以解燃眉之急。当时新中国刚刚成立,百废待举,拿出20万元有较大困难。陈毅对张元济先生说:"如果说人民银行没有20万元,那是骗您,我不能骗您老前辈,只要打一个电话给人民银行就可以解决问题。您老这么大年纪,为了文化事业亲自赶来,理应借给您,但我想,还是不借给您为好。20万元搞商务一下子就花掉了,还是从改善经营想办法,不要只搞教科书,可以搞一些大众化的年画,搞些适合工农需要的东西,学中华书局的样子,否则不要说20万,200万也没有用。要您老先生这么大年纪到处游说,我很感动。对不起,我不能借这笔钱,借了是害你们。"陈毅一席话,将张元济老先生说通了,他高兴地说:"我完全接受你的意见,我不借钱了。你的话是对我们商务的爱护,使我很感动。"在对张元济先生进行劝说时,陈毅既顾全了国家大局,又为商务印书馆着想,提醒他们借钱不是长久之策,要着眼于读者的需要,改善经营、拓宽视野。一席话点到了对方从未想过的问题,使其觉得受益匪浅,找到了比借钱更有用的方法。陈毅不仅成功地拒绝了对方,而且赢得了对方的感激和爱戴。

≫（九）非言语拒绝法

　　即通过肢体语言和表情,如摇头、耸肩、双手一摊、干笑、装作没听见、疲劳倦怠的神色等间接地表明拒绝意图,有效地避免交际双方陷入尴尬的境地。

八、　赞美他人的技巧

　　心理学中的"社会赞许动机"理论告诉我们,每个人的行为都希望得到别人的赞许。美国心理学家威廉·詹姆士说:"人类本性上最深的企图之一是期望被赞美、钦佩、尊重。"可见,赞美是心灵的理解,被赞美是每个人内心所渴望的。有专家指出,我们所做的每一件事,90%以上的目的是为了获得认同,被人关注,而满足上述渴望的唯一途径是建立在理解和尊重之上的肯定、欣赏和赞美。"好言一句三冬暖,恶语伤人六月寒"。莎士比亚说:"一句赞美相当于我十天的口粮。"心理学家杰丝·雷耳说:"赞美对温暖人类的灵魂来说,就像太阳一样,没有它,人类就无法成长。"赞美是人类成长的阳光和雨露,赞美之于人心,如同太阳之于生命。赞美可以使人们相互沟通、增进感情;相互了解、增进团结;相互鼓励、增加信心;相互接纳、促进交流。如果将赞美比作一棵树,那么同情是赞美的根,理解是赞美的茎,真诚是赞美的叶,尊重是赞美盛开的花。如何恰到好处地赞美别人呢? 如下方法和技巧可供借鉴。

≫（一）用真诚的情感赞美

这是赞美的基本原则和前提。英国专门研究社会关系的卡斯利博士曾说过，大多数人选择朋友都是以对方是否真诚而决定的。只有真诚真实的赞美才最能打动人的心灵，真诚就是态度自如，真实就是要赞美真正有的品德或特质，不虚伪，不夸张。赞美他人是一种情感体验，只有这种情感体验是真诚真实的，才能表达出自己内心的真实感受并让对方感受到真诚的关怀，才能体现人际交往中的互动关系。

≫（二）赞美闪光点

言之无物的赞美是虚伪的，也是无法让人感动的，甚至被误解为讽刺和挖苦。要使赞美言之有物，就必须洞察他人的优点、长处，即闪光点，并用恰当、确切、真诚、适度的语言告知对方。凯丝·达莉想成为一位歌唱家，可是她的脸长得并不好看，她的嘴很大，牙齿也不整齐。每一次公开演唱的时候，她想不露出自己讨厌的牙齿，结果大出洋相。但有一个人却认为她很有天分，他很直率地说："我一直在看你的表演，我知道你想掩藏的是什么，你觉得你的牙长得很难看。"这个女孩子非常难为情，可是那个人继续说道："不要想去遮掩，张开你的嘴，如果你不在乎自己的牙齿的话，观众就会喜欢你的。再说，那些你想遮起来的牙齿，说不定正是你的宝贝呢！"凯丝·达莉接受了他的忠告，没有再去刻意掩饰牙齿。从那时候开始，她只想到她的观众，她张大嘴巴，热情而高兴地唱着，她最终成为电影界和广播界的超级明星。

≫（三）赞美细微之处

人们在细微之处投入时间和心血，一方面说明其兴趣和偏爱，另一方面说明他渴望自己的努力能够得到应有的肯定。因此，在交际中如能善于发现他人细微之处的用意，并及时给予真诚的赞美，会带给他人心理满足，加深彼此的心灵默契。如法国总统戴高乐访问美国时，在尼克松为他举行的一次宴会上，尼克松夫人花费了很多精力布置了一个鲜花展台。精明的戴高乐将军一眼就看出了女主人的良苦用心，不禁脱口称赞道："非常感谢夫人花时间精心设计制作了这么漂亮、雅致的展台！"尼克松夫人听了，十分高兴。事后她说："大多数来访的客人要么不注意，要么不屑为此向女主人道谢，而他总是想到和讲到别人。"戴高乐贵为元首，面对尼克松夫人精心布置的鲜花展台，他没有像其他大人物那样视而不见，而是对细微之处细心体察和领悟，并对尼克松夫人表示了特别的肯定与感谢。戴高乐赞美的言语虽然简短，但尼克松夫人受到了深深的感动。

≫（四）借他人之口赞美

指间接赞美，或通过第三人赞美他人。这种传达佳话的赞美方式，能够创造、强化、缓和各种人际关系。在同一家公司任职的李小姐和苏小姐素来不和。李小姐请求另一个同事王先生作解释协调工作。王先生说:"好的,我会处理这件事的。"后来李小姐遇到苏小姐时,苏小姐是既和气又有礼,与从前相比,简直判若两人。李小姐向王先生表示谢意,并且好奇地问:"你是怎么说的? 竟有如此的神奇效果。"王先生笑着说:"我跟苏小姐说:'有好多人称赞你,尤其是李小姐,说你既温柔又善良,而且脾气好,人缘更佳!'如此而已。"借他人之口赞美,消除了矛盾,改善了关系。1997 年,金庸与日本文化名人池田大佐展开一次谈话,在谈话开始时,金庸谦虚地说:"我虽然跟过去与会长(指池田)对谈过的世界知名人士不是同一个水平,但我很高兴尽我所能与会长对话。"池田大佐听罢赶紧说:"您太谦虚了,您的谦虚让我深感先生的'大人之风'。在您 72 年的人生中,这种'大人之风'是一以贯之的,您的每一个脚印都值得我们铭记和追念。"池田边说边请金庸用茶,又接着说:"正如大家所说'有中国人之处,必有金庸之作',先生享有如此盛名,足见您当之无愧是中国文学的巨匠,是处于亚洲巅峰的文豪,而且您又是香港舆论界的旗手,正是名副其实的'笔的战士'。《左传》有云:'太上有立德,其次有立功,其次有立言,是之谓三不朽。'在我看来,只有先生才是真正属于'不朽'的。"池田大佐引用舆论界的评论或经典著作中的语言,借助他人言论赞美金庸,既不失公允,又恰到好处地给金庸先生极高评价。

≫(五)赞美和鼓励相结合

把对他人的肯定与鼓励寓于含蓄的赞美之中,能起到很好的效果。丰子恺走上艺术道路就是这样一个例子。丰子恺考入浙江一师后,李叔同先生教他图画课。在教木炭模型写生时,李叔同先生给大家示范,多数学生都照着黑板上的画临摹起来,只有丰子恺直接在石膏上写生。李叔同注意到了丰子恺的颖悟,以温和的口吻对丰子恺说:"你的图画进步很快,我在南京和杭州两处教课,没有见过像你这样进步快速的学生。你以后可以……"李叔同没有接着说下去,观察了一下丰子恺的反应。此时,丰子恺不仅因老师的赞美受到鼓舞,更意识到老师没有说出的话当中包含着对他的殷切希望。于是,丰子恺说:"谢谢! 谢谢先生! 我一定不辜负先生的期望!"正是李叔同先生的赞美与鼓励,使丰子恺打定主意,专门学画,把一生奉献给艺术。李叔同先生尽管注意到了丰子恺在绘画方面的天赋,但他在赞美丰子恺时仍然努力保持了平和的心态和语气,用朴实、含蓄的赞美表达了对丰子恺画艺进步的肯定,既让丰子恺感到满足,同时也给予了他极大的鼓励。

≫(六)非言语方式赞美

赞美可以是有声的,也可以是无声的。热情洋溢的话语是赞美,闪光的眼睛、微笑的面孔、首肯的姿态、轻抚的手势等发自内心的动作和表情也是赞美。

≫(七)赞美要善于选择语言环境和揣摩被赞美者心理

要根据具体的时间、地点、说话双方的前后语等因素的不同,选择适当的语境加以赞美。赞美的言辞不能太笼统,否则,很容易使被赞美者从心理上产生质疑。同时还要善于揣摩被赞美者的心理。当被赞美者心情愉快时,根据心理学上的相悦性原理,可以采取共同分享快乐的助谈方式赞美;当被赞美者心情沉重时,应在倾听和安慰后给予适度的肯定,再找闪光点进行赞美。

九、 安慰他人的技巧

安慰就是安抚和慰藉的意思,是指当事人遭受挫折、不幸而处于忧伤、气愤、痛苦等消极情绪状态时,说话人通过安抚和慰藉,以改变和校正其失望、失败、不自信等不良情绪所实施的一种言语行为。安慰是驱散心灵阴云的阳光,是从哀怨走向愉悦的跳板。安慰言语行为有自身的话语模式和技巧,掌握了这些模式和技巧,就能够针对不同情况和对象采取不同方式和语言有效实施安慰。

≫（一）感同身受，态度坦诚

对被安慰者而言,安慰者对他的遭遇感同身受,就是给予了他最好的安慰。要认同被安慰者的痛苦,不要试图快速驱散他的痛苦。要允许他哭泣,别急着拿面纸给他,只要让他知道你的心意就够了。不需要用“同意”或“反对”来表达关心。仔细地聆听被安慰者说了什么、没说什么,以及话里真正的含意。安慰者对自己不知该说什么而感到困窘是无妨的,可以态度坦诚地说:“我不知道你的感觉,也不知道自己该说什么,但是我真的很关心你。”

≫（二）适当时机说适当的话

基本要求:①为受窘的人说一句解围的话。例如,有些人处在尴尬得不知如何下台的窘境时,你及时说出一句帮他解围的话,就是最好的安慰。②为沮丧的人说一句鼓励的话。鼓励的话让人如沐春风,让人生发信心。遇到因受挫而心情沮丧的人,给他一些鼓励、一些鼓舞信心的话,就是最大的安慰。③为疑惑的人说一句点醒的话。荀子说:“赠人以言,重于金石珠玉。”遇到徘徊人生路口的人、对生命有疑惑的人,及时用一句有用的话点醒,有时会改变他的一生,甚至挽回一条性命。④为无助的人说一句支持的话。无助的人信心不足,需要他人给予肯定才有力量。面对无助的人,我们应该多讲支持的话,让他对自己生发信心、肯定自我。如大哲学家苏格拉底(以下简称“苏”)安慰失恋者(以下简称“失”)的经典对白。

苏:孩子,为什么悲伤?

失:我失恋了。

苏:哦,这很正常,如果失恋了没有悲伤,恋爱大概也就没什么味道。可是年轻人,我怎么发现你对失恋的投入甚至比对恋爱的投入还要倾心呢?

失:到手的葡萄给丢了,这份遗憾,这份失落,您非个中人,怎知其中的酸楚啊。

苏：丢了就丢了，何不继续向前走，鲜美的葡萄还有很多。

失：我要等到海枯石烂，直到她回心转意向我走来。

苏：但这一天也许永远不会到来。

失：那我就用自杀来表示我的诚心。

苏：如果这样，你不但失去了你的恋人，同时还失去了你自己，你会蒙受双倍的损失。

失：踩上她一脚如何？我得不到的别人也别想得到。

苏：可这只能使你离她更远，而你本来是想与她更接近。

失：您说我该怎么办？我是真的很爱她。

苏：真的很爱？那你当然希望你所爱的人幸福。

失：那是自然。

苏：如果她认为离开你是一种幸福呢？

失：不会的！她曾经跟我说，只有跟我在一起的时候她才感到幸福！

苏：那是曾经，那是过去，可她现在并不这么认为。

失：可是，她现在不爱我了，我却还苦苦地爱着她，多么不公平啊！

苏：的确不公平，我是说对你所爱的那个人不公平。本来，爱她是你的权利，但爱不爱你是她的权利，而你却想在自己行使权利的时候剥夺别人行使权利的自由。这是何等的不公平！

失：可是您看得明白，现在痛苦的是我不是她，是我在为她痛苦！

苏：为她痛苦？她的日子可能过得很好，不如说是你为自己痛苦吧。明明是为了自己，却还打着别人的旗号。

失：依您的说法，这一切倒成了我的错？

苏：是的，从一开始你就在犯错，如果你能给她带来幸福，她是不会从你的生活中离开的，要知道，没有人会逃避幸福。

失：可她连机会都不给我，您说可恶不可恶？

苏：当然可恶，好在你现在已经摆脱了这个可恶的人，应该感到高兴，孩子。

失：高兴？怎么可能呢？不管怎么说，我是被人给抛弃了。

苏：被抛弃的并不一定就是不好的。

失：此话怎讲？

苏：有一次，我在商店看中一套高贵的衣服，爱不释手，店主问我要不要，你猜我怎么说的？我说质地太差，不要！其实，我口袋里没有钱。年轻人，也许你就是这件被遗弃的衣服。

失：你真会安慰人，可惜您还是不能把我从失恋的痛苦中引出来。

苏：时间会抚平你心灵的创伤。

失：但愿我也有这一天，可我第一步该从哪里做起呢？

苏：去感谢那个抛弃你的人，为她祝福。

失：为什么？

苏：因为她给了你忠诚，给了你寻找幸福的机会。

≫（三）慎用安慰套语

汉语中存在安慰套语，使用它们可以直接表达安慰用意，如"不要、不必、不需、不需要、不用、用不着、别、千万别、请宽心、请放心、放宽心、想开点、往好的地方想、别哭了、快别哭了"等。但有研究者认为，要慎用这些俗套的安慰语。精神学家罗比·爱恩认为，对痛苦中的朋友说"我知道你的感受"这样的话没有什么意义，他说："在俄克拉荷马城爆炸事件中，我的一些同事失去了亲人、家庭，每次我遇到他们时，我总是对他们说：'你们的痛苦是我难以想象的。'"一位妇女说她怎么也忘不了她的未婚夫去世后，收到一位同学的便条有多么感动，上面写道："我只在晚会上见过他一次，但我记得他的微笑是那么灿烂……"像"一切都会过去的"这种话让被安慰者觉得你看轻他的痛苦，倒不如说"我知道你正处于痛苦的阶段"，这表达了你的重视。不要轻易说"你一向那么坚强"，这会使被安慰者为了不使你失望，而不愿表露他的痛苦，相反，你应该让他感觉到你愿意倾听和分担他的痛苦。

≫（四）给予生活上的具体帮助

心理学实验证明，很多人在痛苦发生 5~6 个月后，才是最难熬的时刻。正经历痛苦的人往往在生活方面有些忙乱，作为安慰者应该给被安慰者以具体的帮助，可以通过不断地打电话、邀请、慰问、帮忙来表达友好的安慰。在被安慰者最有可能感到孤独，更加怀念故去亲人的生日、结婚纪念日、假期到来的时候，留心被安慰者的生活。可以说："我知道这个日子你很难受，来和我们一起吃晚餐吧。"也可以找相关的书籍供他阅读，或是提供一个躲避的空间，让他得以暂时平静。当询问被安慰者"有没有我可以帮忙的地方？"时，有时候被安慰者也不知道自己需要什么样的帮助，甚至无法开口说出自己真正的需要。这时，安慰者应该设身处地去思考被安慰者到底需要什么样的帮助。一位妇女的丈夫去世后，她的汽车又被撞了，她的精神简直要崩溃了，幸好她的一位朋友把她的车悄悄开去修理，把保险金处理妥当，这样的帮助胜似一千句安慰的话语。

≫（五）给予精神上的积极鼓励

引导被安慰者转换视角，改变认知结构，辩证地看待问题、分析问题，化解消极情绪。从前，有个老太太，大儿子开伞铺卖雨伞，二儿子开染坊卖布。老太太整天愁眉苦脸，天不下雨，烦恼大儿子没生意做；天下雨了，忧心老二的染坊不能晒布。后来，有位智者告诉她说："你为什么不反过来想呢？ 如果下雨了，大儿子生意一定很好；如果不下雨，二儿子就可以晒布了。"老太太一听恍然大悟，从此不再愁眉苦脸。老太太之所以不论天晴、下雨都愁眉苦脸，就是因为她所看到的都是天晴的坏处、下雨的弊端，而智者引导老太太改换视角,为她指点了迷津。

≫(六)给予被安慰者以信任

有时候,对被安慰者表示信任,其实就是对他的最大安慰。美国著名试飞驾驶员胡佛从圣迭戈表演完毕,准备飞回洛杉矶。可是,在距地面90多米高的空中,两个引擎同时失灵,幸亏他技术高超,飞机奇迹般着陆。胡佛紧急着陆后,检查故障是飞机用油错误,他立即找到负责保养的机械师。年轻的机械师一见胡佛,更吓得直哭,因为他的过失险些断送了三个人性命。胡佛并没有大发雷霆,他伸出手臂,抱住他的肩膀,信心十足地说:"为了证明你能干得好,我想请你明天帮我的F-51飞机做维修工作。"正是胡佛表示了一如既往的信任,使机械师恢复了信心和勇气,从此,胡佛的F-51飞机再也没有出过差错。

≫(七)分散被安慰者注意力

人在感到痛苦时往往会把注意力放到不幸事件中去,安慰者应把被安慰者的注意力分散到其他方面,以减轻或转移其痛苦。在美国发生的一次车祸中,小女孩雪莉被压在车轮底下,被撞翻的油罐正在她四周燃烧。消防队员肯尼迪奋勇冲上前抱住了雪莉,雪莉不停地嚷:"我害怕,别离开我!"肯尼迪听罢强忍住灼伤,搂住她安慰道:"你放心,我发誓,绝不离开你,我们生死都在一起!"当其他消防队员用水龙头灭火时,雪莉已神志不清,肯尼迪大声同她"聊"了起来:"雪莉,你爱看什么电视节目?""你喜欢马吗?等我们出去以后,我保证带你骑上我女儿的马!"奄奄一息的雪莉喃喃道:"我要是出不去了,告诉妈妈我爱她。"肯尼迪安慰她:"你要亲口告诉妈妈你爱她,我保证过不离开你的,现在,你也该保证不离开我!"肯尼迪不停地说着各种分散雪莉痛楚的话,想尽一切办法分散雪莉的注意力,减轻了她对于痛苦的体验,缓解了心理上的巨大压力,获得了挺过难关的信心与勇气。40分钟后雪莉获救。

≫(八)运用肢体语言安慰

肢体语言是安慰语言的外化和延伸。有一位教练,当看到足球运动员在场上尽了力,但仍以0∶2败北时,他拍拍队员的肩膀,送去一个理解鼓励的眼神,巧妙地传达了安慰之意。

十、 为他人作介绍的技巧

为他人作介绍,是指在社交场合中把某人介绍、引荐给其他人相识的过程。善于介绍他人,一方面是展示自己的社交能力,另一方面体现自己的素养和水平。

1. 介绍的顺序

遵循受尊敬的一方有了解对方的优先权原则。一般有六种顺序:

（1）把男性介绍给女性。照西方的习俗，应该先把男性介绍给女性，这是"女士优先"原则的具体体现，反映了对女性的尊重。如果按照东方人的习俗，男性较年长、地位又较高的话，则不妨先介绍女性。如果年龄相同，又处在相同的地位的话，则不妨照着西方的方式，先把男性介绍给女性。

（2）把晚辈介绍给长辈。事先考虑被介绍人双方的年龄差异，以长者为尊。

（3）把职位低者介绍给职位高者。适用于比较正式的场合，特别适用于职业相同的人士之间。

（4）把未婚者介绍给已婚者。

（5）把客人介绍给主人。适用于来宾众多的场合，尤其是主人未必与客人都相识的时候。若要把客人介绍给父母，则应该先介绍给母亲；如果在客人之间进行介绍，一般是把晚到的客人介绍给早到的客人。

（6）把个人介绍给团体。常常是在众人之前介绍一个人。如果有的时候需要把在场的人一一介绍给一个人时，则应该按照一定的次序，如顺时针方向或逆时针方向，自右至左或自左至右，依次进行，不应该"跳跃式"进行，否则会伤害被"跳"过去的人的感情。

2.介绍的内容

首先要实事求是、简明扼要地介绍双方各自的情况，如姓名全称、职位、与自己的关系以及认识对方的目的等，使双方知道如何称呼彼此以及明白双方交流的意义。在介绍双方时切忌厚此薄彼，对一方介绍得面面俱到，而对另一方只寥寥数语；也不可以对一方冠以"这是我的好朋友"，而不给另一方以"同等待遇"。在说明自己与一方的关系时，不要忘了提及其名字。其次，在介绍他人时要附加必要的说明以提示话题，在介绍完双方的基本情况后，介绍者不应该急于离开，应为双方进一步交谈沟通提供和创造条件。

3.介绍的方式

在介绍时，要注意介绍的语言及其表达方式。一般要求是正确无误、动作雅观、语言得体。无论介绍哪一方，都应手心朝上，手背朝下，四指并拢，拇指张开，指向被介绍的一方，并向另一方点头微笑，按顺序介绍。必要时，可以说明被介绍的一方与自己的关系，以便新的朋友之间相互了解和信任。介绍时除女士和长者外，一般都应该站起来，但在会谈进行中，或在宴会等场合，可以不必起身，只略微欠身致意就可以了。一般用"请允许我为您介绍"做开场白。在介绍客人时，原则上用"姓名+职位（职称、尊称）"的形式。语音应该清晰准确，不要让人听不清或听错，语言要得体、庄重、文雅、合乎礼节和场合。最客气的介绍方式就是以询问的口吻问："赵小姐，我可以介绍王小姐给您认识一下吗？"在把一位朋友介绍给一位老师或一位年长的人的时候，采用这一方式是很得体的。在朋友们和年龄、地位大致相仿的人群当中或盛大集会上要介绍的人较多时，可以采用比较简单的介绍方式："这是王小姐，这是许先生。"还有一种较为随便的、朋友式的介绍方式："高先生，你认识王小姐吗？"这种介绍方式表示王小姐是需要互相认识的人中比较重要的一个。当然,在介绍中还可以使用许多别的语句,如:"王小姐,这是许先生。""高先生,我希望你和王小姐见见面。""陈太太,这是我的朋友王小姐。"

在表达方式上,可以根据被介绍者的典型特征,灵活运用多种句式来活跃气氛,特别是当被介绍人较多的时候,千篇一律的"这是×××"的句式就会显得十分单调无聊,简简单单的一个名字也不能引起另一方的关注,采用灵活多变的表达方式其效果较好。如:"你读过小说《×××》吧,这位就是作者×××。""去年的高校田径运动会上,有一位身材小巧的女孩获得了女子跳远的第一名,为我们学校赢得了荣誉,这位女孩此时正坐在我们中间,她就是×××。""×××是我们单位个头最高的,足有 1.9 米呢!"……这些言简意赅的介绍能够很快地给另一方勾勒出被介绍者生动独特的形象,达到过"耳"不忘的效果。还可以从被介绍者的姓名中挖掘出有意味的内涵,消除双方紧张、矜持的心理,牢记被介绍者的姓名。例如:"她叫艾思,这位姑娘确实人如其名,平时爱读书、爱思考,写出来的文章很有灵气!""这位小伙子姓高名士品,他跟高士其先生可没有任何亲戚关系哦!"……根据姓名的谐音或字面意思推导出来的引申意义,只要言之成理,语言恰当,都能令对方会心而笑。

思考与练习

1. 同学们每 4 人一组自由组合,每组先由两人扮演上司,两人扮演下属,下属向上司汇报工作,接受上司任务和指令,然后进行角色互换。游戏结束后,小组讨论哪个同学的沟通方式最好,好在哪里? 同时找出其存在的问题。

2. 上司应如何通过沟通表达自己对下属的尊重和实现对下属的有效激励?

3. 有一位进口啤酒公司营销部的副总经理张先生,一次进口了一种新品牌的啤酒,在开拓市场过程中,想争取一个开了 10 家连锁店的潜在大客户。他去拜访这个客户许多次,都没有得到准确回答,每一次对方不是态度很冷淡,就是敷衍了事。他再次去拜访这个客户,刚走进对方的办公室,还未来得及问候,就看见对方一拍桌子说:"你怎么又来了,我不是告诉过你,我最近很忙,没有空吗? 你怎么那么烦人,赶快走吧! 我没时间理你。"如果你遇到这种情况,是不是心里很不舒服? 但张先生不但没有这种感觉,反而马上想到了"情绪同步"这 4 个字。于是,立刻用和客户几乎一样的语气说:"陈总,你怎么搞的,我每次来,都发现你的情绪不好,你到底为了什么事情烦心? 我们坐下来谈谈。"那个客户立马改变了说话的口气,很和气地说:"张先生,我最近实在是烦死了。我花很多时间好不容易培养的 3 个分店经理,结果上个月都让我的竞争对手以高薪抢走了。"张先生听了,拍拍他的肩膀说:"哎,陈总啊,你以为只有你才这么烦心吗? 我也跟你一样啊! 我们最近不是有新产品要上市吗,前几个月好不容易用各种方法招来十几个新业务员,并进行了相关培训,结果才一个多月的时间,十几个新的业务员,走得只剩下五六个了。"接下来他俩互相抱怨,现在的员工是多么难培养,人才是多么的难寻找……谈了十几分钟,最后张总站起来拍拍陈总的臂膀说:"陈总,既然我们俩对人事的问题比较头痛,咱们也先别谈什么人才流失的事了。正好我车上带了一箱啤酒,搬下来您先免费尝一尝,不管好喝不好喝,过两个星期,等我们都解决了人事问题后我再来拜访您。"陈总听后就顺口说:"好吧!那你就先搬下来再说吧。"最后,张总赢得了这个客户。请根据本单元学习的与客户沟通技巧的相关知识,分析张总赢得客户的主要原因。如果你是张总,还有没有其他更好的办法赢得客户?

4.与同事沟通时要讲究方法、策略和技巧的有效运用。请通过下列问题对自己的该项能力进行差距测评。

①面对同事的缺点和错误时,你会怎样做?

A.委婉沟通,引导发现　B.直言相告　　　　　　C.跟我的关系不大

②发现同事的优点或者同事取得好的业绩时,你会怎样做?

A.及时赞美和祝贺　　　B.非常关心,想学习其经验　C.羡慕

③当你听到同事在背后说别人的坏话时,你会怎么办?

A.不传话　　　　　　　B.有时会加以制止　　　C.在一定范围内告诉别人

④你和同事之间经常怎样看待对方?

A.相互讨论双方的优点　B.相互讨论双方的缺点　C.能很好地谈论对方

⑤表达时,你会注意自己的语气和语调吗?

A.每次都非常注意　　　B.重要场合下会注意　　C.很少注意

⑥你在表达时,如何把握词语的使用?

A.总能找到准确的词语　B.偶尔找不到合适的词语　C.经常词不达意

⑦同事在工作中出现重大错误时,你会怎样做?

A.直言相告并帮助补救　B.告知上级并共同补救　C.视关系而定

⑧当同事对你的工作提出意见时,你会持何种态度?

A.积极沟通,找出差距　B.接受意见,自我检查　C.表面接受

⑨当你和同事出现误会时,你会怎么办?

A.及时沟通,消除误会　B.通过第三方沟通　　　C.等待对方找自己沟通

⑩当你进入一家新公司时,你如何认识新同事?

A.主动认识每个人　　　B.积极认识部门里的人　C.在工作中慢慢熟悉

(提示:选A得3分,选B得2分,选C得1分。24分以上,说明你与同事的沟通能力很强,请继续保持和提升;15～24分,说明你与同事的沟通能力一般,请努力提升;15分以下,说明你与同事的沟通能力很差,急需提升。)

5.小李爸爸的同事到小李家串门,并提出要打麻将,在一旁的小李想劝阻。如果你是小李,该向爸爸说些什么呢?(提示:解答本题,既要达到劝阻爸爸的目的,又要做到回答巧妙、得体,不使客人难堪。)

6. 愉快的电话交流体现在哪些方面？

7. 布鲁斯·福布斯是个很有魅力的领导人，在圣诞节发奖金时，他会走到每个人的桌子前，连邮递室的员工也不漏掉，然后握住他们的手，真诚地说："如果没有你的话，杂志就不可能办下去。"这句话让听的每个人都感到心中温暖如春，感到他们的工作很重要，油然而生一种敬业感和责任感。布鲁斯·福布斯的做法对你有何启示？

8. 有人认为，寒暄语在人们工作和生活当中都发挥着重要作用，它是人类在生产劳动和社会交往的历史过程中不断总结出来的智慧结晶。寒暄语的使用同样被当作人类文明的标志之一。在日常工作和社会交往中，我们要想与不同的人进行自由和谐的交流，就有必要掌握寒暄语的一些用法。通过本单元的学习，你掌握了哪些寒暄语的用法？你和你周围的人平时见面寒暄使用频率最高的寒暄语有哪些？

9. 日常生活中，当你的朋友遇到麻烦或挫折时，不予理睬是不礼貌和不合情理的，那么就常常需要给予遭遇烦扰的朋友以鼓励和安慰。安慰是一种常见行为，安慰的表达方式、用语、内容也是根据不同的场合、对象或实施安慰者的认识等因素而有所差别的。你的朋友失恋了，情绪很不稳定，还可能产生过激行为，你准备如何去安慰她(他)？

第八部分
口语交际与社会文化心理

学习目标

1. 从理论的层面上了解口语交际与社会、文化、心理的关系。
2. 掌握口语交际活动中的心理及自我调节方法。
3. 培养学生健康的审美情趣，树立良好的个体形象，拥有鲜明的个性魅力。

　　　口语交际是人们闯荡社会的实用技能，能否成功很大程度上取决于表达者社会文化心理素质的好坏。克服这些障碍，具备健全的心理素质，懂得沟通的方法，是人际交往获得成功的前提条件。现实生活中，随处可见这样的人：对着熟悉的朋友，可以滔滔不绝，面对陌生人，则变得口讷舌结；在日常交流中，妙语连珠，在正规场合却词不达意。在交际中，说什么，怎么说，以及怎样合理布局、结构，一般由思维决定，但它的基础确与社会文化心理诸因素有着密不可分的关系。精通社会文化心理学的知识，掌握说话技巧，会让你获得最佳的沟通效果。

第一单元　口语交际与社会

一、　汉语与社会化

社会化的目的是使个体知道社会或群体对他有哪些期待,有哪些行为规范,使个体逐步具备实现这些期待和遵守社会行为规范的条件,用以指导和约束自己的言行。

根据人的发展周期,社会化可以分为以下类型。

(1)基本社会化又称童年期的社会化。它是让儿童学习生活知识,培养语言能力和认知能力,掌握行为规范,建立感情联系,发展道德及价值判断的标准。

(2)预期社会化即在学校里进行的社会化,学习将要承担的社会角色,为进入社会作好各种准备。

(3)发展社会化指成年期以后的社会化。它是在实现基本社会化的基础上进行的。由于社会生活的发展变化,个体随着环境和自身的变化要接受新的期待和要求,承担新的义务、角色和责任。

(4)再社会化。当个体的生活环境或所担任的社会角色发生急剧变化时,为了适应这种新的变化,个人的生活习惯、行为准则、价值观念等需要作出重大的调整,并开始新的学习。如迁居异国他乡时,需要学习当地的语言、了解当地的风俗习惯等。

社会化的内容相当广泛,它是个体学习不同的社会角色,形成政治观念、道德观念、行为规范的过程。社会化的主要内容有:

(1)政治社会化。一个人的政治态度和政治信念形成的过程。

(2)道德社会化。个体将道德规范逐渐内化的过程。

(3)性别角色社会化。个体学习自己所属的社会文化所规定的性别角色的过程。

在汉语社会中,汉语是社会化的重要工具。在自然人转化为社会人的过程中,个体要通过社会环境、社会关系来掌握社会经验,就必须借助汉语这个工具。个体无论是习得人类生活的基本知识和劳动技能,还是获得自身的生活目标和价值观以及掌握行为规范,都不能离开汉语。人类个体在由童年期到学校、社会、成年期以后的一切社会化过程中,社会化的完成都不可能离开汉语。政治社会化、道德社会化、性别角色社会化的实现也都离不开汉语。

汉语本身也有社会化的问题。汉语本身的社会化,主要是指人类个体由自然人发展成为社会人的过程中对汉语的习得和学习,它是汉语社会化的核心。以往的研究都程度不同地忽视汉语的社会化问题,然而,要吸收汉文化、适应汉文化,要成为一个合格的社会成员,就必须完成汉语的社会化过程。童年期的社会化已经将汉语习得作为重要的内容,而在学校里进行的社会化,主要是学习将要承担的社会角色。在这种预期社会化过程中,汉语的习得、以汉语为媒介的其他知识和技能的学习已成为必需的内容。成年期的社会化和再社会化是为了接受新的角色期待和适应新的情况所从事的学习,其中包括母语和外语的学习和掌握。

汉语既是社会化的手段,又是社会化的内容。汉语作为社会化的手段,主要表现为汉语是社会化的工具,儿童通过汉语了解他所生活的社会和群体,了解社会对他的期待,了解自我和他人,通过汉语来表达自身的愿望。可以说,在汉语社会,人在从自然人转变为社会人的过程中,汉语起了重大的作用。在社会化过程中,人类个体不仅用汉语来表达价值观、文化观、道德观等社会化的内容,而且使社会化的内容反映在汉语的语言材料中,使汉语成为社会化的镜子。积淀在汉语语言材料中的道德观、伦理观、情操观、人生观、价值观等就渗透到社会化过程中,对人类个体产生重要影响。这种影响可以是积极的,也可能是消极的。因此,汉语中的谚语、成语、歇后语、格言、警句等语料所反映的价值取向,是汉语社会化进程中不容忽视的问题。

人在社会化过程中要不断借助母语来学习社会文化,掌握各种社会规范。人们在运用汉语进行交际时,要遵守社会约定俗成的语言规范和言语规律。母语水平的高低,汉语运用能力的强弱,是个体社会化的重要尺度和标志。

二、 汉语习得与社会化

》(一)汉语习得的三个阶段

汉语的习得是一个由不会到会、由知之甚少到知之甚多的渐变过程,大体上经过了言语准备期、言语理解期、言语表达期三个阶段。

1. 言语准备期

婴儿从出生到一岁,处于言语准备期,又叫言语前期,心理学上称之为乳儿期。婴儿出生后最早的发音就是出生后的第一声啼哭。到了言语准备期的后期,由饥饿、疼痛等不适所引起的啼哭成了婴儿满足自己需要和引人注目的手段。两三个月以后,婴儿在吃饱喝足、身体舒适时,常常会发出"哦、哦、哦""啊、啊、啊"的牙牙学语声,以表示愉悦。四五个月的时候就能把元音和辅音拼起来,发出无所指的"da、da"或"ma、ma"的声音。九十个月的时候,婴儿已能模仿别人的发音,而且能"听懂"他人的一些言语;别人说"拍手",婴儿就能做拍手的动作;别人说"再见"或"拜拜",婴儿就能做摆手的动作。到了一岁时,婴儿能"听懂"的词就更多了,而且能理解别人的语调,能分辨出温和、严厉的语气和态度,但能说出的词语不多,往往是一个词代表多层意思,如果说"娃娃",可以是看见了娃娃,也可表示要娃娃玩具。

2. 言语理解期

从一岁到一岁半是言语理解期。这一时期,儿童对成人言语的理解能力迅速发展,成人问"帽帽在哪里?"婴儿就会转过头去找,或者用小手去指示,但该时期婴儿所理解的词语主要是名词或称呼语,其次是动词,其他的词类则很少。儿童所说的话语也主要是单词句,即用一个词表示一句话的意思,并且常用重叠词,比如说"饼饼",表示"要吃饼饼"或"饼饼掉在地上了"。这种现象称作"以词代句"现象,它是言语理解期的一个重要特征。

3. 言语表达期

从一岁半到三岁是言语表达期,这是言语系统发展的活跃时期。儿童所掌握的词语数量显著增加,词类也扩大到形容词、副词、代词等,话语以多词句为主,而且逐渐学会掌握语法结构。

》》(二)汉语口语习得的性别差异

1. 口头言语发展的速度

儿童在汉语口语习得的过程中,表现出明显的性别差异。在婴儿时期,由于女婴左脑半球比男婴成熟得早,又由于父母对女婴常常作自言自语式的交谈,因此,一岁以内的女婴说话比男婴多,女婴学会说话比男婴要早 2～4 月。女婴一般在出生 9 个月左右就已经能"懂得"成人所说的有限词义,而男婴"听懂"词义比女婴要晚些。"以词代句"现象的出现,女婴一般在一岁以前,而男婴则通常在一岁以后。由于女婴的单词句现象出现得比男婴早,因此,在单词句向简单句的过渡上,女孩比男孩迅速。一般来说,女婴在一岁半以前就会说简单的主谓句,如"妈妈抱抱""宝宝吃吃";就会说简单的述宾句,如"妈妈买苹果""爸爸骂宝宝"。一岁半以后,女孩已经能说简单的复杂谓语句,如"给宝宝拿饼饼""妈妈吃宝宝糖"。两岁前,女孩已经开始说一些复合句了,如"宝宝吵,爸爸骂宝宝""妈妈上班,宝宝睡觉"。两岁以后,女孩能掌握最基本的言语,并逐渐掌握了一些抽象的词类,能对人作简单的评价,开始出现独白言语。而男孩从单词句过渡到简单句通常在一岁半以后,对话性言语出现得比较晚一些,复合句的出现通常要到两岁或两岁以后,独白言语的发展也晚一些。

在口头言语发展的速度上,女孩较男孩要快一些。在同一年龄阶段,女孩的口头言语发展水平要高一些。这种情况在 2～3 岁儿童口头言语发展的关键时期表现得尤为突出。女孩口头言语发展的这种优势,一般要持续到青春期,青春期以后,这种优势将逐渐减弱。

2. 口头言语发展的特色

(1)流畅性。流畅性是女孩口头言语习得的一大特色。女孩的口头言语一般比较流畅,吐字清晰,口齿伶俐,对话能力强,在对话中很少犹豫和中断,给人以一气呵成之感。在独白言语活动中,注重通俗易懂,为对方所接受;注重描述的连续性,善于运用面部表情来辅助说话。与女孩相比,男孩在流畅性上则略逊一筹。除了女孩大脑左半球发育比男孩快一些之外,在生活环境中,女孩的口头言语刺激较男孩要多一些,从而使得女孩学会说话要比男孩早。这是因为女孩性格温柔,善于交际,从小就比男孩显示出更多的成人关注，3～4岁的女孩每天差不多要花25%左右的时间与人交往，而男孩在2～3岁时的言语刺激，即成人与之对话的时间比女孩少，所以男孩口头言语的流畅性比女孩差一些。男孩口头言语的流畅失控、言语节奏失调等，最容易在4岁左右表现出来。

（2）情感性。女孩口头言语发展的又一特色是情感性。一般来讲，女孩比男孩在情感上更为丰富、敏感，更容易渗透到生活的各个方面，因此女孩的口头言语富有感情色彩，谈吐细腻，注重口头言语的轻重缓急和抑扬顿挫。而男孩在口头言语中喜欢使用抽象词语，说话平直，但是更富有逻辑性和哲理性的特点。

3.书面言语的习得

女孩在书面言语的发展过程中，同样显示出流畅性和情感性的特点，而男孩在书面言语中显示出的逻辑性和哲理性也比较明显。由于书面言语具有更大的展开性、预计性和复杂性，因此男孩勤于抽象思维的特点在书面言语中得以充分发挥，他们能以新奇的构思、多变的结构、抽象的语汇、富有哲理性的语句去弥补流畅性和情感性的不足。

4.内部言语的习得

内部言语是在外部言语的基础上通过内化而形成的，其过渡状态是自言自语。自言自语又常常表现为两种类型：一是游戏性言语；二是问题性自言自语。如儿童搭积木时碰到困难，就会自言自语："红的放哪儿？对了，放这儿。"儿童的这种出声的自言自语形式渐渐向内部言语过渡，逐步内化为内部言语。

内部言语的发展特点表现在内部言语的过渡形态和内部言语形成后的发展速度和发展水平上。

（1）内部言语的过渡形态。由于女孩有声言语形成较早，因而内部言语的过渡形态即出声的自言自语的出现也比男孩早，持续的时间也比男孩长。她们擅长游戏言语，问题言语则不及男孩。

（2）内部言语发展的速度和水平。在小学低年级阶段，男孩和女孩内部言语的发展速度和水平没有太大的差别。到了小学高年级，女孩在沉思中运用内部言语的时间比男孩相对要短些。到了中学，特别是青春期以后，内部言语的发展速度和水平出现了以下明显的性别差异：女生碰到疑难问题时更容易中止内部言语活动而求助于别人，男生则喜欢较长时间地思考问题，内部言语活动的时间较长；在考虑同一问题时，女生思考的速度比男生慢，因为她们内部言语运用的速度比男生慢；女生运用内部言语的自觉性不及男生，她们钻研难题的劲头弱于男生。女生内部言语的这种相对劣势与抽象思维的发展、性格类型、意志品质有着密切的关系，也与小时候成人对她们注重外部言语的训练有关。

三、 影响社会化的因素

影响个体社会化的因素包括客观因素和主观因素。

影响个体行为社会化的客观因素是遗传和环境。遗传因素是人类社会化的潜在基础和生物前提,遗传不但决定了个体的身高、体型、肤色、血型等,还与个体的智力、知觉、动作行为有关。如果不具备人的遗传因素,人的社会化就不复存在。如果仅仅具备了人的遗传因素,而没有适当的社会环境条件,个人的社会化将无法实现。环境因素包括社会文化、家庭、学校、同辈群体、大众传播等。

影响个体行为社会化发展的主观因素是成熟和学习。成熟既指个体发展达到完成社会化的状态,又指个体在发展过程中趋向于完成社会化的一种相对程度,即成熟度。学习是一种持久的社会化手段,也是实现社会化的主要途径,学习因素自然会影响个体行为的社会化。

下面介绍几种主要因素。

≫（一）社会文化

汉语是汉文化的载体,又是汉文化的一种表现形式,它在社会化过程中的作用是不应忽视的。文化不仅包括文学、艺术、教育、科学等精神财富,而且包括社会的宗教、风俗、传统及生活方式。一定的社会文化造就了社会成员的思想、观念、心理、行为和言语特点。由于社会经济的发展和地理文化的不同,构成了不同的文化模式,反映了行为方式的差异、社会价值标准的差异以及语言、艺术、宗教、风俗、习惯的差异。早期的社会语言学也研究汉语与文化的关系,以至于产生了文化语言学这门语言学分支学科,但它没有将触角指向汉语的社会心理底层。像颜色词语与社会文化、人名与社会文化、亲属词语与社会文化、象征词语与社会文化、数量词语与社会文化、外借词与社会文化等问题的探讨,均可从社会文化心理的角度加以研究。

≫（二）家庭

家庭是社会化的起点,童年期是社会化的关键时期,该时期的儿童在生理和心理上对家庭的依赖性最强,父母及家庭其他成员对其影响最直接、最权威,人类个体在家庭中生活的时间占全部时间的2/3。家庭是社会的细胞,各种社会关系通过家庭影响人类个体。在家庭中,父母通过教养态度及教养行为对子女施加影响,父母的知识、信念、言语风格、情绪表现方式、行为特点、职业特点、兴趣爱好都直接影响子女。因此,汉语的社会化离不开家庭因素。儿童的词语掌握、言语的技巧和风格在一定程度上也受家庭的影响。

≫（三）学校

学生在学校学习各种知识、技能、行为,直接学习汉语知识、训练汉语的表达能力和理解能力,学会各种社会规范,包括汉语的语用规范。他们在学校扮演着学生、同学、朋友等社会角色和性别角色,并在人际关系中学会正确的言语交际。

≫（四）同辈群体

同辈群体是由年龄、兴趣、爱好、价值观大体相同的人组成的关系亲密的非正式群体。同辈群体对个体社会化的影响较大,尤其是进入青春期的青少年,由于身心特点的契合,价值取向的相近,往往有"共同语言"。同辈群体间的语用规范能对个体的汉语社会化产生积极或消极的影响,集团语、青年学生间流行的行话、社会青年中使用的隐语都是在同辈群体中形成的。

≫（五）大众传播

大众传播是以书刊、影视、广播、报纸为工具来传递信息的,它不但提供社会事件和社会变革的信息,还提供了各种不同角色模式、角色评价、价值标准、行为规范,对个体的社会化产生潜移默化的影响。在汉语社会化过程中,大众传播的影响是不能低估的,大众传播媒介自身的汉语规范和言语行为,对全民的汉语社会化会产生积极或消极的影响。大众传播媒介注意汉语及其语用规范,对树立全民的汉语规范,对个体的社会化会产生积极作用;相反,不规范汉字的使用,语句不通,常常对全民的汉语运用产生消极影响。

≫（六）抚养者

抚养者对儿童的汉语习得也会产生影响。抚养者在与儿童交谈时,使用的言语既非成人化的,又非儿童化的,而是中和两者而形成的特殊言语。它的特点是:语音偏高,起伏较大,停顿较多,拖腔较长,语速明显缓慢;用词上选择词语的范围较窄,喜欢使用重叠词和摹声词;句子较短,句型结构简单,祈使句和疑问句用得较多。

思考与练习 |

1.一个人可能没有兄弟姐妹,没有朋友同事,却不可能没有父母。对每个人来说,父母的爱是我们一生宝贵的财富;而对父母来说,儿女诚挚的回报又成就了天底下最美丽的风景。请根据下列各种情况,说说自己的真心话。

(1)父母在工作或生活上遇到不顺心的事而哀声叹气时,你心疼地说……

(2)当你看到父母两鬓早生的白发,你深情地说……

(3)当你因为生病得到父母无微不至的照顾时,你动情地说……

(4)当你在别人面前评价自己的父母时,你深有感触地说……

2.电脑已进入了千家万户,我们写文章、写信都可以用电脑来代替,且打印出来的字美观整齐,有人就认为有了现代化的书写工具,不必再费神地去练字了。对此,你有什么看法?以正方反方的形式说明理由。

　　3.学校的新教学大楼竣工了,市长将亲自到学校来剪彩。请你以学生代表的身份写一段真切自然、简洁得体的欢迎辞。

第二单元　口语交际与文化

一、　汉语与民俗文化

　　在汉语产生和发展的过程中,汉民俗文化会积储在汉语体系中,在汉语的语音、词汇、语法、修辞、语体上反映出来,并且在汉语的书写符号——汉字中也有所反映。

≫（一）语音与民俗

　　语音是汉语的物质外壳,汉语常常借助于语音实现其交际功能,语音反映了汉民俗的一些特点,如,作为传统注音法的"反切"在行话中运用范围极广,而谐音现象在避讳中是常见的。渔夫忌说"帆",因"帆"与"翻"同音;广州人喜欢在春节时摆一盆金橘,因"橘"与"吉"同音,取吉祥如意之意;人名、地名、产品名等也非常注意谐音相关现象。

≫（二）词汇与民俗

　　词汇和民俗有着最直接的联系,"宫、室、房、屋、床、桌、椅、鞋、帽、裤、袜"等词,直接反映了有关汉民族在居住、服饰等方面的习俗。词汇中的民俗文化可以从以下几方面加以考察:第一,民俗词义形成的历史文化背景。如唐代诗人杜牧说:"牛鬼蛇神,不足为其虚荒诞幻也。"这里用"牛鬼蛇神"形容诗的朦胧美,后来泛称荒诞怪异的事物,20世纪六七十年代却用"牛鬼蛇神"来诬称当时被迫害的人,当时有"进牛棚""斗鬼会"之说。第二,民俗词语的习俗含义。用"半边天"指称妇女,是因为毛泽东在20世纪50年代曾说过妇女能顶半边天;"白杨"是一种落叶乔木,它本来有悲哀、悼念的象征义,这是由于古人有在墓地上栽白杨的习俗,古诗中有"白杨多悲风,萧萧愁杀人",后来由于茅盾《白杨礼赞》的影响,"白杨"又产生了"朴实、坚强"的象征义;又如,"爱人"一词在20世纪50年代泛指丈夫、妻子、情侣,有明显的亲昵意味和相当广泛的使用范围,后来"爱人"的词义缩小,专指丈夫或妻子,而未婚情侣用"对象"或"朋友"来指称;"先生""太太""小姐"在20世纪70年代有轻蔑嘲讽之意,20世纪90年代其色彩起了变化,含有尊敬的意味。第三,民俗词语的特殊用法。阿Q本是鲁迅小说《阿Q正传》中的人物,现在成了以精神胜利法为自我安慰者的代名词;诸葛亮是智慧的化身;红娘是媒人、介绍人的代名词;"粽子"作为端午节的食物,附加有祭奠屈原投汨罗江而死的民俗语义；红豆因王维《相思》诗中有"红豆生南国，春来发几枝，愿君多采撷，此物最相思"之句，故被视为夫妇、情侣相思的象征物；竹子象征高风亮节，青松象征坚贞不屈；七夕、鹊桥、牛郎织女因有特殊的出典用来表示坚贞、缠绵的爱情；太极拳、四化、五讲四美、知青、上山下乡、子弟兵、三讲、三个代表、计划生育、独生子女等词语，反映了中国特有的民俗文化。这些词语，外语中没有现成的对译词语。

》》（三）语法与民俗

语法与民俗的关系反映在词法、句法和敬语上。在词法中，"名·名"结构是汉语构词法的一个重要特点，在"名·名"结构中，男女的语序也反映了各自的社会地位，"男女、夫妻、夫妇、子女、公婆、兄妹、哥嫂、父母、岳父岳母"等词语中男先女后的词序也是民俗文化在构词上的反映。句法上的民俗文化主要表现在汉语特有的句法上，礼貌语言中的"请问"，是古汉语的遗留，是"请允许我问"的意思，《项羽本纪》中有"臣请入，与之同命"。敬语最明显地反映了民俗文化的影响，古汉语中的第一人称代词吾、余、予、朕以及第二人称代词汝、君、子、公、先生、足下、左右、执事，都各有其语用条件。

除了语音、词汇、语法与民俗文化发生多样化的联系之外，修辞、语体、汉字中也明显地积淀着民俗文化的特质。

汉语语用的民俗差异是多层面的：

（1）性别歧视。一些民间谚语含有贬低和歧视妇女的倾向，如"妇女是枝花，灶前灶后趴"；"妇女好比洗脚水，泼了一盆又一盆"；"糯米不是米，女人不是人"；"母马上不了阵，女人掌不了印"；"男子走州又走县，妇女围着锅台转"；"面条不算饭，女人不算人"；等等。这些谚语在内容上是对妇女歧视的表现，反映的是落后的封建思想。

（2）行业差异。人类自从有了社会分工，就有了不同的行业。有的由于工作对象的不同而分化，如工人、农民、渔民、医生、教师等；有的由于它的成员是由某种共同物质利益和政治目的、宗教信仰而联结在一起，如遍及世界各国的基督教、佛教、伊斯兰教等社团，我国旧社会的青帮、红帮、袍哥、洪门会、哥老会等。同一个集团或社群的成员，往往有共同的语言变体即行话，如北京饮食业把制作米饭、馒馒、面条之类的主食叫"白案"，把烹制菜肴的副食品叫"红案"；煤矿工人把井下运送煤炭的铁皮槽叫"溜子"，把进壁或顶板的坍塌叫"冒顶"；汽车司机把新车或大修过的汽车的试车运行叫"走合"，将每小时运行时速称"脉"（英语中 mile，英里）。除了这些行话之外，还有故意让外人听不懂的隐语。

（3）城乡差异。城市是语言变化的发源地，过去一直被认为是杂乱无章的大城市居民的语言是很有规律的，并且按照不同的社会阶层、职业、年龄和语体等特征而产生种种变异，在社会生活中有条不紊地发挥着各自的功能。语言和民俗交叉产生了民俗语言圈，乡村语言和都市语言即是其中之一。乡村语言和都市语言是交叉影响的，它们是各自具有模糊外延而又互相交叉影响的民俗语言圈。一个人的言语，可以向人们透露出许多社会信息，如说话人的家庭背景，南方人还是北方人，城里人还是乡下人，来自文化教养的高层次还是低层次等,说话人的城乡背景作为一个"元"在他的言语中会有所反映。

二、 汉文化的外借与吸收

中国文化对其他文化曾产生过重大影响,中国文化的输出表现为汉语词的外借,通过外借词可以看出汉文化交流的印迹。

中国的物产早在张骞通西域前就传入中亚,当时主要是四川一带的特产经云南、印度辗转到达中亚。中国的丝绸、造纸、火药、指南针和印刷术对其他文化影响最大,其中养蚕业在中国至少有五千年的历史,比西方早三千多年。公元6世纪罗马皇帝查士丁尼曾派两个僧侣到中国刺探这一秘密,他们将几只蚕茧藏于竹杖里,带回君士坦丁堡。中国的丝绸通过丝绸之路传遍世界,许多语言中"丝"字读音非常相近,似乎来自同一个源头,如英语中的silk、俄语的sǒlk、蒙古语的sirgek、新波斯语的sarah等都含有"丝"的音。在许多文化中,常用对中国或中国人的称呼来指称中国产品,梵语中cinapatta有"丝"的意思,这个字的两个组成部分cina(中国)和patta("带""条")都可独立存在。阿拉伯人发现了中国制造火药的硝石,遂称硝石为thely-as-sin(中国雪)。英语中China兼有中国和瓷器两层意思。茶原产于我国西南一带,最初是作为药物兴奋剂,直到明代李时珍在《本草纲目》中仍将茶看成是利弊参半的药物。16世纪后半期,茶才开始传入欧洲,汉语的"茶"这个词被借入西方语言,现代英语的茶叫tea,法语叫thé,德语叫tee,都含有闽南方言"茶"的读音[te],说明这些国家的茶叶是从福建通过海路输入的。17世纪初俄国人通过荷兰人品尝到茶的滋味儿,后来直接从我国西北地区进口茶叶,俄语中的"茶"叫Чай,正是北方方言"茶"的读音,波斯语、土耳其语、希腊语对茶的称呼也是从北方方言中的"茶"辗转音译的,这表明中国茶叶出口的另一条路线是经西北陆路西传的。有一种本色布原产于南京,因此,英语叫Nankin。有一种白铜(一种铜、镍、锌合金)因18世纪末以前欧洲一直由广东进口,因此,一直按广东方言以Paktung称呼。

汉语作为汉文化的内容和载体,常常显示出很大的宽容性,汉文化对外来文化的吸收常常反映在汉语的外来词中。历史上对汉文化产生重大影响的外来文化,如北方游牧民族文化、中亚文化、印度佛教文化和近现代欧洲文化等,都在不同时期不同程度地反映于汉语的外来词中。

公元前139年,汉武帝派张骞出使西域,两汉和西域的交流日渐繁盛。西域的语言、风俗、饮食、文化制度与两汉完全不同,而且有许多闻所未闻、见所未见的奇草异木、珍禽异兽、奇货宝物。当时这些东西在汉语中无恰当的词语可以称呼,于是就用中亚现成的语音来称呼,如苜蓿、蒲桃、安石榴、狮子、璧流离等;或者用类似于汉土原有的事物的名称,再冠以"胡"字,如胡桃、胡葱、胡麻等。苜蓿是大宛天马的饲料,汉武帝爱好天马,因爱屋及乌而种满了苜蓿于离宫别馆旁,后渐渐传至民间,但人们很少知道苜蓿源于伊朗语的 buksuk,更不知关于苜蓿与汉武帝的这段轶事趣闻了。蒲桃源于古大宛语(即伊朗语),被音译成蒲陶、蒲桃、葡萄,明代名医李时珍误以为葡萄是"人脯之则陶",不知它源于伊朗语中的 budārra。安石榴是从中亚的安息国传来的,安息即帕提亚古国,帕提亚古国的王朝名为 Arshak(安石),安石榴即为今天的石榴。狮子原产于域外,狮子舞亦产生于域外,是从西域以外的外国传来的,它是在中亚文化和汉文化交流达到高潮的唐代以后盛行于全国各地的,成为传统的民间舞蹈。其他如琥珀、箜篌(拨弦乐器)、木偶戏、抓饭、菠菜、鹦鹉等都源于中亚文化①。

　　佛教文化最初是东汉明帝时传入我国的,南北朝由于统治者的信奉和扶持,佛教文化得到迅速的传播,北方寺院从七千多所增至三万多所,僧尼人数由七万多人增至二百万人。从北魏永明年间到魏末的半个多世纪,佛教形成体系,至唐朝达到鼎盛时期。随着佛教的传入引起了佛经翻译的繁荣,其中的译员多为北方人,因此由佛教文化带来的外来词往往体现了北方音。由于佛教文化是纯粹的外来文化,译词只好用音译,如佛、塔、罗汉、夜叉、沙门(按戒律出家修道的人)和尚、魔等佛教用语作为外来词进入了汉语的词汇库。佛经译文和古文相比,前者不用"之乎者也"等语气词(个别译本除外),倒装句很多,名词的修饰语很长,这可能影响了一般古文的语法。

　　16 世纪利玛窦等来到中国传教时,带来了西方的科学文化,但只是涓涓细流。在清代"天朝大国"固步自封的时代,日本在吸收中国文化的同时,加快吸收西方科学文化。日本人对外来词的吸收,往往采用以下方法:第一,借用古汉语词去"意译"欧美语言的词,如文化、博士、革命、艺术、自由、法律、改造、环境、经济、财政、教授、主席、铅笔等;第二,用汉字的组合去意译欧美词汇,如辩证法、共产主义、历史、干部、突击队、世界观、下水道、电报、超短波等;第三,模仿汉字字形创造的新字即"当用汉字",如癌。1840 年鸦片战争后,西方文化如巨流并以外来词的形式注入了汉语词汇库,这时期的汉语外来词直接从西方各语言中引进的占少数,更多的是通过日本这个中转站,即从日语的外来词输入的。日本明治维新(1868)的成功和鸦片战争后清帝国的落后挨打,使大批知识分子东渡日本学习西方文化,寻求救国之道,仅在 1901—1906 年间,留日学生就达 12 909 人,日语中以汉字表达的源于西方语言的外来词通过他们迅速涌入中国,并反映在汉语的词汇库中。

　　汉语也直接从欧美语言中吸收相当数量的外来词,其吸收方式一是书面输入,二是口头输入。口头输入的外来词只流行于方言区并带有方言特征。近代以来上海和广州是对外开放的两大门户,许多外来词首先在这两大门户的方言中流行,然后再进入全民语言。"沙发"源于英语 sofa,上海话的"沙"字读成[so];"太妃糖"源于英语方言 toffee 或 taffy,上海话的"太"字读[tha];"加拿大"英语作 Canada,上海话"加"字读作[ka]。这三个外来词的读音只有用上海话念才能与外语原词对应,可以断定,沙发、太妃糖、加拿大这三个外来词是从上海登陆的。在广州话中最先定型的外来词有鸦片

---

① 周振鹤,游汝杰.方言与中国文化[M].上海:上海人民出版社,1986.

和三明治等,"的确良"也是从广州输入的,最初广州人称它为"的确靓",靓是漂亮的意思,它是英语 Decron 的译音,其他地方的人模仿广州译音就称作"的确良"或"的确凉"了。近年来,有一种进口的纺织品 fiber(快巴),广州话将"快"读作[fai],"快巴"是广州话的音译。又如"唛"是英语 mark(商标)的音译,广州话中"唛"读作[mak],所以在广州话中"梅花唛"就是"梅花牌"。

　　有的外来词只流行于方言区,有的已开始为其他方言所接受。如上海的拍[pha](传球,英语叫 pasa)、罗宋汤(一种俄式羹,英语叫 russian-soup)、水门汀(混凝土,英语叫 cement)等,它们只流行于方言区;而粤语中的一些外来词,如的士(英语 taxi)、巴士(英语 bus)、菲林(胶卷,英语 film)、恤衫(衬衫,英语 shirt)等外来词已渐渐为其他方言区的人采用。

　　汉语外来词与汉语社会的共变主要表现在:汉语吸收外来词有其阶段性和地域性,社会生活的变化引起了外来词的吸收,它们是社会生活变化的产物,同时,在外来词的吸收过程中反映出社会文化的变迁。

三、　汉语方言与地域文化

　　在汉语不同的方言中,名物词语也反映了不同的地域文化内涵。名物也就是事物的称名,方言中称名的复杂性是由于各地方言与习俗惯制互有差异。名物差异主要表现在同物异名和同名异称上。

≫(一)同物异名

　　南方人所称的"面粉"在北方被称为"面"。"用小麦粉制成的条状食品",在北方叫"面条",而在南方一些地方称"面"。"稻米"在北方叫"大米",南方只叫"米"。"粟"在北方叫"米",在南方叫"小米"。用稻米煮成的干饭在北方称"米饭",而在南方只叫"饭"。这些名称反映了北方以面食为主,南方以米食为主的不同饮食习惯,所以北方人吃稻米煮成的饭时称作"米饭",以区别于日常的"饭",而南方以产米吃米为常,对"粟"称"小米"以示区别。又如"稻草"在江南水稻区称为"柴",造纸场堆放稻草的地方称作"柴场",这是因为太湖流域不产木柴,于是将稻草作柴烧,而浙南的山民终年和木柴打交道,故称木柴为"柴"。南方的山区用木炭作燃料,"木炭"在口语中只说成"炭",而山西是产煤的地方,山西的"炭"指煤炭,并且将煤炭分得很细:煤(粉状的炭)、炭(块状的煤)、笨炭(块状无烟煤)、希炭(块状有烟煤)、蓝炭(块状焦炭)等,南方有的地方不产煤,就没有关于煤的详细称呼了。浙南沿海和舟山群岛的方言对蟹的称呼繁多,内蒙对牛马羊的称呼特多,在各类方言中,某些语汇的繁简,均反映着各地乡土文化特点的不同。

≫(二)同名异称

　　同名异称主要反映在亲属称谓词上。汉族人的亲属关系大致相同,但在各方言中,关于亲属的称呼却不尽相同。在广州方言中,"伯爷公,年老之男子须发苍苍者也。伯爷婆,年老妇人也。老公,正式之夫也,老婆,正式之妻也。妹仔,婢女也。大姈,旧式结婚时所雇之伴娘,伺候新娘者也。婆妈,女仆也"(《清稗类钞·方言类》)。以"妻子"为例,沈阳、济南、合肥、南昌、广州等地口语均称"老婆",西安、成都称"女人",昆明称"婆娘",扬州话里称"老婆、女人、堂客",苏州话中称"女人"或"家主婆",温州话称"老媪"或"老迎客",江苏如东话中有"爱人、女将、女的、堂客、老婆、娘子、婆儿、妈妈儿、奶奶"等,东北话中还有"屋里的、孩子他妈、做饭的、老伴、老婆子"等。据《如东县志》载,当地称自己的儿子为"我家伢儿、小伙、儿子",而称他人家的儿子为"你家相公、你家小的",个别地方称"少爷",如东人还称儿子为"侯子",称自己的女儿为"姑娘、女儿、丫头",海边人则叫"不下海的(旧时女人不下海)"。北方人所称的"媳妇",在南方一律称"新妇"。"新妇"是个古汉语词,在《后汉书·周郁妻传》中,周郁的父亲将儿媳妇称作"新妇",后来北方改称"媳妇",而"新妇"这个古词语一直保存在南方方言里,"新妇"即家里"新来的妇人",它反映了汉族长期以来妻子到夫家落户的婚姻制度。

地域方言是地域文化的组成部分,又是地域文化的载体,地域文化是方言产生和发展的底座。方言是语言的变体,它的形成和发展受多种因素制约。汉语的方言主要是北方话地域变体的产物,揭示其流变轨迹对全面认识方言的流变有其重要的意义。

古人早已发现汉语方言及地域文化差异的存在。《礼记·王制》云:"五方之民,言语不通,嗜欲不同。"东汉王充《论衡·自纪篇》说:"经传之文,圣贤之语,古今言殊,四方谈异也。"方言这个概念在我国周代就有了,那就是所谓"殊方异语"。这"殊方"即指不同的地方,"异语"主要指词汇的差异。现代语言学着眼于方言的地域性,把它看成是语言的地域性变体,是语言分化的结果。远在部落语言阶段,就开始分化出方言,就产生了部落共同语和方言的对立。方言从属于共同语,是共同语的支脉,方言的发展有两种前途,一是继续分化成独立的语言,一是发展成为民族共同语。

方言差异的形成因素主要有:

地理因素。山川、森林、沼泽等地理因素往往妨碍人们的往来,也可能导致方言的形成。如我国浙江省,东部山地交通不便,方言差异较大;北部是平原地区,交通方便,方言差异较小。又如江苏镇江以下江南地区是吴方言区,而江北地区则是属于北方方言区的江淮方言区。但河流不一定都导致方言差异的形成,如在广东,韩江下游是潮汕方言(属闽方言中闽南一支)和客家方言的分界,而珠江水域的西江却又把粤方言带入粤西一带,进而跨入了广西。

人口的分布。人们生活的共同体往往因人口的增长不得不扩大居住地的面积,久而久之,距离较远的人们,彼此交往越来越少,甚至互相隔绝,他们的语言出现了各自的特色乃至出现了方言差异。

人口迁徙。游牧时代人们逐水草而居,使人类的生活共同体分割成不同群体,时间一长就有可能形成不同的方言,蒙古语的方言就是这样形成的。

　　异族语言的接触。在语言发展过程中不同部族或民族的语言发生接触，吸收某些对自己有用的语言成分，这在某种程度上也导致了方言差异的形成。如汉语西北方言（甘肃、新疆、宁夏一带）声调数目的减少（新疆乌鲁木齐汉语方言只有阴平、阳平、去声三个声调，甘肃天水和宁夏银川只有平声、上声、去声三个声调）与受西北地区其他民族语言（如阿尔泰语系各语言）的影响不无关系。近代粤语吸收了一些英语的词语，东北方言吸收了一些俄语的词语，闽方言吸收了一些印尼−马来语的词语，这些方言词语是不同民族语言接触的产物。

　　汉语方言是和汉民族共同语相对而言的。汉族早在汉代以前就使用着一种统一的书面语言，这种古代书面语言最初也是建立在口语基础上的，后来，和口语的距离越来越远，渐渐成为一种脱离口语的书面语言，通常称为文言。到了唐宋，又产生了一种接近口语的书面语言——白话，白话是在北方方言的基础上形成的。宋元以来，用白话写成的话本、戏曲、小说很多，如《水浒传》《西游记》《儒林外史》《红楼梦》等一大批有影响的文学作品都是用北方方言写成的，由此加速了北方方言的推广。1153 年金朝迁都燕京（北京）以后，元、明、清三个朝代除明初短期建都金陵（南京）外，都建都于北京，北京作为中国的政治中心，前后历时八百余年。自金元以来，由于北京开始成为中国政治、经济、文化的中心，北京话的地位显著提高，一方面北京话作为官府的通用语言传播到全国各地并发展成"官话"，以此作为各方言区之间共同使用的语言；另一方面，白话文学作品尤其是元明戏曲，也更多地受北京话的影响。20 世纪尤其是五四运动时期，由于白话文运动动摇了文言文的统治地位，又由于国语运动在口语方面使北京话成为汉民族共同语的标准音，这两个运动相互影响，使书面语和口语接近起来，形成了普通话。

　　现代汉语有七大方言：北方方言、吴方言、湘方言、赣方言、客家方言、闽方言、粤方言。在这七大方言中，北方方言可以粗略地看成是古汉语数千年来在广大北方地区发展的结果，其余六大方言却是由于历史上北方居民不断南迁而形成的。在秦汉以后的两千多年中，北方人曾有几次大规模的南下，带来了不同地区不同时期的北方古汉语，分散到南方的不同地域，逐渐形成南方的六大方言。而这六大方言内部，其差异形成的主要原因是：南下之前的北方古汉语内部有差异；南方古越语在与北方古汉语接触前本身亦有差异；北方古汉语是不断发展的，北人南下的时间有先有后，带到南方的北方话自然也有差异；南方各方言内部独立发展出一些新的成分。

　　历代移民是汉语南方六大方言的成因，从移民史可以追溯这六大方言的最初源头，反之，从六大方言的演变可以窥测历代移民的情况。

　　在南方六大方言中，以吴方言最为古老。吴方言早在春秋时代就已有萌芽了，先周时部分渭水中游的居民南迁到江南地区，所带来的语言奠定了吴语的最初基础，到六朝时吴语已发展成了与中原地区的北方话很不相同的语言变体了。吴语三千年来一直受不断南下的北方话的影响，比较原始的吴语特征反而保留在闽语中。湘语的形成晚于吴语，其源于古楚语，而楚人溯其源也来自中原移民，古吴语与古楚语比较接近,今天的湘语和吴语还有不少相同之处。粤语晚于秦代才形成,战国时的楚国南疆只到五岭,后来秦国花了很大力气进攻越人占领了岭南,为防止得而复失,遂留下五十万人戍守岭南,这些戍卒所使用的语言就成了日后粤语的先声。闽语的形成比粤语更迟,西汉后期有少量移民由北南来,汉末至三国晋初,来自江南浙北的移民分别由海路和陆路大批拥入福建,沿海地带新设福州、泉州等五县,闽西北出现了浦城、建瓯等六县,古闽语的基础业已形成,这时的福建方言是当时的吴语。由于移民来自不同的路线,又由于沿海和内地的隔离,使闽语最重要的差异存在于沿海与闽西北之间。赣、客方言形成最晚,江西古称吴头楚尾,是古吴语和古楚语的交汇处,东晋南朝时期,有部分北方移民进入赣北、赣中地区,他们带来的北方话成了赣、客语的前身。

方言与移民的关系主要表现在:移民带来的方言取代土著语言;移民放弃旧地方言改用新地方言;移民的旧地方言和新地方言相融合;移民远距离转移仍保持其固有方言;移民的原方言在新居地演变成新方言;移民造成民族错居并引起方言更替;移民引起毗邻地区方言发生不同程度的质变;移民的方言冲淡了土著方言的特征;移民的双语现象。

移民方式和方言地理分布类型的关系表现为:占据式移民和方言内部大面积的一致性;墨渍式移民和蛙跳型方言的传布方式;蔓延式移民和渐变型方言;杂居式移民和掺杂型方言;闭锁型移民社会和孤岛式方言;板块转移式移民和掺杂型方言。方言和移民关系的研究,为研究汉语方言的形成和北方话南下的地域流变提供了依据。

方言研究的意义不仅仅在于开发语言的资源,促进汉语规范化、文字改革、推广普通话这三大语文运动,加深对现代汉语特点的认识,为汉语史的研究提供极为重要的活素材,还在于将为社会学、民族学、历史学、考古学提供借鉴,有助于民间文化的研究。因为方言的形成是由于社会的分化、人类的迁徙、民族的融合、文化的交流等原因促成的,研究方言势必要联系社会的历史文化,从这一点上说,方言是社会历史文化的化石,通过方言研究可以透视方言所反映的民俗、文化、心理等现象。方言中的谚语、惯用语、歇后语、谜语、行话、俚语、称谓、名物、禁忌以及民歌、戏曲、小说等均反映了各地的文化风貌。

思考与练习

1. 在读报刊、听广播、看电视时,你一定搜集了不少广告语吧?请选择自己最喜欢的广告语写下来,并谈谈自己为什么喜欢。

2. 彬彬的叔叔在外地工作,平时很少回家。中秋节的晚上,奶奶望着天上的明月有点伤感。懂事的彬彬知道奶奶是在想念叔叔了,便去劝奶奶。当时他不仅引用了苏轼《水调歌头》中的句子,还为文化程度不高的奶奶做了解释,奶奶听了开心地笑了。

想一想,彬彬当时会怎么说?请写下来,注意说话的对象和语气。

　　过了两天，奶奶收到了叔叔的来信。叔叔在信里没提自己在外的艰辛，只说一切都好，并引用了古人两首诗中的句子表达了自己对故乡、对亲人的思念之情。可惜奶奶不太明白这些诗句的意思，于是彬彬解释给奶奶听。

　　想一想，叔叔在信中引用了哪几句诗？彬彬又是怎样向奶奶解释的呢？请写下来。

　　3.“风声雨声读书声，声声入耳；家事国事天下事，事事关心。”生活中，每段时间内都有大家共同关心的话题，例如当年的伊拉克战争、抗击“非典”、“神6”上天，等等。了解一下，最近报纸、电视、街头巷尾的人们又关注什么样的话题呢？我们也来围绕这个话题聊一聊。

　　4.口语交际的一次辩论会上，两名同学就乞丐乞讨现象展开了辩论。一名学生说：“乞丐是弱势群体，值得同情。”另一名学生说：“乞丐以乞讨为生，不劳而获，甚至出现了乞丐骗子、乞丐富翁，根本不值得我们同情。”请说说你是如何看待这个问题的。

　　5.同学们都很热爱自己的家乡。你的家乡或有迷人的风光；或有令人向往的名胜古迹；或有珍奇的动物、植物，或有丰富的矿产资源；或有与众不同的民风民俗；或有引人入胜的民间传说……如果客人来你家乡参观访问，请你作导游，介绍一下自己的家乡。

第三单元　口语交际与心理

　　人们在物质交往和精神交往的过程中彼此结成了各种复杂的社会关系，其中社会心理层面上的关系就是由人际沟通而产生的人际关系。因此，在人际沟通时，首先要关注社会心理效应。

一、社会心理效应

》（一）熟人链效应和角色丛效应

　　据心理学研究，如果随意挑出甲乙两个人来，他们相识的可能性有二十万分之一，因为甲认识乙，乙认识丙，丙认识丁，丁又认识甲，这就是所谓的熟人链效应。人际关系网络就是由一根根熟人链组成的，熟人链实际上是一种角色链。社会是个大舞台，个体在社会舞台上扮演着不同的角色，于是社会对他们提出了一整套的关于言行模式的角色要求，如性别角色、职业角色、观众角色、顾客角色等，它们的社会期待和角色要求各不相同。在社会生活中，人人都是身兼数职的，一个男人（性别角色）在学校里是教师（职业角色），在家庭里是儿子、丈夫和父亲（家庭角色），在公园里是游客（游客角色),在商店里是顾客(顾客角色),在电影院里是观众(观众角色),社会心理学将这种一身数兼的多重角色称为"角色丛"或"角色综合体"。角色丛效应要求个体除了学习各种角色期待的行为之外,还要求学会角色语言。一个男教师,不仅仅要学习和掌握教师语言,同时还需要掌握其他角色语言,即作为儿子、丈夫、父亲、游客、顾客、观众等角色必备的语言修养。因此性别语言、售货员语言、教师语言、宣传员语言、司机语言、领导者语言、律师语言、导游语言、采访语言、外交语言以及夫妻交谈、父子交谈、师生交谈、恋人情话、作报告、答记者问、与罪犯谈心等,都是人际沟通应该研究的内容。

》》(二)苏东坡效应

同一种角色期待只是规定了一个共同的言行轮廓要求,但不能决定每一个扮演者的个体言行,换言之,同一种角色的扮演者,其扮演的水平和质量因人而异。师范院校的首要任务就是教育学生怎样言行才能成为一个合格的人民教师,但培养出来的教师德、识、才、学各不相同,因为他们内化教师角色期待的程度不同,而内化的过程又受角色扮演者个人的自我认知、自我态度、自我心理素质的影响,这就要求人际沟通要研究"自我"。对"自我"的认识,并不是人人都非常清晰的,用苏东坡的话说就是"不识庐山真面目,只缘身在此山中",这就是"苏东坡效应"。克服"苏东坡效应"的办法是深入"此山中",那么如何深入"自我"的"此山中"呢? 这当然要借助于言语。内心的矛盾斗争可以引出无意识的自言自语,这是借助内部言语展开的自我内向交流。

》》(三)名片效应

名片的作用是为了让对方了解自己,苏联心理学家纳季拉什维利由此提出了"名片效应",它实质上是一种"自我暴露"。推而广之,自我介绍的言语艺术会产生最直接的效应。比如在对话中,自己观点的表露速度,必须缓慢到使对方不感到惊奇的程度为宜。自我暴露过早、过深有时会影响自我形象。例如,恋爱双方因自我暴露个人隐私的速度过快而导致感情决裂者时有所闻。

》》(四)他人在场效应

这是由美国社会心理学家茅曼提出的。他人在场效应有两种情况:一种是社会促进,由于他人在场引起强烈的竞争心理,能力得以充分发挥;一种是社会促退,由于他人在场心理上形成干扰,导致怯场,从而影响水平的发挥。

》》(五)共生效应

他人在场效应是就他人在场如何表现自我而言的,共生效应则是指立足于一个系统如何表现整体而言的。人类社会的活动带有群体性的特点,人际沟通绝大多数是靠语言来完成的。最佳共生效应的取得,需要双方或多方协作,友好交往,互相激励,从而增进信息交流。

≫（六）关系场效应

关系场效应是由不同的角色扮演者组成的群体产生的内聚力或摩擦力。"三个臭皮匠，合成一个诸葛亮"，这是"群体的增力作用"；"一个和尚挑水喝，两个和尚抬水喝，三个和尚没水喝"，这是"群体的减力作用"。在群体交往中，个体过分依赖群体，对个体智慧的发挥不利；个体可以接受群体的影响，产生归属感、认同感，并得到群体的支持，处理得好就有利于发挥个体的智慧。这对群体性的言语活动，如学术讨论、小组辩论、演讲竞赛、群体对话、双方谈判等有启迪作用。

≫（七）从众效应

从众是言行随众的一种心理现象，即所谓"人云亦云"。每个人都从众人那里获得信息，认为众人提供的信息可靠，同时又担心脱离群体，超出群体的规范，因此，从众的言行就产生了。在说服性的言语活动中，利用从众心理，往往会达到说服的效果。这在说服性交际包括劝说性的谈话、演说、谈判、推销、广告等方面均有参考价值。

≫（八）安慰效应

人际沟通时的安慰，会使心理上得到愉悦和满足。对住院的亲友说一番安慰的话，对遭到不测的同事说一番同情的话，对名落孙山的学生寄一封劝慰信，对失去亲人的朋友说一番安抚的话，这些都是利用言语这种安慰剂去医治人们心灵的创伤。人们渴望交际，渴望心理沟通，渴望被信任、被理解，对自己的被肯定存在着积极的心理期待，这种由信任、关心、激励构成的期待所引起的心理变化就是"安慰效应"。对他人的积极赞扬、鼓励和劝慰是产生"安慰效应"的根本方法和原因。说赞扬的话和鼓励的话大有技巧：在有求于人的时候，别当面说赞赏的话，以免被误解为动机不纯；赞赏时不妨指出他无伤尊严的小毛病或非常明显的缺点；对他人已经明确的品质少赞赏，对他人能肯定的品质应多赞赏；在别人得意时少赞赏，在他失意时多赞赏；甲乙两人情况相当时，不要在一方面前过多地赞赏另一方；对有教养的人，赞赏不必太直截了当，可委婉含蓄一些。总之，安慰性的话语、表扬性的话语在人际沟通中是经常出现的，运用适当，对改善人际关系大有好处。

≫（九）心理相容效应

所谓心理相容是指人际之间互相吸引、相互信任。交友是人际关系需求的一种深化反映，朋友是分层次的，有一般的朋友、好友、挚友，对他们应采用不同的交往方式；语调、语气、遣词造句、表情、谈话涉及的范围等都要因对象而论，要掌握好分寸，即使是挚友之间，也要保持一定的心理距离，因为每个人都有"心理敏感区"，都有自己的隐私，不可轻易点破。由于频繁的交往，人与人之间的态度和价值观趋于相似，情感趋于相悦，相互之间具有吸引力。在这个过程中，语言发挥了调节作用，语言是人际吸引的

"润滑油"。

≫（十）权威效应

名人名言的大量被引用,是权威效应的反映。人们对权威具有崇拜心理,把名人名言当作楷模,信服它,感到安全。名言往往是经过千锤百炼的,符合社会规范,容易获得社会的赞许。恰当引用名言可增强话语的说服力,但引用不当或滥用名言也会使话语陷入套话,影响人际沟通效果。

二、 禁忌心理

英国探险家库克在1777年第三次远航南太平洋汤加群岛时,发现当地土著人有一种非常奇怪的生活现象,有些物件只许酋长、巫师、头人使用,而禁止一般人使用;有些东西只许用于某种特殊目的,而不能用于一般目的;一些场所只许男人进出,而不许女人和儿童出入;等等。当地土语称这种现象为"塔布(Taboo)","塔布"一词由库克船长带回西欧后,经人类学家、社会学家、民族学家研究发现,这种"塔布"现象普遍存在于世界各民族的习俗中,汉语中与"塔布"相对应的词是"禁忌"。

≫（一）言语禁忌的产生

禁忌是一种复杂的社会现象。从时间上看,禁忌有长久的和暂时的;从对象看,有行为的禁忌、人的禁忌、物的禁忌、词汇的禁忌;从禁忌的产生看,有因对自然力的崇拜而形成的对自然物的禁忌观念和行为,有因某种动植物与本氏族祖先有近缘关系而形成的禁忌,有对祖灵的崇拜而形成的对祖先象征物和祖先遗物的禁忌,有对鬼神精灵的崇拜所派生出来的关于鬼怪及其活动场所的禁忌,有对吉凶祸福的迷信而形成的趋吉避凶观点所导致的禁忌;从色彩看,禁忌又可分为神圣、圣洁的和不纯、不洁的两大类;从范围看,禁忌可分为宗教禁忌、生产禁忌、语言禁忌、一般生活禁忌;从人的实践活动看,有行业禁忌、节日禁忌、礼仪禁忌、信仰禁忌、婚姻禁忌、服饰禁忌、日常禁忌等;从形态看,有行为禁忌、事物禁忌、言语禁忌、人体语言禁忌。

马克思在《资本论》"商品的拜物教性质及其秘密"一节中曾使用"商品拜物教"一语,"拜物教"是指某些民族把无生命的东西当作崇拜对象,认为它具有神秘的超人的力量。灵物崇拜是人类不理解自然而产生的,如为什么会死人? 为什么会地震? 为什么会打雷闪电? 火山为什么会爆发? 洪水为什么会泛滥? 干旱为什么会发生? 日月为什么会全蚀? 对自然力的不理解使人类产生了恐惧,恐惧导致了迷信,迷信引起了灵物崇拜。《圣经·创世纪》中说"神以自己的形象创造了人",其实应该是"人以自己的形象创造了神",人们所创造的神是一种偶像,人们赋予偶像以神秘超人的力量,这便是偶像的灵物崇拜。

语言也是这样。语言本来是人类最重要的交际工具,但是在不知语言为何物的遥远的古代,语言被赋予了超人的神秘力量。人们认为语言是祸福的根源,语言的灵物崇拜也就产生了。在中外神话和小说中,人们赋予语言以各种神奇的力量,《天方夜谭》中的阿里巴巴用话语来叩开石门;祝英台对着梁山伯的坟墓祷告之后,山伯墓在雷雨中裂开;唐僧念着咒语收紧了孙悟空头上的金箍,等等。

语言的禁忌来源于一种神秘的力量,英语中称玛纳(mana),这种玛纳依靠自然的或直接的方式附着在语言上。语言禁忌作为社会心理现象,出现在各民族的语言习俗中。旧中国的一些地方,丢了小孩以后贴出的揭贴,标题"寻人"的"人"常常倒写着,据说如果"人"字不倒写,所要寻找的人会越走越远。在乡村,我们偶尔还会看到"天皇皇,地皇皇,我家有个夜哭郎,过路君子念一念,一觉睡到大天亮"的揭贴。法国文学家拉伯雷在小说中曾描绘远航的旅行者在甲板上发现了"冰冻的词语",这些词语像一粒粒五彩缤纷的冰雹,人们拾起时立刻发出悦耳的声音并在手中溶化,语言力量的超人与神秘可见一斑。

语言灵物崇拜发展到极端便产生了符咒。符是书面语的物神化,美国人阿·比尔斯在他的《恶魔的词典》中收集了一个由一连串的字母组成的倒三角形,它就是民间用来治牙痛的符。咒是口头语的物神化。在旧社会,每当灾难降临时,老太太往往口中念念有词:"南无阿弥陀佛,大慈大悲救苦救难观世音菩萨",她们念着咒语企求菩萨保驾消灾。《白蛇传》中白娘子念咒语使水漫金山。电影《人生》中,巧珍失恋后卧床不起,他父亲咒骂道:"高家林,这王八羔子不得好死!"巧珍连忙制止:"你不要咒他。"这些都说明语言在人们的心理上似乎有一种超人的魔力。

语言禁忌作为一种社会心理活动,早在人类的蒙昧时代就开始了。在未知而神秘的大自然面前,"自然界起初是作为一种完全异己的、有无限威力的和不可制服的力量与人们对立的(马克思语)"。人们在深深依恋大自然的同时又深受自然力的威慑,人们便借助于想象来解释自然,企求利用自然力来避凶降吉,想象的结果便产生了关于灵魂的观点。恩格斯在《路德维希·费尔巴哈与德国古典哲学的终结》中对此有一段经典性的论述,认为在远古时代灵魂观念的产生与原始人的思维、感觉以及梦中景象有关,人们最初信仰和崇拜神灵,认为各种现象包括语言现象都是神灵变化所致。人们对语言产生神奇的幻想,同时也萌生出崇拜或恐惧感,认为语言有一种超人的神奇力量,既可以降祸又可以免灾,以至于将语言所代表的事物和语言本身等同起来,即把表示祸福的词语看成是祸福本身,因此在言语生活中,非常小心谨慎地使用与祸福有关的词语,唯恐触怒神灵,言语禁忌就这样产生了。

》》(二)言语禁忌的特征

产生言语禁忌的因素是多方面的,如言语禁忌的主体、言语禁忌的对象、言语禁忌的目的、言语禁忌的场合、言语禁忌的心理等。言语禁忌的特征可从属性和功能上来认识。

1.属性特征

(1)民族性。各民族的文化模式有其独特的特色,言语禁忌作为一种民俗现象,必然要受到民族的经济生活、社会结构、信仰、心理等因素的制约,这就是说,言语禁忌具有民族性。

(2)阶级性。统治阶级为了达到本阶级的政治目的,往往利用言语禁忌来愚弄人民,言语禁忌成了他们适应自己统治需要的重要手段,如对封建君王之名要避国讳,对朝代名、部族名、图腾名等的禁忌都打上了阶级的烙印。

(3)共同性。各民族的言语禁忌在形成过程中有许多相似的因素,这是各民族所经历的社会形态和生活方式大致相同的缘故。人类共同经历过原始采集、原始渔猎、原始畜牧和农业等,必然会导致相同或相近的言语禁忌。

(4)宗教性。各民族的原始宗教和佛教、伊斯兰教、基督教等都有自己的禁忌规范,宗教信仰的多样性也决定了言语禁忌的多样性。

2. 功能特征

(1)积极功能。言语禁忌具有积极功能,表现在:

导向功能。言语禁忌的导向功能体现在人类的社会化过程中,人降生于禁忌社会后,社会就要通过禁忌对个体的言行进行导向;在个体教化行为规范的确立方面,通过禁忌社会接受家风民约及社会伦理教化,并通过禁忌(包括言语禁忌)造就人的价值和行为取向。

调节功能。言语禁忌的调节功能是利用言语的禁忌来协调人与自然、人与社会、人与人之间的关系。如对图腾树的禁忌,客观上为自然界的生态平衡起了积极作用;在邻居办丧事的时候,禁忌大声吵闹谈笑,是为了和睦邻里关系;忌呼长者的名字、忌说假话,是为了使得人际关系有一定的准则可依以及调节人际关系。

传递功能。由于言语寄托了人们的希望或带有神秘的令人恐惧的力量,从而使言语禁忌得以传承和传递。如东北满族年俗禁忌,就表达了对新的一年的希望,锅里的饺子熟了浮起来后,一家之主高声问道:"小日子起来了吗?"家人要答:"起来了!"于是全家人在心理满足中吃着年夜饭。

言语禁忌的传承和传递主要有三种方式:一是同一文化模式内的成员通过禁忌教化,将前人传下来的禁忌作为示范,传承给后代来遵循和模仿。二是以口授方式,通过神话、故事、谚语等,使禁忌跨越时间和空间而传递开来。三是由宗教的执行者和宗教职业者进行传递,他们往往是禁忌习俗最忠实的维护者和传授者,因为他们一直自认为是神和人之间的中介。

(2)消极功能。

言语禁忌有时会成为恐惧、愚昧、迷信的产物。许多民族对妇女的禁忌,降低了妇女在社会生活中的地位和形象。在我国封建社会,皇太子可说:"我将来是天子,你们都要服从我!"而贫民的儿子说这样的话,就会招来杀身之祸,这就是"君为臣纲、父为子纲、夫为妻纲"的伦理观念在言语禁忌上的体现。封建社会文化禁锢了人们的思想,也使汉语的言语禁忌带有消极的色彩。

≫（三）因"不许说"产生避讳

由于人们对自然力的未知,以至于认为:语言与语言所代表的事物有着必然的联系,语言就是客观事物的化身,语言能降祸也能除灾,对犯忌触讳的语言,人们不是弃而不用,而是转用其他的同义表达方式,如避讳。

1. 避讳的种类

在社会生活诸领域中,言语因禁忌而产生的避讳现象随处可见。

正月初一忌打破器物,恐"破"与破财相联系。过年时忌言"死""杀"等不吉利的字,将死鱼称文鱼、死鸭称文鸭,"文"即不动之意;杀猪称为伏猪,杀鸡称为伏鸡。如果在大年初一小孩说出忌语,则以童言无忌来消除忌言。过年时有些地方将"福"字倒贴,喻意"福到"。土家族在正月初一早晨对守夜人忌说"睡觉",而要说"去挖金窖银窖"。黔东南苗族在过年时,有人在外面喊要答应,被喊者若不在家,其他人忌说"他不在家",否则他永远回不来。这些是因岁时禁忌而引起的避讳。

旧时孕妇被称为"双身人""四眼人",寡妇也被认为不祥,禁忌她们参加婚礼、丧礼、祭祀活动,否则被视为不吉利,如《祝福》中的祥林嫂在祭祀时碰了供桌,鲁四老爷忙给祖宗陪罪。赫哲族忌跨火、骂火,若用水灭火必先说:"请火神爷把脚挪一挪,我们不得不浇火了。"这些是因信仰禁忌而引起的避讳。

汉族流传着大量谚语,如"猪猴不到头""龙虎两相斗""白马畏青牛""女子属羊守空房"指的是属相相克的两个人不适宜通婚。山东有"一年两个春,死了丈夫断了根"的说法,是说一年内如果有两个立春日,就不能在这一年内结婚。台湾地区订婚时,来订婚的男人回去时,女方忌说"再来坐",认为"再"与再婚有联系。出嫁时忌遇出殡,说是"凶冲喜""祸不单行",也忌遇另外的出嫁者,说是"福无双至"。闹洞房时忌姑母、小姑在场,因"姑"与"孤"同音。这些是因婚姻禁忌而引起的避讳。

旧时汉族忌写"灵"字,因为"灵"的繁体字内有三个口,恐死去一口不足,又要死去两口,常将"灵"字写成"炅",以消除"三个口"的坏兆头。亲人亡故忌说"死"字,一般用"去了""过世了"等同义表达形式,忌说"棺材",改说"财""寿器"。这是因丧葬禁忌而引起的避讳。

汉族忌对着婴儿说"猴子"或"肥"等词语,恐孩子长大后像猴子那样瘦或发胖难看。云南蒙古族在生孩子时,不满月不准外人进产房,否则会"踩断奶路"。汉族忌怀孩子时吃蟹,否则孩子"横生"。汉族忌对出生后的孩子说不吉利的话,鲁迅先生的《立论》就反映了这一点。这是由生育禁忌而引起的避讳。

仡佬族忌两个男人谈话时女人从中间走过。在德昂族,当佛爷来访时忌妇女与他交谈。在云南中甸地区的纳西族,翁媳之间、夫兄与弟媳之间禁忌交谈,岳母与女婿之间也忌随便交谈。许多民族对性器官和性行为的词语避讳,常用"云雨、儿女事、房事、同居"之类代用。"梅毒"在许多国家也是推来搡去的,英国人称它"西班牙痘",法国人称"尼亚波里特病"(推往意大利),东欧人说它是"法国病",中国人认为它来源于烟花柳巷,称之为"花柳病"。这是因两性禁忌而引起的避讳。

汉族旧时吃饭忌说"捧饭",因为只有人死后做七请亡灵吃饭用"捧饭"。忌吃饭时看镜子,认为会犯口吃。在山东,客人进门的第一顿饭忌吃水饺,因水饺是送行的食品,俗称"滚蛋包",意味着客人不受欢迎。到别人家吃饭时忌把碗转来转去,因为"转"与"赚"同音,主人忌"赚他的饭碗"。这是因饮食禁忌而引起的避讳。

旧时汉族走江湖者忌逢七出门、逢八进门,民间有"七折八扣""七煞八败"之语。渔家忌在开船前后提及"翻""沉",忌翻船或沉船。卖蚕者忌卖四只,因"四"与"死"谐音,山东蚕农忌说蚕屎,"屎"与"死"同音,而称蚕屎为蚕沙。这是因行业禁忌引起的避讳。

贵州部分地区的苗族,每年第一次往田里送粪回来时忌见外人,如果遇见人忌打招呼。贵州雪山有的苗族村寨在收小米时留下穗小的不收,忌说"不要了",小孩问及,大人则以"它们未长大"来回答,否则以后小米会因伤心而不再长大。这是因生产禁忌而引起的避讳。

旧时汉族人禁忌拨脚毛,认为"一根脚毛管三个鬼",腿上无毛则管不住鬼。忌风筝断落在人家的屋顶上,民谚有"风筝断了线,家伙去一半","家伙"即家财。忌送手巾给人,俗语有"送巾,断根"。忌送扇给人,有"送扇,无相见"之意。忌送钟给人,因"钟"和"终"同音。忌吃饭时言"醋",因醋与嫉妒相关。山东男人忌说四十一岁,这一岁妨妻,要跳过去多说一岁。忌说一百岁,人到一百岁时只说九十九,泰安人认为一百岁是人的寿数的极限,到时要死;黄县一带说一百岁是个驴;临清一带说一百岁是个老刺猬。这是因日常生活禁忌而引起的避讳。

2. 避讳的对象

避讳是言语禁忌的产物,它受强制性心理所支配,并带有浓厚的封建等级色彩,因此言语中哪些允许说,哪些不许说,有着丰富的社会、历史、文化、心理内涵。

秦始皇统一中国后,规定"朕"只能用于指称皇帝,而普通百姓只能用"吾",今人不论职位高低都用"我"。"秀才"一词在春秋战国时就已使用,指具有优秀才能的人,到了后汉,刘秀当了皇帝,为了避皇帝的名讳,便将"秀才"称作"茂才",直到三国魏后,"秀才"一词又恢复使用。秦始皇名政,与"正"同音,正月读作"征月",写作"端月"。孔子名丘,为了避讳,丘缺笔书写,读作"某"。汉文帝名恒,恒山改名为"常山",姮娥改名为嫦娥。汉吕后名雉,雉鸟改名为野鸡。隋炀帝姓杨名广,曹宪在给《广雅》注音时为了避讳将《广雅》改为《博雅》。王嫱字昭君,为避晋文帝司马昭讳,改称明君或明妃。唐太宗李世民,为了避讳,唐人行文用"代"代替"世"字,用"人"代替"民"字,观世音因此而称观音,民部改称"户部"。《儒林外史》中范进中了举人,报喜时不直称范进,而称范讳进。宋时有个州官叫田登,自讳其名,州境之内皆呼灯为火,上元放灯,吏人书榜揭示市曰"本州依例放火三天",时人讥曰:"只许州官放火,不许百姓点灯。"

我国封建社会对帝王和尊长之名要避讳,当朝的皇帝和被尊为"至圣"的孔子之名全国避之,谓之国讳或公讳。祖先和父亲的名字全家要避讳,称为私讳或家讳。裕固族晚辈忌叫长辈名字,俗人忌称喇嘛的名字。海南合亩制地区的黎族,除了杀牲祭祖时可以提及祖先的名字,平时不论自己或别人都不能提及。非洲东南部的科萨人妇女,婚后不得讲含有公公名字第一个音节的任何词语,如果犯了禁忌,她的父亲就要受到惩罚,往往需要交一只山羊以上的牲畜才能赎罪,因此,科萨人妇女都有生造词语的本领。

除了人名避讳外,朝代名、地名、部族名、图腾名亦均在避讳之列。清朝是满族人的天下,对汉人诗文中"明""清"两字特别敏感,雍正年间,翰林徐骏诗云:"明月有情还顾我,清风无意不留人。"有人告发他"思念明代,无意本朝,出语诋毁,大逆不道",被斩首示众。南京的清凉山和石子岗先后是火葬场的所在地,地名已成了火葬场的同义语,南京人听到这个地名时就不如听到玄武湖那么愉快。我国东北鄂伦春族在狩猎时,将公熊称为"舅父""祖父",将母熊称为"祖母",熊被打死后,禁止说"死了",而要说"睡了"。西伯利亚的鞑靼人认为熊过去是人,禁止吃熊肉,他们在祷文中称熊为"祖先"。尼泊尔人认为黄牛无比圣洁,禁止用黄牛耕地,禁止宰杀黄牛,1962 年尼泊尔政府正式规定黄牛为"国兽",如果伤害了它,将会受到法律制裁,对黄牛的崇拜也反映在他们的言语中。

避讳是由于"不许说"而导致的言语代用现象,所谓"不许说"是因为对有些语句在语用上具有强制性,这种强制力来自封建制度或来自民俗心意。汉景帝名启,微子启被改称为微子开。汉武帝名彻,蒯彻被改为蒯通。苏轼的祖父名序,其父苏洵的文章改"序"为"引",苏轼为人作序又改用"叙"。

3.避讳的规律和方法

中国古代的避讳有如下规律。

(1)讳名不讳姓。远古时姓是一种族号,人们同族即同姓,而名是人类个体相区别的代号,《孟子·尽心》云:"姓所同也,名所独也。"

(2)双名不偏讳。如果名是两个字,只需讳其中一字,如孔子的母亲"徵在",讳"徵"不讳"在"或讳"在"不讳"徵"。

(3)不讳嫌名。即与君主或尊长的名字音同音近的字不讳,如汉和帝名"肇",与"兆"同音,不必改变"京兆"的"兆"字。

(4)书不讳。不可因讳君父之名而擅改诗书。

(5)临文不讳。上章奏时不讳父名。

(6)效庙不讳、神前不讳等。

当然这只是一个概括的避讳规律,不同时期的讳律会有所变化。避讳的方法大致有以下几种。

(1)易字。采用同音近音字,或改用同义字,或改用形近字。为避唐玄宗李隆基讳,将"基"写成"其";为避汉惠帝刘盈讳,改"盈"为"满"。

(2)缺笔。即缺最后一个字的后一两笔。

(3)空字。即用"某"字或"口"来代替。《史记·文帝本纪》:"子某最长,请建以为太子。""某"即"启","启"是汉景帝的名。

（4）改读。碰到讳字读成与之相近的字音。《红楼梦》中的林黛玉因她母亲名敏,当林黛玉读到"敏"时就改读成"密"。

避讳起于周,成于秦,盛于唐宋,经历几千年,给语言生活带来了诸多不便,当然也有其史料价值,《战国策》中改"楚"为"荆",因秦始皇之父名"子楚",讳字为"荆",据此我们可以断定,《战国策》应该是秦人所著。

》》（四）因"不愿说"而产生婉曲

避讳是由于"不许说"引起的,它是一种因强制而被迫使用的语言现象,婉曲是由于"不愿说"引起的,它更多地受社会心理因素支配。

根据婉曲的社会心理可将婉曲分为以下几类。

1. 与廉耻心理相关的婉曲

人体本身的禁区往往用婉曲的方法来表达,成年人的生殖和泌尿系统中各种器官的名称、某些生理现象、性行为和性病等,它们各自有其婉曲语。如"月经"这种正常的生理现象就有许多不同的婉曲语,如"不好、不妥、该诅咒的、倒霉的、例假"。"怀孕"也有许多婉曲语,"有喜了、快做妈妈了、要送红蛋了"。性行为也有许多婉曲语,如"云雨、风流事、好事、发生关系、同居、同房、同床、搞男女关系、搞腐化、作风不好、乱七八糟、流氓活动、文娱活动、健身运动"。拉屎撒尿合称"解手、更衣、出恭、去一号、打个电话"。"马桶"称"便桶","尿壶"称"夜壶"或"便壶"。

2. 与趋吉心理相关的婉曲

祈求吉利避免凶灾,这是人类共同的心理,人生最大的不幸莫过于死。日本人不仅回避"死",就连与之相谐的音"4""42"都很忌讳,20 世纪 70 年代初建成的京都大学医学院附属医院的综合病房中,就没有 4 号和 42 号房间。在汉语中与"死"相关的婉曲语有 200 个左右,大体分为以下几类:

不同阶级、阶层的人死亡有不同的婉曲语。在等级森严的封建社会,"死"的不同婉曲语代表了不同的等级,庶人曰"死",他们是生活在社会最低层的平民百姓。士曰"不禄",士是统治阶级中最低层的官吏,"不禄"指没有福气和薪俸。大夫曰"卒",古代比诸候低一级的官吏称大夫,"卒"是年老寿终的意思。诸候死曰"薨","薨"是山崩塌的声音,言诸候之死有影响。天子死曰"崩",天子是国家的最高统治者,其死犹山之崩塌,震撼强烈。

对不同信仰者之死有不同的表达法。佛教僧人死称"涅槃、归真、圆寂、入寂、灭度、坐化",道教徒死用"羽化、尸解",基督教徒死用"见上帝",有神论者言死常用"见阎王、上西天、归西、归天",马列主义者常用"见马克思"代指。

对不同价值之死有不同表示法。褒义的如"捐躯、捐生、授命、玉碎、效死、成仁、取义、就义、以身许国"等;贬义的如"横死、丧命、丧生、送命、毙命、死于非命、呜呼、完蛋、了结"等。

对不同年龄的人,死有不同的表达法。少壮而死曰"殀",不满七八岁而死曰"凶",不满二十岁死曰"殇",未婚曰"折",未成年而殀折曰"殇"。少年文人之死称"玉楼赴召、地下修文、玉楼修记","倩女离魂"云少女死,老年人死称"仙逝、千古、作古、寿终正寝、万岁千秋"等。

对不同方式的死有不同表达法,病死曰"疾终",饿死曰"馑",射死曰"殪",自杀叫"自尽",用剑自杀叫"自刎、伏剑",上吊死叫"悬梁、投环、自缢",服毒而死叫"仰药、仰毒、乳药",投水死叫"投河、跳河、投江、投井、跳海",刑罚死叫"杀头、枪毙"。

对在不同处死有不同表达法。"寿终正寝"指年老死在家中,"正寝"是居室的正中;死在外地就叫"客死";死在狱中叫"瘐死";死在战场叫"阵亡",或叫"马革裹尸";死在床上叫"停床"。

对死者的不同处置有不同的表示法,"入土"是死后埋入土中,"就木"即入棺,"饲虎"是死后让老虎吃,"填沟壑"是将尸体填入沟壑之间。

对死后的形体特征有不同的表达法,如"咽气、断气、停止呼吸、闭眼、长眠、无脉、心脏停止跳动、挺腰、伸腿、跷辫子、坐化(用于僧人)"。

对不同性别不同亲属的死有不同的表达法。用于古代女性的如"玉殒香消、葬玉埋香、倩女离魂"。用于父母双亲的叫"见背、弃养",妻死叫"断弦、悼亡"。

对死有不同的讳称,如"不讳(言死不可逃避)、千秋万岁、升遐、山陵崩(用于帝王)、三长两短、老了、百年、捐棺(用于一般人)",等等。

由于人们存在着趋吉避凶的心理,因此,在涉及"不吉"的事物时,往往用其他同义形式来表达,这极大地丰富了语言的词汇库,也说明了社会心理(趋吉)对语言发展的作用。

3. 由于避免刺激对方而引起的婉曲

婉曲的一个重要目的是为了避免使言语刺激对方。渴望被肯定、被尊重是人类普遍的心理需求,婉曲批评就是为适应这一心理需求而产生的言语技巧和艺术。婉曲是通过一定的措辞把原来令人不悦或比较粗俗的事情说得中听。委婉批评是用迂回曲折的言语来表达批评之意,让被批评者在比较舒坦宽松的氛围中接受批评。说话不绕弯子,在彼此都比较了解的情况下,直言批评是应该提倡的,但是一般人却爱听婉曲的话。心理学的研究表明,当人在听到直言批评时,身心往往处于收缩状态,并产生消极的防御心理,如果采用婉曲的批评方法,会使受批评者放松并能冷静地听取对方的批评意见,难怪生活中有"恕我直言"而无"恕我委婉"。因此在运用语言这柄双刃剑进行婉曲批评时就大有方法技巧可言,这里我们介绍最常见的婉曲批评的方法。

(1)比喻式。比喻式就是用比喻的方式来婉曲地批评对方。戴尔·卡耐基在《语言的突破》中谈到林肯,说林肯一直以具有视觉效果的词句来说话,当他对每天送到白宫办公室的那些冗长复杂的报告感到厌倦时,他会提出批评意见,但他不会以那种平淡的辞句来表示反对,而是以一种几乎不可能被人遗忘的图画式字句说出:"当我派一个人出去买马时,我并不希望这个人告诉我这匹马的尾巴有多少根毛,我只希望知道它的特点何在。"林肯运用了以甲喻乙的方法,对报告的冗长提出了婉曲批评。

（2）双关式。双关即言此而意彼。有一段时间,宋庆龄经济拮据,宋美龄亲自登门送上一叠钞票,宋庆龄婉言说道:"这钞票被人用手拿过,太脏了,你知道我是有清洁之癖的。"这里的"钱脏"暗指蒋介石手段脏、品质脏,蒋介石的脏钱宋庆龄当然是不会要的。一语双关更显其话语的分量。

（3）藏词式。藏词即话留半句。郭沫若的话剧《屈原》中有一个楚怀王的近臣名叫靳尚,有一次靳尚想批评南后,就用了藏词式批评法:"唉,南后,你怎么聪明一世……唉,不好说得。""聪明一世"的藏词是"糊涂一时",靳尚不敢说出是怕犯上,因而只好用藏词式的婉曲批评方法。

（4）类比式。毛泽东同志当年曾对那些刚愎自用、脱离群众的领导干部进行善意批评:"我们现在有些第一书记,连封建时代的刘邦都不如,倒有点像项羽,有出戏叫《霸王别姬》,这些同志如果总是不改,难免有一天要别姬就是了。"听话人哈哈大笑,并在笑声中领悟到批评的含义,这就是类比式批评的效果。

（5）虚拟式。邓小平同志审阅了《关于建国以来党的若干历史问题的决议》后很满意,他是这样来表述他的批评意见的:"要说有缺点,就是长了点。"他将客观存在的缺点用虚拟的语气表达出来。

（6）折绕式。中央某领导同志得知蒋筑英、罗健夫病逝的消息后深为痛惜,认为有关单位关心不够,并公开批评:"我们不能过多地责怪长春机电所和骊山微电子公司没有照顾好蒋筑英和罗健夫。但是痛定思痛,我们仍然不能不想到,在这些方面未必没有许多欠缺。"这种批评是在跌宕顿挫中袅袅而出,让人在折绕中领悟批评之意。

（7）模糊式。1972 年,周总理在欢迎美国总统尼克松的宴会上致祝酒词:"我们两国人民一向是友好的,由于大家知道的原因,两国人民之间的往来中断了二十多年。"这里的"大家都知道的原因"是指过去二十多年美国政府对中国的不友好行为。

（8）自贬式。用自我批评的方式来批评他人。加拿大有位经理发现秘书经常写错字,一天,经理指着一个错字对秘书说:"这个字好像少了点什么,我也常常将它拼错,拼错字会显得我们不够内行,别人常常由此来评断我们。"经理明说自己,实为批评秘书。

（9）鼓励式。1984 年,曹禺观看了中央实验话剧院演出的讽刺剧《劳资科长》后给予了充分肯定,在提批评意见时采用了鼓励式:"必须注意一个问题,那就是夸张与过火的区别。我们舞台上的喜剧,应当是夸张的艺术,同时又是有分寸感的艺术,有风格的艺术。我相信《劳资科长》这个戏,会在这方面继续作出尝试和努力。"

（10）商量式。几年前有个自称名人卫士的骗子,游遍名山大川,新闻界为此发了许多消息和专访,事实大白于天下之后,有人提出:"新闻界是不是应该有所反思?"这是用商量的口吻来善意批评。

（11）点悟式。1937 年冬天,刚从济南回到武汉的老舍在冯玉祥将军家底楼的房间里创作,刚从德国回来的冯玉祥将军的二女儿与人在二楼上跺脚取暖,干扰了老舍的文思。吃午饭时老舍笑着问："弗伐，整整一个上午，你在楼上教倩卿学什么舞啊，一定是从德国学回来的新滑稽舞吧。"老舍的话引起哄堂大笑，对方领悟了老舍先生的话外音、言外意。

（12）幽默式。我国作家冯骥才访美期间，一位美国朋友带着儿子前来看他，他们在谈话时，那位小孩儿爬到冯骥才的床上捣乱，老冯觉得不宜直接批评，就说了一句："请你的儿子回到地球上来吧！"那位朋友哈哈大笑并说服了儿子，这种幽默式的要求既没有让朋友尴尬，又达到了批评的效果。

（13）暗示式。一位老大娘在百货商店里买牙膏牙刷，忘了付款。女服务员追出门外，微笑地说："大娘您别急着走，我还要给您塑料袋呢。"说着将大娘请回柜台前，一边用小塑料袋装牙膏和牙刷，一边对大娘说："大娘，这牙膏是两元一支，牙刷是九毛钱一把，一共是两元九毛钱。"大娘恍然大悟，拍着自己的额头说："唉，我真老糊涂了，谢谢您提醒。"

婉曲批评的方式是多种多样的，婉曲批评要充分考虑被批评者的心理承受能力，让被批评者接受自己的意见。语言的交锋最终是心理的撞击，在批评时是直言还是委婉，所起的效果是不一样的。如儿子数学不及格，父亲非常生气，连珠炮似地批评儿子："你真不争气，上次不及格，这次又不及格，你这样下去，爸爸的脸往哪儿放？你的头脑是不是木头做的，我讲了那么多遍，也该开开窍了。"如果改用婉曲的方式作这样的批评："来，儿子，考试不及格，爸爸知道你心里非常难过，不过不要紧，要紧的是应该知道是哪儿错了，我们一起查一查，下次不出错就是了。"这样批评容易让对方接受，而前一种批评方式容易在父子之间筑起心理上的防线，对方会产生逆反心理。

4. 为了形成幽默诙谐的言语风格而采用的婉曲

"交通安全周"期间，某市的交通部门贴出标语："阁下驾驶汽车，时速不超过三十公里，可以欣赏本市的美丽景色；超过六十公里请到法庭作客；超过八十公里，欢迎光临本市设备最新的医院；上了一百公里，祝您安息吧。"标语以婉曲的手法，告诫人们要按规定的时速行车，否则会引起不同程度的不良后果。又如一位病人问医生："大夫，请告诉我，做什么样的练习对减肥最有效？"医生回答说："转动头部，从左向右，然后从右到左。"病人问："什么时候做呢？"医生回答："当别人款待你的时候。"医生面对病人的询问，完全可以用"节食"来回答，而他却用婉曲的方法含蓄而幽默地回答病人，就更显得耐人寻味。因此小品文、小幽默常常用婉曲的方法来表现独特的言语风格。

≫（五）言语禁忌的社会心理诱因

"塔布（禁忌）"在波里尼西亚人心中有两种不同的含义：一是崇高的、神圣的；二是神秘的、危险的、禁止的、不洁的。人们对超人的、圣洁的事物的崇拜和对不祥事物的恐惧，导致了言语禁忌的产生和发展。由于言语的禁忌而产生了言语的代用，对犯忌触讳的事物和不便直言的事物，往往用其他言语形式来回避，恐惧和焦虑是回避的动机，言语代用是回避的方法。言语禁忌和代用的社会心理是多层面的，如焦虑、恐惧、害羞、羞怯、群体心理定势等都会影响到言语的禁忌和代用。

1. 焦虑和恐惧心理

社会心理学的基本原理告诉我们：当有清晰的危险近在眼前时会产生恐惧，当危险朦胧不清时会让人焦虑，在言语禁忌中，相当多的情况是来自于人们对语言所代表的危险、不洁物、不祥物的焦虑和恐惧。正如前文所说，由于远古的愚昧和近代的迷信，人们往往将语言与语言所代表的事物等同起来，或者认为与语言所代表的事物存在着某种必然的联系，因此在心理上对犯忌触讳的事物产生焦虑感和恐惧感，进而发展到用避讳和委婉的方法来代替使人焦虑和恐惧的言语。

焦虑的产生是由于语言所代表的危险不甚明确，但又像会来临，同时，人们对该危险无力抗拒，因而在精神上持警戒态度。语言所代表的某些事物存在的危险不为人们所认知，人们便产生了焦虑感并设法在言语活动中逃避这些危险的语言。

恐惧会引起两种反应，一是恐惧控制反应，即产生控制恐惧的心理和行为，或者是产生回避的想法和行为；二是抗衡反应，产生这种反应的人承认并正视威胁的存在，采取可以免于威胁的手段和方法。言语禁忌和由此引起的代用现象均与这两种反应有关，但在言语中产生的现象不外乎两种：一是慑服于语言的神秘威力。弗洛伊德在《图腾与禁忌》中讲过一个故事：在新西兰有位僧王吃完饭后将残肴留在路旁，一位饥饿了的奴隶吃下这些残肴，这时一位旁观者告诉他："这是僧王的食物。"奴隶听后开始全身痉挛，胃部剧烈绞痛，当晚死去。二是由于恐惧而产生回避，用其他言语形式来代用。

2. 害羞与羞怯心理

害羞是隐藏有极隐秘的事，主要是与性有关以及非道德的行为，而又不便于宣之于口的态度，这是欲求不能满足而先加以压抑时的情感。而羞怯是在人前开不得口，见生人就有抗拒感，它或者来源于自卑，或者来源于因危险而引起的焦虑，或源于情绪的过敏。人们对性器官和性生活语汇的禁忌与回避大概源于害羞心理，而《梁祝》中"十八相送"一场戏里，祝英台的话白和唱词用委婉曲折的方式向梁兄吐露爱意也是害羞心理所致。而羞怯是由于对外界的不适应在言语交际中采用回避和代用的方法。

3. 群体心理定势

社会心理学告诉我们，习惯是指人在一定的情境中自然而然地养成的，它不经意志的驱使，当一个人养成某种习惯之后，就会自然而然地去做，所谓"习惯成自然"就是这个道理。人在语言社会中生活，会遵循该社会群体的语言习惯，人们认为对犯忌触讳的事物在言语中应予禁忌，即使要表达这些事物，也应充分考虑对方的心理承受而使用相应的表达方法，如果应避不避，该讳不讳，这种不得体的言语表达会影响语言的心理沟通。人们长期以来对语言禁忌和言语代用形成反复的言语审美活动，从而形成关于语言禁忌的群体心理定势，并以此来影响或左右言语活动。

言语禁忌随着社会的发展而变化，"清""明"二字进入诗词在清朝是要杀头的，但清朝徐骏的冤屈在唐宋不会发生。"清明时节雨纷纷"，"秋风清，秋月明"已为世人传诵。现代人取名悉听君便,无忌无讳。改革开放以来,人们对性器官、性生活的词语开始产生禁忌松动,但是言语禁忌以及与其相关的言语代用现象依然存在,在言语生活中,虽然没有谁来规定哪些词不许说,但是在特定的交际情境中,人们对"不祥的"或"神圣的"事物都存在着灵物崇拜心理。每当碰到犯忌触讳的事物,人们总是采用避讳的方式;每当碰到难以启口的事物,总是用婉曲的方式来表述。这一切均受禁忌心理支配和制约,这种由禁忌心理支配的语用变化,对语言体系也是一个有益的补充。

》》（六）言语禁忌的社会心理学说

言语禁忌是怎样产生的? 学术界有以下几种说法。

(1)灵力说。灵力即玛那(mana),玛那是源于大洋洲的一个人类学术语,指事物或人所体现出的超自然的力量,汉语中的对译词是灵力。灵力说认为,在禁忌的原始状态或原始的禁忌状态,事物有一种超人的神秘力量,由于对这些事物产生了崇敬感和畏惧感,于是就产生了禁忌。

(2)欲望说。欲望是人的本能,但是社会的人在心理上要对欲望进行某种抑制,这种抑制便是禁忌的根本来源。

(3)仪式说。禁忌是一种社会制约,最初的社会制约是从仪式中表现出来的,包括禁忌规定在内,它虽然具有人为性,而一旦形成后就有了不可抗拒的约束力量;人们出于社会化的需要,往往不去认真考察它的合理性,而只是绝对服从,并依靠社会的、宗教的、宗法的威力传承下去。

(4)教训说。早期人类由于科学不发达而愚昧,对某种偶然的因素往往容易形成共同的误解,以至产生不良后果形成教训,因此禁忌由此产生。

目前流行的这四种说法从不同的角度对禁忌作了不同的解释。灵力说是从人类信仰发展史方面对禁忌的认识;欲望说是从普通心理学的角度对禁忌的缘起所作的解说;仪式说是从社会学的角度对禁忌的由来所作的解释;教训说是从认识论的角度对禁忌产生所作的说明。它们虽各具影响力,但难免偏于一隅。我们认为,禁忌的本质在于它是一种社会心理现象,对禁忌的解释除了以上四种学说之外,可以用"社会心理说"加以解释。我们认为禁忌是一种社会心理现象,这可以从禁忌的特征、功能和性质等方面得到证明。

禁忌的基本特征主要有三:

一是危险性特征。大凡禁忌都具有一定的危险性,这种危险性与禁忌语言代表的事物所具有的权威的大小成正比,权威大的事物危险性就大,权威小的事物危险性就小。以人名的禁忌而言,冒犯皇名和冒犯父名,前者的危险性比后者大,因为在人们的心理上,皇上比家父具有的权威要大得多。

二是惩罚性特征。违反语言禁忌者要受到惩罚,这是普遍的社会心理。这种惩罚可以是物质的也可以是精神的,由于远古的人类对自然力无法解释和思想愚昧,他们往往将违禁者受到的惩罚与鬼神的观念结合在一起,在心理上认为惩罚的实施是由禁忌的事物用超人的神秘的灵力来完成的,如"现世报、身后报、来世报"之类反映因果报应的语词只是说明了惩罚的时间差异,并没有否认惩罚的存在。禁忌惩罚与犯忌触禁者所具备的反灵力能力的大小成反比,反灵力弱的受到的心理惩罚就重,反灵力强的受到的心理惩罚就轻,反灵力的能力强弱可以是实体的、有形的,也可以是精神的、无形的。反灵力能力的强弱决定于人们在心理上对灵力的信任程度,而信任程度又取决于当时的科学技术水平和认识世界的能力。

三是赐福性特征。人们认为禁忌的事物不仅具有危险性和惩罚性,同时还存在赐福性特征。禁忌的事物可以是"不洁的""不祥的",但有些也是"权威的""神圣的",在它们面前遵循禁忌规范,就会逢凶化吉,不但会得到神灵的保佑,而且会得到神灵的赐福。

禁忌的功能具有多层面性:

一是自我保护功能。禁忌就像警钟,提醒人们小心行事,避开危险和祸患,以求神灵赐福。

二是心理麻痹功能。在生产落后、生活贫困及不能清醒地认识和掌握自己命运的情况下,禁忌具有心理麻痹功能。

三是社会整合功能。禁忌能协调社会成员的思想和行动,体现着某种社会的凝聚力,起着社会控制和社会整合的作用,"欲生于无度,邪生于无禁""山海有禁而民不倾,贵贱有平而民不疑"都说明了禁忌所具有的社会整合功能。

禁忌具有多种性质:

一是先验的性质。禁忌作为一种观念形态,它是心理的产物,其本质是不依靠经验就先天地将某种事物说成是危险的。这种先验性既有警示作用,又具有传承的强迫性和盲目性。

二是消极的性质。避凶趋吉具有一定的积极作用,如有关婚姻、饮食、渔猎的某些禁忌具有优化人种、保持卫生、维护生态平衡等积极作用,但禁忌是以制止和抑制的方式去回避、退让、妥协、屈服,具有一定的消极作用。

三是迷信性质。迷信是指盲目而笃诚的信仰,缺少理据性的理解。人们对禁忌的事物所产生的灵力盲目迷信、盲目传承,缺乏理据性。禁忌的迷信性质使得人们常常理所当然地认定禁忌中愚昧落后的成分。

禁忌是一种心理现象,它通过个体或群体的主观意识起作用,一切禁忌都是建立在预知基础上的。预知分为兆示和占验,兆示和占验反映了一种心意,犯忌触禁后所采用的仪式、法术、祈祷,也是消除心理顾虑的手段。因此从本质上来讲,禁忌是一种社会心理现象,是社会心态在人们头脑中的反映,禁忌的社会心态可以称之为塔布心理效应。

三、 模仿心理与暗示心理

模仿是人类个体在感知别人的言行后,仿照他人作出相同或相似言行的过程。它分为行为的模仿和言语的模仿。言语模仿是一种常见的修辞现象,当人类个体发觉某人的言语对自己很有吸引力和感染力时,就会接受其影响,从而模仿他人的言语。

言语模仿是对现有词、语、句、篇进行模仿而仿造出新的词、语、句、篇的过程。言语模仿者对现成言语作品的模仿,要么是自己喜欢的,要么是自己希望达到的,要么是自己所倾向的。当现成言语对模仿者产生强烈的吸引力,并吸引其进行模仿时,模仿就进入了认同的层次。模仿者已经意识到被模仿言语的意义和价值,于是产生喜欢并乐于学习的情绪体验,力求与被模仿的言语保持技巧或风格上的一致。在言语模仿的过程中,模仿者是主动的、自觉的,不受外来压力和环境的强迫。

》》(一)言语的无意识模仿和有意识模仿

无意识模仿是模仿者没有意识到的模仿,它是在不知不觉中进行的。婴儿不到一周岁就会牙牙学语,说明模仿是一种先天的本能。言语的无意识模仿是客观存在的,它既包括一些简单的、早已为模仿者熟悉而不需要重新学习的言语,如儿童能掌握部分基本词汇;也包括经长期熏陶而无意学会的一些话语,如使用一种方言的人迁入某地,数年后便不自觉地学会了当地人的方言、俚语。

有意识言语模仿是模仿者怀着某种动机和目的有意仿造他人的言语。它包括两种情况:一是有意识的机械言语模仿,即人云亦云,有鹦鹉学舌之感;二是模仿者了解了他人的言语价值和意义,经理性思考,有目的、有选择地模仿他人的言语,从认同达到内化的境界。

修辞中的模仿属于有意识言语模仿,具体讲,属于由吸引到认同到内化的言语模仿。

》》(二)有意识言语模仿的方法

1.仿词

仿现成的词语而临时产生新词称作仿词。它是在现成词语的对举下,更换词语的某个词或词的某个语素,临时仿造新词语。如:

"先生,您知道世界上最尖锐最锋利的是什么吗?"

"不知道。"

"就是您的胡子呀。"

"为什么?"

"因为我发现您的脸皮已经够厚的了,它们居然能破皮而出。"

"破皮而出"是模仿"破土而出"的新词语。

仿词一般是与被仿词语对举的。如:

阴谋——阳谋	大众化——小众化
新闻——旧闻	文盲——法盲
先进——后进	文化——武化

女士——男士   一哄而散——一哄而集
公理——婆理   人道主义——兽道主义
流寇——流官   一筹莫展——半筹莫展

言语活动中模仿产生的新词语,与表达者的言语目的、表达者个人的言语技巧有着密切的联系,它们最突出的特点就是"偶发性"。

仿词大多具有偶发性。有些偶发词语,对具体的言语环境依附性极强,脱离了具体的语境或上下文,往往不为人所理解和接受。如"大老细"是靠"大老粗"的对举而存在的,如:"我是个大老粗,你是个大老细。"没有"大老粗"作对举,"大老细"就不为人知。

有些模仿出来的词语在言语交际中的使用频率日益增大,并获得公认,无须对举即可单独使用,如按"文盲"而仿出"法盲""科盲"。这些偶发词语由于语用频率高,在日常生活中可单独使用。

2. 仿句

故意摹拟和仿造现成的句子格式叫仿句。如年轻的厨师给女友写情书:"亲爱的,无论在煮汤或炒菜的时候我都想念你! 你简直像味精那样缺少不得。看见蘑菇,我就想起你的圆眼睛;看见绿豆芽就想起你的腰肢。你犹如我的围裙,我不能没有你。答应嫁给我吧,我会像侍候熊掌般地侍候你。"

女友给他写了封回信:"我也想起过你那像鹅掌的眉毛,像绿豆的眼睛,像蘑菇的鼻子,像味精的嘴巴,还想起过你像雌鲤鱼的身材。我像新鲜笋那样嫩,未够火候。出嫁还早着哩! 顺便告诉你,我不打算要个像熊掌似的丈夫,相信你明白我的意思。"

厨师给女友的情书中以烹调用语作比,表示了对女友的爱恋,读来引人发笑。而女友模仿厨师的句法和词语,同样以烹调用语作比,明确答复了厨师。

3. 仿篇

故意模仿现成言语作品的结构和语言,如鲁迅先生曾模仿崔颢《黄鹤楼》作了一首诗:

阔人已骑文化去,此地空余文化城。
文化一去不复返,古城千载冷清清。

≫(三)影响言语模仿的因素

(1)年龄因素。在无意识言语模仿中,儿童的言语模仿性最强,其次是青年,模仿性最差的是老年人。在有意识言语模仿中,青年人和老年人的模仿能力比儿童强。

(2)个人影响因素。一般说来,在有意识模仿中,水平低的模仿水平高的,名气小的模仿名气大的,子女模仿父母,学生模仿老师。经过有意识的言语模仿,获得他人和社会的赞同。

(3)人格特征因素。人格特征相似的人容易产生模仿,如果一个人在某一方面与他的崇拜对象相似,或是性格相似,或是心理感受相似,也易于模仿他人的言语。

（4）言语风格因素。为了表示讽刺、嘲笑、诙谐、揶揄等语境模仿他人的言语，如鲁迅先生模仿崔颢《黄鹤楼》所作的诗。

≫（四）言语模仿的动机

无意识的言语模仿无动机可言，只有在有意识的言语模仿中才存在着各种不同的动机。言语模仿的动机受下列心理因素影响：

（1）好奇心理。成人和儿童一样，对自己从未听过的新的言语表达总觉得新奇，新奇引起的强烈刺激会驱使其模仿他人的言语，特别是社会上的流行词语。文艺作品中个性化的人物言语，富有诗意或哲理的言语表述，新颖而幽默的言语作品等常常为他人所模仿。由新奇而引起的言语模仿，往往是不分良莠，照单全收。

（2）仰慕心理。人们的成就欲很强，渴望自己能成为有用的人才，他们常常模仿自己所崇拜的英雄、模范、名人的言语，并希望自己能像他们那样取得成就，并对他们有强烈的认同需求。

（3）创造心理。最成功的言语模仿，常具有创新性，"麦浪"仿"水浪"就很有新意，"系长"仿"校长"就不能为人们接受。言语的有意识模仿以创新为目的，创新的言语模仿是语言艺术研究的重要对象。

≫（五）模仿与暗示

暗示就是用自己的行为结果影响他人的心理。言语暗示则是暗示者以言语为媒介间接、含蓄地向被暗示者表达自己的意思，如，越剧《梁祝》"十八相送"中祝英台的唱词就充满了暗示性。

模仿和暗示是早期社会心理学研究的重要内容，当时两者的区分不明确。塔尔德认为"模仿"就是"暗示"，模仿是"作为由暗示引起的行为后果。"[①]罗斯也认为："暗示和模仿只是同一事物的两个方面，一为原因，一为结果。"实际上，暗示和模仿是有区别的。

首先，模仿者对现成言语作品的模仿可以是自觉的，也可以是不自觉的，模仿者的言语模仿行为并不影响被模仿者。暗示者的暗示行为是自觉的，暗示时虽然在方式上含蓄而间接，但暗示者是有意识的，暗示者的暗示行为影响被暗示者。

其次，模仿者的言语和现成言语作品风格、技巧相似，模仿者与被模仿者心理相容。暗示却不同，暗示者是通过受暗示者对暗示内容的接受而求得心理上的相容。

≫（六）言语暗示的类型

言语暗示可以分为他人暗示和自我暗示。

---

① 查普林，克拉威克.心理学的理论和体系[M].林方，译.上海：商务印书馆，1983.

1. 他人暗示

他人暗示又可以分为直接暗示、间接暗示和反暗示。

直接暗示。有意识地向被暗示者较直接地发出暗示性的言语信息。一位化学教授把一个玻璃瓶放在讲台上，告诉学生，瓶里似乎盛着恶臭的气体，现在要测量这种气体在空气中的传播速度，待打开瓶盖，谁先闻到臭味的请举手，边说边打开瓶盖。15 秒钟以后，前排多数学生举起了手，一分钟后，四分之三的学生举起了手。事后教授向学生讲明，此瓶是空的，里面根本没有恶臭气体，是教授言语的直接暗示影响了学生的心理和反应。

间接暗示。暗示者向被暗示者发出比较含蓄的言语信息，让被暗示者从所说的事物本身或说话行为去理解暗示的意思。比如，一位老鳏夫想再续弦，但羞于向家人提这件事，只好采用间接暗示的方法："晚上独自一人睡觉真冷。"儿子听了立即为他买了一只热水袋。后来他又抱怨道："当我的背很痒时，没人帮我搔痒。"儿子又为他买了一把搔背耙。不久以后，老人得知自己的孙子即将结婚，他叹道："给他买一只热水袋和一个搔背耙得了。"间接暗示虽然没有直接暗示那么直接，有时甚至不容易被人理解，然而一旦被人接受，则会产生深刻的体验。

反暗示。无论是直接暗示还是间接暗示，只要暗示者发出的言语信息引起被暗示者相反的心理反应就是反暗示。反暗示可分为有意的反暗示和无意的反暗示，用话语故意从反面刺激受暗示者叫有意反暗示。如诗人歌德的作品受到了某些批评家的尖刻指责。一次他在韦玛公园一条只能通过一个人的小径上散步，迎面走来其中一位批评家，冲着他嚷道："我向来没有给傻瓜让路的习惯！"歌德连忙让到一旁，笑容可掬地说："而我恰恰相反。"这样的暗示从反面辛辣地讽刺了那位批评家。无意的反暗示是指暗示者的话语无意引起意料之外的结果，"此地无银三百两，隔壁王二不曾偷"就是一个无意反暗示的典型例子。

2. 自我暗示

自我暗示是用自言自语或内部言语作自我提示，它有积极和消极之分。

积极的自我暗示就是运用积极的言语不断对自己进行提示，一般用于消除惊慌、悲观、犹豫的情绪。如遇紧急情况，可自言自语："别慌，镇静！"日本学者对如何利用语言等进行自我暗示，以增进自信心作了较详尽的论证。[①]

消极的自我暗示，就是用消极的言语使自己尽量往坏处考虑，它常使人消沉颓废、萎靡不振。如碰上不顺心的事情，自言自语："算了，算我倒霉。"

暗示性是言语表达的特点之一，暗示常常表现为提醒，或启发，或讽刺。无论在生活还是艺术中，含蓄幽默的言语常常和暗示结下不解之缘。

---

① 多湖秋.自我暗示学[M].厦门:鹭江出版社,1990.

》》（七）言语暗示的方式

言语暗示的方式多种多样，常见的有下列几种。

1. 委婉式

它是为减弱语句的刺激性而把话说得婉转一些。比如用一些语意较轻的词语批评对方，不说"胆小怕事"，而说"过于小心谨慎"。也可以用模糊言语来表达，如周恩来总理在欢迎尼克松总统宴会上的祝酒词中所说："由于大家知道的原因，两国人民之间的来往中断了二十多年，现在，经过中美双方的共同努力，友好往来的大门终于打开了。"有时用代词暗示，如"进过火坑的女人一辈子也忘不了那回事，一想起来，我就浑身乱颤，手脚凉汗！"（老舍《全家福》）。肯定与否定重叠也可以表示暗示，如"对面的木桥太小会跌倒行人，要不要修理一下呢？"[①]反问句也能表示暗示性："难道从前我们有什么关系？"从侧面道出本意也能使言语具有暗示性，如不说"很少出门"，而说"我在省里住了两个月，还不知道百货公司门朝哪里！"[②]不说"死去"，而说"永远闭上眼睛"。

2. 折绕式

折绕式即在言语中不说本意，故意绕弯子来暗示本意。如：

法官问查理德："您是不是在电话里骂了约翰先生了？"

"是的，先生。"

"您是愿意去道歉呢？还是去蹲一个月的监狱呢？"

"我打算去道歉。"

"那好，去打个电话道歉吧。"

查理德打电话给约翰说："您是约翰吗？"

"是的。"

"今天早晨我们激烈争论，我叫您见鬼去，您现在别去了。"

查理德并不认为自己骂约翰是犯了错，他故意绕了个弯子，暗示出本意，暗示中幽默地刺对方一枪。

3. 象征式

象征就是以物征事。如：

大雪压青松，青松挺且直，

要知松高洁，待到雪化时。

在陈毅的这首《冬夜杂咏·青松》中，"大雪、青松、高洁、雪化时"都分别具有象征义，象征义是用暗示的方法来表达的。

---

① 毛泽东. 关心群众生活，注意工作方法［M］.//毛泽东. 毛泽东选集：第1卷. 北京：人民出版社，1991.

② 李凖. 耕云记［M］.//李凖：李凖小说选. 北京：人民文学出版社，2009.

4.讽喻式

用说故事的方式暗示道理,最初所说的故事含有讽刺性,后来不拘于此。钱锺书先生的《围城》有一段话:"天下只有两种人,譬如一串葡萄到手,一种人挑最好的先吃,另一种人把好的留在最后吃。照例第一种人应该乐观,因为他每吃一颗都是吃剩的葡萄里最好的;第二种人应该悲观,因为他每吃一颗都是吃剩的葡萄里最坏的。不过事实上都适得其反,缘故是第二种人还有希望,第一种人只有回忆。"钱锺书先生用吃葡萄的故事形象地暗示了两种人生哲学。

5.比喻式

用打比方的方式给人以暗示。有一则题为《初步印象》的小幽默:

介绍人抽了一口烟,然后问道:"姑娘,你对那小伙子初步印象如何?"

姑娘:"他说话和你抽烟一样。"

介绍人:"自然,潇洒?"

姑娘:"不,吞吞吐吐。"

姑娘一开始是用了比喻中的明喻:"他说话和你抽烟一样。"模糊地叙说对"他"的初步印象,这个比喻,可以给人以两种暗示,既可以理解为"他说话和你抽烟一样自然潇洒",也可理解为"他说话和你抽烟一样吞吞吐吐"。

6.反语式

反语式即正话反说。运用与本意相反的话语来暗示本意。有一则幽默故事,题为《男人的好处》,说男人婚前的好处很多:看电影为你买票,坐车为你开门,上馆子为你夹菜,写情书为你解闷,表演"此情不渝"的连续剧让你观赏。男人婚后的好处也很多:他看你总是心不在焉,使你省下许多化妆费;他使你成为烹饪名家,"那天在馆子里吃的那道菜好吃极了,哪天你也烧来尝尝",你不得不看三百多个菜谱,才找到这道名菜;他锻炼你的能力,"怎么连插头也不会修?怎么连保险丝也不会接?怎么连路也不会认?"最后你什么都会了;他培养你各种美德,给微少家用教你"节俭",用"结了婚的女人还打扮什么"叫你"朴实",用"死盯着别的女人不放"来教你"容忍"。简直可以说女人的完美是男人造的。男人婚后的好处讲了四个方面,实际上这并非好处,而是正话反说,旨在讥讽大男子主义。

在言语暗示过程中,暗示者是主动的、自觉的,而被暗示者是相对被动的。暗示者希望被暗示者按他指引的方向行动,达到影响对方的目的。在言语暗示过程中,暗示者越是为被暗示者信赖和依靠,暗示效果就越好。年龄大、经验多、阅历广、知识丰富的人,其言语暗示更容易让被暗示者接受。被暗示者中年龄小、经验少、独立性差、自信心弱、依赖性强、知识水平低的人,更容易接受他人的言语暗示。在困难和危急的时候,人最容易接受他人的言语暗示。

四、谎言心理

许慎《说文解字》对"谎"作了这样的解释:"谎,梦言也,从言荒声。"意思是说"谎"是人在睡梦中的虚幻之辞。一般认为,谎言是违背事实的假话,而不是符合事实的真话。

那么,谎言的界定是否以真假为标准呢? 未必。这里有两种情况:一是不符合事实的话未必是谎言,比如一些科学论断在当时被认为是符合事实的,但随着科学的发展和思维的发展,论断和事实之间不吻合,这样的论断就不能说是谎言。如"鲸鱼是鱼"在今天看来不符合事实,但过去持这种看法是受当时科学水平的影响,不能说它是谎言。二是符合事实的话未必不是谎言。例如一个男人下班后与女同事散步,别有用心的人告诉他的妻子:"你丈夫和一个女人正在街上散步。"这话是真实的,但它的言语目的是强化那位妻子的错觉,使她产生另外的想法。这种貌似真实的话语实际上传递了虚假的信息,因此,它仍是谎言。这样看来,谎言不但要看是否真实,还要看是否真心,不但要看话语本身,还要看言语目的和言外之意。

话语的真和假不是泾渭分明的,有时真中有假,有时假中有真。"一只鸡一天能生十只鸡蛋",这是假话,但也包含了"鸡能生蛋"的事实。帽子店的老板,看到顾客在试大一点的帽子,他笑着说:"买帽子要买大一点的,洗两次缩水后不就正合适了吗?"那个人听了觉得是真话,就买下了帽子。一会儿,又有一位顾客在试小一点的帽子。老板又笑着说:"帽子要买小一点的,戴几天就撑大了。"那人听了觉得不错,也买下了。老板的这两种话语是真是假? 真真假假,真假难辨。生活中这类半真半假的话语,也很难归入谎言。要区分真话还是谎言,唯一的办法就是将它放到特定的语境中去鉴别。

撒谎是人的坏品质。谎言蔑视人的尊严,损害人的形象,伤害人的心理,破坏人际关系。谎言一经流传,就成了谣言。鲁迅说:"谣言可以杀人。"拍过 29 部影片的著名影星阮玲玉经不住谣言中伤而服毒自尽,可见恶毒的谎言是杀人的软刀子。

但是,谎言也未必次次有恶意。它的善恶应由撒谎的动机和结果而定。当它给人带来麻烦或对他人不利时,就是恶的;给人带来益处,收到好的效果,就是善的。因而除了有害的谎言之外,有的谎言还是有益的,这是由于说谎人出于善良的动机而说出的善意谎言。例如,医生对濒临死亡的病人往往会说谎话,以表宽慰。如果对病人讲"您活不多久了",就成了有害的真话。为了保守机密,有时也要说谎。苏格拉底说过,谎言也有善的时候,谎言和欺骗有时也是公正的。1944 年秋,欧洲反法西斯战争节节胜利,德国陆军上将克斯特接到希特勒的命令,要他率一万人驻守比利时前线蒙塔弗里尔要塞,并将他的爱妻罗伊斯扣下作人质。此时在比利时线的克斯特将军处于两难的境地,是投降盟军还是顽抗到底? 正当他犹豫不决时,爱妻罗伊斯带给他一封信,信中写道:"在你收到这封信的时候,我已经离开了这个世界。我得了癌症,病情已经恶化,我不行了。因而今晚在发出这封信之后,我将偷偷吞下积攒起来的安眠药。"克斯特阅后悲痛欲绝,由于爱妻已死,毫无牵挂,便率领一万将士投降了盟军,没想到在盟军营地见到了他的爱妻。一个善良的美丽的谎言救了一万条性命,促成了一项义举。

谎言与下列社会心理有关。

(1)虚荣心理。人有时追求虚荣,以显示其优越性。虚荣心一时不得满足,往往会撒谎,欺世盗名,因此虚荣心理往往是谎言的心理诱因。

(2)压抑心理。人们选择与环境相适应的方式以满足自身的生理需求和社会需要,当生活和环境失去平衡或生活中某人某事给心理上造成压力时,会导致利用谎言反击,以平缓被压抑的心理。

(3)抚慰心理。人们希望现实能够满足自己的愿望,当对现实无能为力时,只好作精神上的调整,将希望指向于未来,以求心理的慰藉。

(4)返真心理。由于思想、观念、道德、习俗等文化束缚,不仅给自我涂上一层油彩,而且要将内心世界严严地关闭。为了摆脱这沉重的文化负荷的折磨而怀念儿童的天真纯朴,开玩笑说谎是返真心理的体现。

五、　性差心理

男女的性别差异,可以从三个层面来分析:一是从生物学的角度看,男女在生理上存在的差异称为性别生物差异;二是从心理学的角度看,男女在个性心理的特征上存在的差异称为性别心理差异;三是男女在社会行为方式上存在的差异称为性别角色差异。社会心理学主要研究两性行为的差异,包括智力活动、气质性格、兴趣、动机和各种社会行为。

语言运用作为一种社会行为,也存在着性别差异。传统语言学不研究语言的性别差异,到了社会语言学,才开始研究语言与性别的关系,但它只着眼于语言性别变异的研究,很少涉及性别心理差异和性别角色差异。奥斯卡·王尔德说过:"妇女是妩媚动人的,她们可能从来不想说什么,但是她们一旦说起来却足以使人消魂荡魄。"女性的言语为什么会产生消魂荡魄的神奇魅力呢? 这和女性的言语特点是分不开的。据切里斯·克雷默研究,女性言语所具有的特点是"絮絮闲聊、柔声轻语、急速流畅、礼貌友好、情意绵绵、唠叨不断、坦然无隐、多于细节、彬彬有礼、热情洋溢、词斟句酌,有时莫名其妙令人不得要领"。而男性言语的特点是"傲慢自负、使用俚语、盛气凌人、气粗声大、言语有力、直来直往、敢说敢道、不容置疑"。这种评论有相当大的主观性,但也说出了男女言语表达的大致特点。男女两性在语音、用语、交谈三方面存在着差异,形成这些差异的原因可从性别生物差异、性别心理差异和性别角色差异等不同角度加以阐述。

》》（一）语音差异

1. 女性发音的绝对音高高于男性

音高是声音的高低，它决定于发音体振动的快慢，人类的发音体是声带，声音的高低和声带的粗细、厚薄、长短、松紧有关。在物理学上，把发音体在一定时间里振动的次数称为频率，频率越高声音越高，频率越低声音越低。男性的声带长而厚，所以说话时声音比女性低。例如在发普通话的 a 时，成年女性的发音频率为 300～400 Hz，而成年男性的频率为 160～200 Hz。语音的音高是相对的，不是绝对的，也就是说语义的表达是依据于相对音高而不是绝对音高。如男女都用普通话发"妈、麻、马、骂"这四个不同声调的字，就绝对音高来讲，女性的发音往往比男性高，可是这种差异并不影响语义的表达，而能影响语义表达的是相对音高的变化；无论是男性还是女性，如果"妈、麻、马、骂"的相对音高把握不准，则会影响到语义的表达。

2. 女性的语音听觉比男性更敏感

女性的听觉感受比男性敏感，女性比男性更易于分辨声源的位置，更善于利用耳内音量的大小来判别声源距离的远近。女性听觉的绝对感受性比男性强，因此，她们辨别声音频率的能力强于男性。据研究，青年女性对音高中每秒钟几次振动的差异都能觉察得出来，难怪生活中女性的窃窃私语可以在声音极低的情况下进行，而男性要做到这一点就相对不容易。

3. 男性发音比女性含混

在普通的场合中，北京男性青少年说话时，轻声音节特别多，而且常常把部分辅音发成卷舌元音，比如把"反正"发成"反二"，把"保证"说成"保二"，语音比较含混。这种现象在同龄女孩子中极少出现，也不大出现在 5 岁以下的男孩和中年以上的男子中。社会刻板印象认为女性讲话应该温文尔雅，合乎规范，如果女孩子带有这种语音特征，则被看成"有男孩子气"。

4. 年轻女子的发音比男性更娇柔

在北京的电车上，你可以听到男性售票员说："王府井（jing）到了，请（qing）下（xia）车。"而年轻的女售票员则娇柔地说："王府井（zing）到了，请（cing）下（sia）车。"女售票员将 j、q、x 发成了类似于 z、c、s 的音，这就是所谓的"女国音"现象。"女国音"是北京女青年，主要是女学生在一个特定年龄阶段内产生的一种特殊语音现象，它受到社会心理因素的支配。一种由来已久的社会风气认为女孩子说话嘴巴不应该张得太大，血盆大口有伤风雅，樱桃小口发出轻声细语才符合女子的身份，还有人认为尖声娇气好听，因此有的女孩子在发音时就尽量让嘴张得小一些，声音尖细些，结果就使得 j、q、x 的发音部位尽可能靠前，直到有一部分成了尖音。

"女国音"基本上和青春期共始终。据调查，现在北京初一的女学生"女国音"现象很少，为 15.21%，因为她们之中有相当一部分尚未成年；但高一、高二的女学生正当

16 岁前后,"女国音"现象猛升,即由高一的 17.24% 猛升到 45.23%;大学一年级时,"女国音"现象又增为 66.66%;婚后或工作后的女性,"女国音"现象消退,只有少数人保留到中年,而老年妇女中几乎没有发现"女国音"现象。

北京女青年一般认为,这样"嗲"音才显得娇,这样说好听。这正说明"女国音"现象是由某种社会心理因素决定的,即使发音者本人没有明确意识到,也是受潜意识支配的。虽然将 j、q、x 发成类似于 z、c、s 偏离了普通话的标准音,但是长期以来,它获得了一种"娇柔"美的社会评价,因此继续受到女性的青睐,今天的北京年轻女子中仍流行"女国音",以至中央电视台有的女播音员也偶有这种现象。这种"女国音"作为语言的微观变体是值得研究的。

5. 男性发音的"元气"比女性更足

语音是由人的发音器官发出来的,肺是呼吸气流的风箱。呼吸的气流是语音的原动力。肺部呼出的气流通过喉部的假声带、真声带、会厌进入口腔、鼻腔、咽腔,经发音器官的动作可以发出不同的语音。

在肺活量上,女性一般没有男性大,因为女性胸廓运动幅度较小,因而肺活量比男性小 1/3 左右,呼吸频率也比男性稍快。女性肺活量的平均值小于同年龄的男性,而且差距随着年龄的增大而增大。另外,女性的肌肉收缩能力和运动能力较男性弱,女性全身血量、血液内的红细胞和血红蛋白的含量也都比男性低,运输氧和二氧化碳的能力也较男性稍差。

由于以上生理原因,致使女性的发音不及男性发音的"元气"足。此外,人们习惯认为,女性说话应该柔声轻语,不能气粗声大,受这种观点的影响,即使"元气"较足的女性也不得不有意识地节制自己的音量,以获得较好的社会评价。可见,生理的差异是男女语音差别的物质条件,是否有效地利用这些条件,则由社会心理因素决定。

≫ (二)用语差异

1. 女性颜色词语的掌握能力强于男性

语言中的基本颜色词是黑、白、红、黄、绿、蓝、灰、棕、橙等。这些颜色本身在光线下会发生各种各样的色彩变化。阳光能使红色变成绯红色,使橙色变成红橙色;月光能使黑色变成淡黑,使灰色稍带黄绿味儿;基本颜色在各种灯光和玻璃下会发生不同的色彩变化。不同的色彩会给人以各种感受,如冷暖感、胀缩感、距离感、重量感、兴奋感等,因此各种色彩在语言中具有各自的象征意义。

一般说来,女性色彩词语的习得能力强于男性。加拿大语言学教授克洛科德博士 1981 年对约克大学的学生做过一次测验。测验包括两项内容,一是把有 20 种颜色的颜色板挂在黑板上,让学生写颜色名称,结果是女学生平均能写出 71% 的颜色名称,男生平均只能写出 46%。二是提供五组相近的颜色,每组包括两种,让学生写出两种颜色的区别。结果,女生能写出颜色差异的占 63%,男生只占 40%。女性的颜色识别能力和色彩感受能力强于男性,这是因为女性用于观察自身衣着打扮的时间较男性多,从审美的角度看,她们对美的外在形式感受较男性深刻。拿衣饰来说,她们对社会上流行的样式、花色、颜色等的变化很敏感,对此她们能静观默察,注意细枝末节,这种生活特点是她们长期的生活习惯培养的。女性从孩提时起就喜欢把自己(或被父母)打扮得漂漂亮亮,随着年岁的增大,外表在她们的生活中变得越来越重要,她们每每精心挑选各种颜色的衣料服装,与各种颜色直接接触的机会比男性多。女性在一起喜欢议论这种或那种颜色,如果一个女子不识颜色及衣饰的花色,社会上习惯于认为她不符合女性的性别角色,因而受到别人的轻视和嘲笑。加上女性胆小,害怕黑色,害怕血液,使她们对一些颜色特别敏感,久而久之,这一切就使细心的女性比男性能更多更精确地使用表示色彩的词语,进行色彩的描绘。

2.女性比男性更喜欢使用情感词

女性在言语活动中喜欢使用情感词,如语气词、感叹词、夸张词语,善于使用语言的表现手段和描绘手段,他们的言语常常带有浓厚的感情色彩。据研究,女性使用感叹词的频率恰好是男性的两倍,女性较男性更多地使用形容词和副词以及起强调作用的词语。女性使用情感词的目的在于表达或抒发自己的情感,而男性更重视那些表达实在意义的实体词。这是由男女的情感差异引起的。

男性和女性的情感表现方式不同。男性比女性虽然容易引起激情,但男性的激情来得快,平息得也快,而女性的激情没有男性强烈但持续的时间长,并且时有反复。女性比男性更易于产生情绪波动,亦易受情绪的感染而影响自己的言语行为。在应急状态下,女性情绪的自控力不如男性,加上女性的情感比男性细腻、敏感、脆弱,易于流露,就使得女性在言语表达中易于动情,习惯将情感通过言语表露出来。

3.女性比男性更善于使用委婉语

委婉源于禁忌,人们对犯禁触忌的事物表达常用其他词语来代替,就产生了委婉语。如"上厕所",女性多用"我去一下,去一去"之类的委婉语,此外,女性对"圣洁"或"不祥"的事物也常常善用委婉语。女性不论在什么场合都要比男性更多地使用委婉语,如果女性偶尔使用禁忌语,则被认为没修养或无教养。

≫(三)交谈差异

1.女性说话较男性含蓄

在交谈中,女性的言语更为含蓄,对于双方都愿意的事情,男性通常直接表示出愿意的态度,而女性会装出不愿意,在言语上故意表现出漠不关心。比如,有一男一女与你关系都很密切,当你邀请男方看电影时,男方一般是直接表示可否,而女方往往会先客套一番,然后用委婉含蓄的方式来表达她的意思。如:"这部影片很不错,可惜今晚可能有事,如我能去尽量去,但能不能去还说不定。"这类话常出于女性之口,其实际的意思多半是表示"去"的。

2.女性与男性相比不喜欢左右话题

在交谈中女性一般不善于左右话题,表现出交谈的被动性,但也不尽然。在男女交谈中,谁想使交谈维持下去,谁就会主动地左右话题。如果谈话气氛较好,女性在交谈中有时也会左右话题,情绪活跃,呈现主动性。当双方处于初恋关系时,常常是男性活跃,主动左右话题,女性较为被动。如果女性左右话题,说东道西,问这问那,则被认为是不稳重的表现,或者是在着意追求男方。总的说来女性不喜欢左右话题,表现出顺从心态。

3. 女性的言辞比男性更温文尔雅

言辞是否文雅与异性交谈的独特心理有关,异性交谈时会产生不同程度的掩饰心理和羞涩心理。有的男性与同性交谈时口齿伶俐、思路清晰,而在和异性交谈时神态紧张、语无伦次。有的男性在与同性交谈时平淡无奇、情绪不佳,而在与异性交谈时情绪活跃、言乖意巧。女性也有类似的情况,有的女性与同性谈话时言辞泼辣,而与男性交谈时温文尔雅。男性在与异性交谈时,往往会自觉地避免说粗话脏话,显得彬彬有礼,而在与同性交谈时则相对比较随便,俚语使用较多。

4. 男女交谈的兴奋点不同

男性更多地喜欢将注意力集中在谈话内容上,而女性喜欢将注意力集中在交谈过程本身。男性比女性更喜欢打断对方的话语,他们通常只能认真听对方讲话10~15秒钟,然后就开始自己的思考;女性往往是热诚而富有同情心的听话者,她们认真听取,不轻易打断。男性喜欢在听话时抓对方的错误,而女性往往持掩饰和原谅的态度。男性听对方讲话时重视捕捉交际信息,而女性听话时重"听"对方的感情。

≫≫(四)影响性差交际的因素

男女心理发展的特点对语言的使用会产生一定的影响。在青春发育期以前,女性在理解人际关系、形成任务感和责任感等方面比男性成熟得早,女性的心理年龄比男性要大一岁到一岁半。青春发育期以后,男性敢于冒险,喜欢逞强,好称英雄,坚定果断,喜欢直截了当,对异性反应较强烈,但比较粗心,不太注重细节。而女性文静怯弱,温柔纤细,有柔弱感,情绪体验深刻,感情丰富细腻,礼貌友好,但强烈向往异性的支持、爱护和保护。

女性和男性不同的心理特点决定了在言语上会出现一些差异,尽管这些差异不是绝对的。由此看来,女性喜欢使用情感词,与她们情感丰富、体验深刻有关;善用委婉语、言语温文尔雅与她们文静怯弱有关;不喜欢左右话题与她们依赖性强有关。

男女的言语差异在很大程度上是受社会心理因素制约的。一种由来已久的社会刻板印象认为,女性必须注意自己的言行举止,必须使用文雅规范的语言,否则将是无教养的表现。因此,女性的言语常常是柔声轻语、精雕细琢、彬彬有礼、情意绵绵,一旦女性的言语像男性那样傲慢自负、盛气凌人、声大气粗、直言不讳,则会受人轻视。

在言语交际活动中,男女双方是带着各自的性别差异参与交际的。这种差异对异性交际产生影响,具体来说,影响语言性差交际的主要因素有:

男女双方对言语交际活动的态度影响言语交际。例如,双方都愿意,男方愿意女方不愿意或表面上不愿意而内心愿意,男方不愿意而女方愿意。这些情况都影响到言语交际是否协调,影响交谈的情绪和谈话的气氛。

男女的心理差异。男性的迎合心理、强者心理以及女性的害羞心理、回避心理、厌恶心理,或这两类心理的角色互换也会影响性差交际。

男女的特殊心理。公共事务式的异性交际,语调平直,色彩平淡,表情举止适度。情感式的异性交际,主要不是传递信息,而是为了交流感情,如恋人之间的情话,是典型的情感式异性言语交际。

交谈者的性别数量。在一男多女的交谈中,往往是多女交谈,让一男冷落;在一女多男的交谈中,往往是多男围绕一女交谈;当一男一女交谈时,双方的防范心理加强,所付出的"心力"要多于两人以上的交谈。男性打断女性话语的情况比女性约多一倍,女性大约有 1/3 的时间积极思考如何接上被打断的话语;当两男两女交谈时,打断对方话语的情况男女各半。

交谈者的年龄。据心理学研究,幼儿、儿童、少年、青年、中年、老年对异性的态度和感受性是不同的。童年时期两小无猜,青春期开始后,少年男女对异性都产生敏感,从初中开始,是有意识的异性疏远期,高中开始进入异性接近期。不同年龄阶段的性别心理特征,对性差交际会产生影响。比如,在对话中,由于少女丰富的感受性,往往关心异性是否注意自己,对自己有什么评价;而少妇和老年妇女在交谈中较多体贴和关心对方。

交谈者的角色关系。角色具有多层次性,夫妻交谈、父母交谈、情人交谈、同事交谈、同学交谈、上下级交谈、师生交谈等都对性差言语交际产生影响。一男一女的交际,如果双方处于一般关系,常常是女性活跃,呈主动性,女性常常是问话者,问长问短,男性则是答话者;如果双方处于恋爱关系,常常是男性活跃。

思考与练习

1.《三国演义》塑造了诸多有血有肉的英雄人物,如忠勇双全的关羽、老奸巨滑的曹操、神机妙算的诸葛亮……他们当中一定有你熟知的。就让我们一起走进三国,说说各自心中印象最深的英雄人物吧。

2.面对未来,我们有许多大胆的猜测和奇妙的幻想,把你的奇思妙想说出来,让大家一起分享。

3.光明中学举行辩论赛,正方的观点是"养成良好风气主要靠自律(自我约束)";反方的观点是"养成良好风气主要靠他律(他人约束)"。辩论时,双方唇枪舌剑,反方突然这样发问:"孙悟空不就被套了个紧箍咒? 可见养成良好风气主要靠他律。"作为正方,你将怎样得体有力地回击反方?

4.书籍是人类进步的阶梯。同学们推荐你组织一次文学作品读书交流活动。请你为这次交流活动设计一个简要的方案,向同学们说清活动过程和活动要求。

5. 学校举办"推广普通话活动周",同学们都积极参与这项活动。

①请你为这次活动设计一条富有感染力的宣传语。

②就学校如何推广普通话,请你向班主任提出一条富有创意的建议。

③有时候,课堂上老师上课也用方言,校报记者请你结合此现象谈谈对推广普通话的看法。

参考文献

[1] 孙汝建.口语交际理论与技巧[M].北京:中国轻工业出版社,2007,1.

[2] 陈从耘.人际沟通的社会心理语言学研究[M].北京:群言出版社,2006,12.

[3] 陈从耘.高职语文教学口语训练初探[J].职业技术教育,2006(6).

[4] 王德春,孙汝建,姚远.社会心理语言学[M].上海外语教育出版社,1995,12.

[5] 陈丛耘.即兴演讲是提高高职生表达能力的捷径[J].中国科教创新导刊,2008
    (4).

[6] 廖艳华.再谈批评的原则和方法[J].教学与管理,2003(10).

[7] 国家教育委员会师范教育司.教师口语[M].北京:北京师范大学出版社,1996.

[8] 孙海燕,刘伯奎.口才训练十五讲[M].北京:北京大学出版社,2004.

[9] 王蓉晖,兴盛乐.社交礼仪与形象设计[M].北京:企业管理出版社,2007.

[10] 欣悦.妙用肢体语言[M].北京:中国纺织出版社,2003.

[11] 张锡东.社交礼仪[M].北京:清华大学出版社,2008.

[12] 李元授,李军华.演讲与口才[M].武汉:华中科技大学出版社,2004,6.

[13] 杰夫.实用演讲口才一本通[M].北京:中国纺织出版社,2003,5.

[14] 包镭.演讲与口才技能实训教程[M].北京:北京大学出版社,2007,8.

[15] 李元授,李鹏.辩论学[M].2版.武汉:华中科技大学出版社,2004,3.

[16] 丁建忠.商务谈判教学案例[M].2版.北京:中国人民大学出版社,2005,6.

[17] 赵牧,薛翔.面试口才特训[M].广州:暨南大学出版社,2005,11.

[18] 陈国强.面试礼仪与口才[M].北京:中国经济出版社,2008,1.

[19] 宋立强.推销口才:金融推销员的成功秘诀[M].北京:中国城市出版社,2007,1.

[20] 一鸣.金牌推销员的成功话术[M].北京:企业管理出版社,2008,10.

[21] 戴尔·卡耐基.口才的魅力[M].王剑,译.陕西:陕西师大出版社,2007,9.

[22] 贾启艾.人际沟通[M].南京:东南大学出版社,2006,4.

[23] 邓世华,宋湘绮.职业秘书人际关系与沟通教程[M].北京:清华大学出版社,
    2008,4.

[24] 陆瑜芳.秘书与上司沟通技巧[J].秘书,2008(11).

[25] 郭贵林,纪东林.领导如何与下属沟通[J].人才瞭望,2004(5).

[26] 王涛.做一个善于沟通的领导[J].领导科学,2003(12).

［27］马克.虎口夺单［M］.北京:北京大学出版社,2009,1.

［28］邹晓春.沟通能力培训全案［M］.北京:人民邮电出版社,2008,8.

［29］田芳.商务礼仪基础与实训教程［M］.北京:中国传媒大学出版社,2009,8.

［30］岳阳.解码沟通［M］.北京:清华大学出版社,2008,1.

［31］曾仕强,刘君政.人际关系与沟通［M］.北京:清华大学出版社,2009,4.

［32］宁立春.与客户沟通注意语言技巧［J］.商用口才,2006(11).

［33］胡毅,李化东.大学生必知的场景语言技巧［M］.北京:中国时代经济出版社,
　　　2002,3.

［34］史春生.安慰人的艺术［N］.信息日报,2008-03-25.

［35］王传钧.拒绝的艺术［J］.大学时代,2004(2).

［36］王翔.秘书工作中的沟通艺术［J］.考试周刊,2007(5).

［37］冉永平,白晶.互动语境中异议标记语的人际语用取向［J］.山东外语教学,2017
　　　(11).

［38］曹瑞芳.如何在日常生活中培养学生口语交际能力［J］.新课程(教育学术版),
　　　2008(6).

［39］邵锋.浅论职业院校语文教学对学生口语交际能力的培养［J］.现代职业教育,
　　　2017(20).

［40］柳冰.“三梯级”语文口语训练模块的设计与实施［J］.职业,2019(10).